シリーズ
〈生活科学〉

住居学

後藤 久・沖田 富美子 ▶[編著]
定行 まり子
大家 亮子
平田 京子
小谷部 育子
篠原 聡子
鈴木 賢次
川嶋 幸江
飯尾 昭彦
石川 孝重
久木 章江
松本 暢子
水村 容子
佐藤 克志

朝倉書店

編集者

後藤　　　久	日本女子大学家政学部教授
沖田　富美子	日本女子大学家政学部教授

執筆者

後藤　　　久	日本女子大学家政学部教授
定行　まり子	日本女子大学家政学部助教授
大家　　亮子	成城大学短期大学部教養科助教授
沖田　富美子	日本女子大学家政学部教授
平田　　京子	日本女子大学家政学部助教授
小谷部　育子	日本女子大学家政学部教授
篠原　　聡子	日本女子大学家政学部助教授
鈴木　　賢次	日本女子大学家政学部教授
川嶋　　幸江	前共栄学園短期大学住居学科特任教授
飯尾　　昭彦	日本女子大学家政学部教授
石川　　孝重	日本女子大学家政学部教授
久木　　章江	文化女子大学造形学部専任講師
松本　　暢子	大妻女子大学社会情報学部助教授
水村　　容子	群馬松嶺福祉短期大学人間福祉学科助教授
佐藤　　克志	日本女子大学家政学部助教授

（執筆順）

はじめに

　今日の社会において住まいに関する情報は多く，私達は知らないうちにかなり豊富な知識を得ているに違いない．居住水準の高い先進国では共通して国民の住まいに対する意識が高いといわれていることからも，住まいに関心や知識をもつ人が増えることは，わが国における住宅の水準を向上させる上で好ましいといえる．しかしながら，現実の私達の住環境をみると，はたして誰にも健康的かつ安全で美しく，生き生きとした住文化を誇れる住まいと街をつくっているだろうか．私達はよりよい生活を望んでいるが，これを実現するためには個々の家もさることながら，近隣から都市まで，私達の住環境全体をよくしていかなければならない．

　ところで，この本の題名は「住居学」であり「住宅学」ではない．住居学を学ぶにあたって，まず「住居」と「住宅」の違いを区別しておく必要があろう．私達は街を歩いていてしばしば工事中の家や売り出し中の家を目にすることがある．これらは「住宅」を建てているのであり，「住宅」を売っているのである．しかしこの家から明るい談笑が聞こえ，夜ともなれば暖かい光が洩れてくれば，これらはもう「住居」以外の何ものでもない．「住宅現場」を「住居現場」とはいわないし，「建て売り住宅」も「建て売り住居」とは呼ばない．語呂や慣習による呼称であてはまらないものもあるが，建築技術や材料など，主として技術的工学的側面から論ずるときには「住宅」，また同じ建物であっても人間や生活を通し，家政学的な面から論じる場合には「住居」と解釈される．

　さて，この住居学は底辺の広い学問であり，家をつくる側，そこに住まう側，そしてそれを維持管理する側など多角的に学ばねばならない．本書ではこれらの多様な側面に対応すべく各章ごとに，あるいはさらに細分化し，それぞれの専門領域の執筆者が大勢参加している．そして今私達に必要なことは，住宅に関する詳細な知識を得ることではなく，住居に関する自分の基本的な考え方と判断力を

もつことである．したがって本書から，全体を通して住居とは何かという執筆者達からのメッセージを汲みとり，これからの住まいに正しい指針を与えられるような英知を養って欲しい．

　住居学の勉学を志す人達にとって，本書が各人の住生活に対する価値観と明確な目的を見出す糧となれば幸いである．

　　2003年5月

著者を代表して　　後藤　久

目　　　次

1. 住居の歴史　〔後藤　久〕…1
1.1　西洋住宅の展開　1
　ａ．原始ゲルマンの木造住宅　1
　ｂ．都市型住宅の成立　2
　ｃ．中世領主の館と町屋の発生　4
　ｄ．近世の上流住宅　7
　ｅ．近代住宅の展開　8
1.2　日本住宅の伝統　11
　ａ．竪穴住居から近世民家へ　11
　ｂ．古代の寝殿造から近世の書院造へ　13
　ｃ．武士住宅における和風住宅の確立　15
　ｄ．近代住宅における洋風の導入　17

2. 生活と住居　21
2.1　住生活　〔定行まり子〕…21
　ａ．生活の構造的把握と住生活　22
　ｂ．個人・家族と住生活　24
　ｃ．生活活動と生活時間・空間　27
　ｄ．地域生活　30
　ｅ．これからの住生活を考える　33
2.2　住居の管理　34
　ａ．生活の経済管理　〔大家亮子〕…34
　ｂ．住居の維持管理　〔沖田富美子〕…43
　ｃ．住生活の管理　46
　ｄ．集合住宅の管理　49
2.3　防災と安全　〔平田京子〕…53
　ａ．住居の安全を脅かす現象とリスク　53
　ｂ．地震災害に対する安全性　55
　ｃ．火災に対する安全性　57
　ｄ．犯罪に対する安全性　61

e． リスクに対する人間の心理とこれからの住生活……………………… 62

3. 住居の計画と設計 …………………………………………………………… 63
3.1 住居の計画 ……………………………………〔小谷部育子〕… 63
　　　a． 計画と設計 ……………………………………………………………… 63
　　　b． 自然環境および地域環境をとらえる ………………………………… 64
　　　c． 住生活の要求条件をとらえる ………………………………………… 65
　　　d． 人間と空間 ……………………………………………………………… 69
　　　e． 寸法の計画 ……………………………………………………………… 70
　　　f． 住居の機能と空間 ……………………………………………………… 74
　　　g． 住宅の設計計画 ………………………………………………………… 76
　　　h． 集まって住む …………………………………………………………… 80
3.2 住居の設計 ……………………………………〔篠原聡子〕… 83
　　　a． 設計プロセス …………………………………………………………… 83
　　　b． 設計の諸分野 …………………………………………………………… 90
3.3 住居の意匠 ……………………………………………………… 92
　　　a． 空間の造形 ……………………………………〔鈴木賢次〕… 92
　　　b． 近代デザイン …………………………………………………………… 95
　　　c． 伝統的デザイン …………………………………………………………100
　　　d． 色彩の効果 ……………………………………〔川嶋幸江〕…101
　　　e． インテリアの色彩構成 …………………………………………………106

4. 住居の環境と設備 …………………………………〔飯尾昭彦〕…111
4.1 環境を構成する要素 ……………………………………………………111
4.2 自然の環境 ………………………………………………………………111
　　　a． わが国の気候・気象 ……………………………………………………111
　　　b． 太陽の光 …………………………………………………………………112
4.3 熱の環境と設備 …………………………………………………………114
　　　a． 温熱感覚 …………………………………………………………………114
　　　b． 伝　熱 ……………………………………………………………………114
　　　c． 建物の熱的性能 …………………………………………………………115
　　　d． 室温と負荷 ………………………………………………………………116
　　　e． 熱・湿気環境の調整 ……………………………………………………116
4.4 光の環境とその調整 ……………………………………………………120
　　　a． 光の性質と単位 …………………………………………………………120

  b．光環境の調整 …………………………………………121
4.5　音の環境とその調整 ……………………………………122
  a．音の性質と単位 ………………………………………122
  b．吸音と反射 ……………………………………………122
  c．騒音と騒音防止 ………………………………………123
4.6　空気の環境とその調整 …………………………………124
  a．室内空気の汚染物質と環境基準 ……………………124
  b．空気環境の調整 ………………………………………124
4.7　水の環境とその調整 ……………………………………126
  a．水の役割と水利用 ……………………………………126
  b．水利用の器具 …………………………………………126
  c．使用水量と圧力 ………………………………………127
  d．給水方式 ………………………………………………127
  e．給湯方式 ………………………………………………127
  f．水利用と水質 …………………………………………128
4.8　これからの住宅の設備 …………………………………128

5.　構造安全　………………………〔石川孝重・久木章江〕… 130

5.1　安全に住まうために ……………………………………130
  a．構造安全とは …………………………………………130
  b．住まいの計画と構造安全性 …………………………131
5.2　荷重・外力の種類 ………………………………………133
5.3　基礎と地盤 ………………………………………………134
  a．地盤の種類 ……………………………………………134
  b．基礎の種類 ……………………………………………135
5.4　構造システムの種類 ……………………………………136
  a．木質構造の特徴 ………………………………………136
  b．鉄筋コンクリート構造（RC造）の特徴 ……………138
  c．鉄骨構造（S造）の特徴 ………………………………140
  d．その他の構造 …………………………………………140
5.5　使用材料による特徴 ……………………………………141
  a．木　材 …………………………………………………142
  b．コンクリート …………………………………………142
  c．鋼材（鉄筋・鉄骨） …………………………………143

5.6　ユーザーが構造を選択するには …………………………………144
　　　　a．建物躯体の住宅性能………………………………………………144
　　　　b．住宅の構造安全性…………………………………………………146
　　　　c．構造・工法種別の性能比較………………………………………147
　　　　d．安全性レベル選択の権利と自己責任……………………………150
　　　　e．性能レベルを維持するためのメンテナンス……………………151

6. 住宅と福祉環境 …………………………………………………152
　　6.1　住宅問題と住宅政策 ………………………………〔松本暢子〕…152
　　　　a．住宅問題……………………………………………………………152
　　　　b．居住の質と住宅難…………………………………………………153
　　　　c．住宅政策の原理……………………………………………………153
　　　　d．戦後の住宅事情……………………………………………………154
　　　　e．住宅不足への対応：わが国の住宅政策…………………………155
　　　　f．居住水準の向上と住宅建設計画…………………………………158
　　　　g．現代の住宅事情と課題……………………………………………161
　　6.2　高齢社会と住居 ……………………………………〔水村容子〕…165
　　　　a．高齢者と高齢社会…………………………………………………166
　　　　b．高齢者の生活と住環境……………………………………………168
　　　　c．これからの高齢者居住の姿………………………………………174
　　6.3　福祉とまちづくり …………………………………〔佐藤克志〕…176
　　　　a．バリアフリーデザインとユニバーサルデザイン………………176
　　　　b．福祉のまちづくりの面的な展開…………………………………180

参考図書………………………………………………………………………185
索　　引………………………………………………………………………188

1 住居の歴史

1.1 西洋住宅の展開

a. 原始ゲルマンの木造住宅

われわれ人類の祖先は，はじめ狼や虎などの獣から身を守るために，岩の裂け目や石灰岩の洞窟で生活していたと考えられているが，こうした洞窟などは人間が構築した住居としての特色が薄く，他の動物の巣と大差なかった．人間が他の動物と異なることは，一度始めた変化や偶然の発見をその場限りに終わらせず，一度快適さにめざめると，より快適に，さらに快適にと工夫し，動物の巣とは違うものへと発展させていったことである．

原始人として最も進んだネアンデルタール人（旧人）の遺跡が多いウクライナでは，マンモスやトナカイの骨と毛皮を使って，一種のテント住居をつくっていたことが知られている．これは今なお北米インディアンのティピーと呼ばれる円錐型の小屋にその形をみることができる（図 1.1）．また，今から数万年前になると，今までの祖先よりはるかに優れ，今日の人間に直接つながるクロマニヨン人が出現した．最後の氷河期が終わると巨大な氷床が後退して暖気が地球全体を包み，人間の生活は急激に変化し始めた．次々と民族の移動が起こり，寒い時代の主食であったトナカイなどの獲物が北へ去ると，クロマニヨン人もまたツンドラの彼方へと去って，狩猟生活の時代に終止符が打たれた．

図 1.1 インディアンのティピー
平均的な大きさは高さ 3～3.6 m，直径 3.6～4.5 m．

図 1.2 原始ゲルマンの校倉造の住居
(南ドイツ, ボーデン湖)

　氷河が去った後のヨーロッパは湖や沼が多く, 森林が繁茂し, 水辺には人間が定住して集落ができた. 湖村と呼ばれるこの集落の人達は今日の西ヨーロッパ人の祖先で, 早くから農業を身につけた原始ゲルマン人である. したがって湖村の住居は, 先住の狩猟民の洞窟や竪穴住居の系列と異なり, はるかに優れたもので, 森林に囲まれていたため木造住宅として発達した. 木材で柱を立て, 草で屋根を葺き, やがて西ヨーロッパに鉄の道具が伝わると, 一段と堅固な校倉造の家も建てられるようになった (図1.2). これらの木造住宅は地域によって一様ではないが, 前室と主室の間に間仕切り壁を設けて2部屋とし, 入口に近い方を居間と台所に, 遠い方を寝室にしていた. このように食事をする場所と寝る場所という異なる2つの空間を分化させていたことは, 人類の生活が飛躍的に進歩したことを物語っている. 同じ頃, エジプトやメソポタミアなどの東方ではすでに支配階級が誕生し, 最初の階級社会(古代)に到達していたが, 西ヨーロッパでは各集落が森や湖に阻まれて閉鎖的であったために, 強力な古代国家を築くことができなかった.

b. 都市型住宅の成立

　ヨーロッパとアジアの接点にあたるメソポタミア地方は, 最も早く農耕文明が栄えたところであった. しかし土地が肥えていたために常に他民族の侵入に脅かされ, 防御上の理由から何軒もの家が壁を接し, 集合して建てられていた. これはまた, 雨が少ない風土であることから急勾配の屋根を必要とせず, 平らな屋根 (陸屋根) であったために容易に集合させることができたためでもある.

　メソポタミアをはじめとする西方アジアは石材に恵まれず, また乾燥帯であるために木材も乏しかった. したがって家をつくる主な材料は泥で, 後に煉瓦が考え出されるまでは, 泥に藁を混ぜた練土が用いられていた. 当時のこの地方の集落として知られるハッスーナ遺跡は, 練土の壁の厚さは45 cmほどで複雑に折れ曲がり, よくみるとどの住戸も前庭をもち, 隣家と互いに壁を共有している様子がわかる (図1.3).

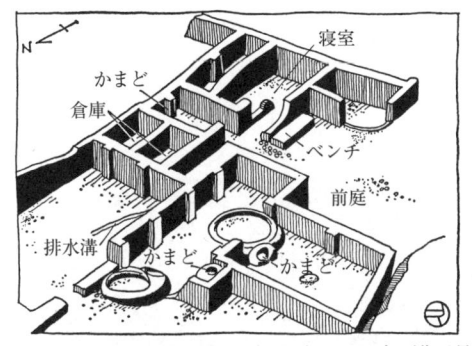

図1.3 ハッスーナ第4層位の住居（BC 4200年頃復元見取図）

図1.4 原始的なメガロン形式の住宅平面概念図（BC 2000年頃）

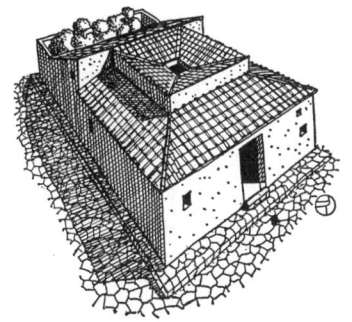

図1.5 有心平面をもつギリシア型住宅（ギリシア時代末期）

図1.6 ヴェッティの家のペリステュリウム（BC 2〜1世紀, ポンペイ）

　一方，ギリシア人の古い住居形式はメガロンと呼ばれ，木造切妻型の屋根と柱に石積みの壁を組み合わせたもので，ポーチおよび妻側に出入口をもち，前室と主室とが縦に並んでいる（図1.4）．

　しかし都市国家の成立により都域内の住宅が密集してくると，メガロンの前庭は共有されて囲まれ，やがて中庭を中心とした有心的な平面をもつギリシアの都市型住宅が完成する（図1.5）．この有心空間こそ，古代の住宅の中にみられる特質である．西方アジアとともに早くから古代文化が栄えたエジプトにおいても，広間を中心にした平面がみられる．これらはいずれも，いったん中心となる広間や中庭に出てから各部屋に出入りするものである．

　古代には支配者あるいは支配者階層の発生にともなう社会的変革によって，彼らの大きく立派な家と一般庶民の家との間に規模も質も違いが生じ，おのおのの

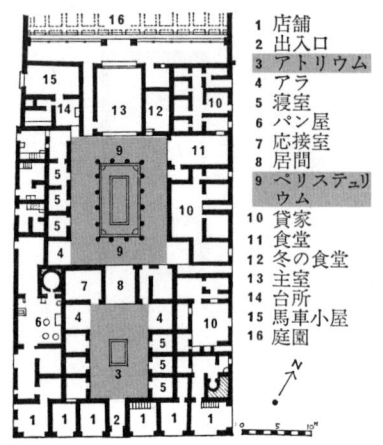

図1.7 ドムスの典型的な構成を示すパンサの家の平面図（BC 2 世紀，ポンペイ）

1 店舗
2 出入口
3 アトリウム
4 アラ
5 寝室
6 パン屋
7 応接室
8 居間
9 ペリステュリウム
10 貸家
11 食堂
12 冬の食堂
13 主室
14 台所
15 馬車小屋
16 庭園

図1.8 インスラ（AD 2 世紀，オスティア）
多くは1階が店舗，2階以上が賃貸集合住宅．

階級に応じた形式の住居がつくられるようになった．

　ローマ時代の住宅を代表する低層中庭型の独立住宅（ドムス）は，数の上からみればほんの一握りの限られた人達の住まいであった（図1.6）．ドムス本来の形式は，今日なお有名なポンペイのパンサの家などの遺構にその名残りをとどめているように，アトリウムと呼ばれる中庭を囲む接客のための空間と，ペリステュリウムまたはペリュスタイルと呼ばれる中庭を囲む家族のための空間からなる2つの有心空間を，水平に連結した複合有心空間である（図1.7）．

　ここでは外部の騒音を避けるため，街路に面する部分を店舗（タベルナ）にして商売を競わせ，収入源としていたが，主人と家族達の居住部分は店と背中合わせに中庭を向き，ここから静かに緑と太陽を満喫していた．これらの中庭は，優雅な空間をつくりあげ，ドムスとしての特徴と誇りを示しているのに対し，街路に面した窓から採光する，これとは異なる実用的なタイプの住居もあった．一般にこのような建物は数階建の集合住宅で，いろいろな形式とさまざまな質の住居が1つの建物に含まれた複合建築（インスラ）で，古代ローマに生まれて完成した都市型住宅として特筆すべきものである（図1.8）．

c．中世領主の館と町屋の発生

　古代都市が衰微した後のヨーロッパは封鎖的な土地支配の時代を迎えた．古代

の支配者が貴族として都市で生活したのに対し，中世の支配者達は領主として農村で生活した．領主の住まいは侵略者にそなえて次第に堅固な城塞となっていった．これらの城もはじめは木造であったために火に弱く，11世紀頃から石造の天守（キープ）に変わり，さらに12世紀末になると東方などから会得した築城術により，狭間などをそなえたより戦闘的なものへと発展した．その点，居住性において城よりも一段と優れたものに，領主から荘園の管理職を委託された騎士の館（マナハウス）がある．やがて領主達も，城の天守とは別に，マナハウスを建てて日常生活の場とした．

マナハウスは2階建で，敵襲にそなえて2階から出入りするところは城の天守と同じである．しかし城が1階に全く出入口を設けず，1階へは中からだけ通じていたのに対し，マナハウスの1階（納屋）へは中から通じることなく，おのおの別に出入口が設けられていた．いずれにせよ，人間が居住したり，出入りしたりする最初の階がファーストフロアーであり，これがわが国の2階をヨーロッパでは1階と呼んでいる所以である（図1.9）．初期のマナハウスは，広間（ホール）および主人家族専用の部屋（ソーラー）からなっていた．12～13世紀頃から，ホールを挟んで反対側に台所，食器庫（パントリー），食品庫（バッテリー）などが設けられた．一方，ホールのソーラーがある方の側には，ダイスと呼ばれる一段床の高い部分がつくられ，この段上には主人とその家族，時には来客が座り，段下の家臣達とともに食事をした（図1.10）．ホールを挟んで一方が主人達の空間，反対側が台所など召使達の空間というように，一端に上手が存在し，遠ざかるにつれて高貴性が薄れ，他端が下手となるような目に見えない1本の軸線が貫かれている空間，すなわち有軸空間が成立した．

図1.9 12世紀の典型的なマナハウス

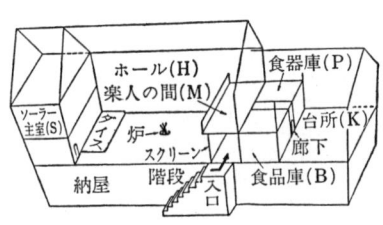

図1.10 13世紀マナハウスの基準型見取図
(渡辺，1970)

13世紀に基本形の完成をみたマナハウスも，やがて防御的配慮が緩むにつれて多様に変化していった．この頃，十字軍の出征に端を発してヨーロッパ内陸間の交通量が増大し，交通路は旅商人の活発な往来を迎えた．彼らはその長い交通路に中継地を設け，やがてそこは定着地となって中世都市を形成し，農村から商工業を分離させるに至った．これらの中世都市こそ今日のヨーロッパ都市文明の原点となっている．

中世ヨーロッパ大陸部を中心とするゲルマン系民族の中にみられるライン河以北の初期の町屋は，間取りも造りも農村住宅の踏襲にすぎず，都市住宅としての特性を全くそなえていなかった．しかし都市人口の増加にともない，町の敷地割りは街路に面して間口が制約されて奥行きの深いものとなり，このいわゆるタンザク形の敷地を有効に利用することから新しい間取りが生まれた．

ゲルマン系の町屋にみられる独特の急傾斜屋根は，屋根裏を倉庫として有効に利用することからできあがったもので，棟の下部に滑車を取りつけたものが多くみられるなど，営農的住居を祖形としながらも，都市生活や商工業の新しい機能を反映し，次第に都市住居的特質を形成していった（図1.11）．

またギルド有力者達の住居も，敷地の制約と本来が町人である性格から一般町屋の特性の範囲内にあって，巨大な併用住居を営んでいた．同時に経済力の成長や防火上の理由から石造や煉瓦造の家も普及し，完全に農村住居とは異なる町屋独自の形が完成した．

ところで，ノルマン王朝以後のイギリスにおいて，エドワード1世（在位1272〜1307）は封建制度の崩壊を早め，国王の権限を強化することに成功した．そのためイギリス国内は平和が続き，他の大陸諸国に比べて早くから城の武装を放棄して居住性を追求することができた．

16世紀にはいると，これらの住宅も，ルネッサンス様式を反映して家の外観を左右対称につくりあげる傾向が強まった（図1.12）．しかし各室の構成をみると，特にイギリスでは上手と下手をもつマナハウスの影響が長く尾を引いた．やがてチューダー王朝の始まりとともに立派な住宅がつくられるようになり，居住性に富んだ優美な館へと変貌していっ

図1.11 中世の面影をとどめるロマンス街道の町（西ドイツ）

た．近世絶対王権下での平和な時代の住まいとしては，来訪者を家の中に迎え入れることに抵抗がなくなり，室内の接客に対し，装飾とともに身分の格式表現に最大の関心が払われるようになった．

図1.12　近世イギリスのカントリーハウス

また，公的な目的に使われたホールに対し，非公式な社交の場としてのパーラーの出現をはじめ，17世紀にはフランス風のサロンなど，接客空間が充実した．その結果，ホールは機能が他の部屋に分散して中世的機能を失い，玄関部分あるいは階段室の前にみられる客だまり程度のものになってしまった．今日，われわれの住宅の中に，どれほどの広さであれ玄関ホールと呼んでいる部分があるとすれば，それは本来のホールが意味を失って形骸化した名残りなのである．

d.　近世の上流住宅

西洋の中世を近世に移行させた背景は，市民階級の台頭と資本主義の誕生であった．なかでもイタリアでは，市民階級の代表である都市貴族が他国に先がけていち早く活躍をみせ，商業資本主義を強力に推進した．

ルネッサンスの文化は，このようなイタリア近世の開幕を基盤に開花し，なかでも都市貴族の邸館（パラッツォ）は，独自の造形効果をもった都市の象徴的建築として注目に値する（図1.13）．

図1.13　パラッツォストロッツィ
　　　　（16世紀，フィレンツェ）

ルネッサンスのパラッツォの典型は直接街路に面して中庭を有し，そのほとんどが3層構成で，その外観をみると，壁が建築表現にとって重要な要素として視覚的効果を最大限に発揮するように設計されている．

一方，中庭は，ルネッサンスの美意識を最も反映させたものの1つで，そこにはアーチと円柱の繊細かつ明快な組み合わせによる回廊があり，都市の中にありながら街路の騒音も気にならない別天地であった．

このようにフィレンツェを中心に開花し建設

図1.14 典型的なテラスハウス（ロンドン市内）

されたパラッツォも，15世紀後半から16世紀前半に最盛期を迎え，古典古代の単なる模倣ではなくルネッサンス独自の住宅形式へと高めつつ，その中心をフィレンツェからローマへと移していった．そしてこのパラッツォの影響は，ほぼ半世紀遅れてアルプス以北の諸国にもたらされていったのである．

18世紀のイギリスは世界に先がけた産業革命にともない，社会の中枢機能が都市へ集中し，田園貴族であった支配者達も都市に居を構えて生活する必然性に迫られた．その結果，都市にはテラスハウスと呼ばれる新しい都市型住宅が誕生し，上流階級に受け入れられてロンドンを中心に発展した．この時期がジョージ王朝（1714〜1830）であったことから，テラスハウスをジョージアンタウンハウスとも呼んでいる（図1.14）．

テラスハウスの注目すべき点は，投機家による建売分譲住宅であったことである．一般的な1住戸分の間口は窓3つ分で，幅が24フィートと狭く，その分だけ上の方に伸び，数階からなる住宅となった．しかし集合住宅でありながらも，自分達の頭上に他人が居住することなく，地階から屋根裏部屋までを1住戸とする新しい都市型住宅を誕生させたのである．言い換えれば，テラスハウスには，集合住宅にあってなおも一戸建住宅の独立性を墨守している姿がみられる．

テラスハウスはその後ますます発展するが，以後200年にわたり，イギリス国内はもとよりアメリカにおいても，街路に沿って列のように並ぶローハウスを生み出し，典型的な都市型住宅となった．

e. 近代住宅の展開

19世紀の建築は，建物を過去の様式で装飾することに重点がおかれており，住宅も例外ではなかった．そして建築家にとっては，その家の主人の社会的ステイタスをいかに表現するかが重要な課題であった．

こうした中で，19世紀後半にイギリス郊外に建てられたウィリアム・モリスの自邸「赤い家」は，まだ多くの人々が装飾豊かな宮殿のような住宅を理想とし

ていた当時，内部の機能を外観に表し，漆喰を塗らずに赤煉瓦をそのまま見せたものであった．ここで示された実用的な郊外住宅こそ，中産階級が上流階級を模倣することなく，中産階級独自の生活理念を示した住宅であった（図 1.15）．

20 世紀にはいると，今までの古い様式建築に反対し，新しい建築を目指すゼツェッション（分離派）運動が起こった．この運動の中心になったのは，オーストリアの建築家オットー・ワグナーで，彼は新しい建築の設計態度として次の 4 つの原則を主張した．

図 1.15 ウィリアム・モリス邸（赤い家）
（設計：ウェッブ，1860 年，ケント，イギリス）

① 建物の用途を正しく理解して，それを十分に満足させること．
② 得やすく，加工しやすく，安価な材料を使うこと．
③ 合理的で経済的な構造を採用すること．
④ 以上のような条件を満たして，自然に成立する建築の形態を尊重すること．

これが機能主義と呼ばれる近代建築運動の出発点となったのである．

ところで，第 1 次世界大戦（1914〜1919）の痛手による困難な経済条件の中で，住宅問題は最も切迫した課題であった．ドイツのワルター・グロピウスによる建築と工芸の学校であるバウハウスにおいても住宅問題が取り上げられ，1923 年には生活最小限住宅の構想とその実験住宅が発表された．それは人々があくまでも文化的な生活を維持するために必要な最小限の空間の追求であって，虚礼と接客を排し，家族の団らん，家事能率，プライバシーなどを重視した近代の新しい生活理念の上に立つものであった．またこれは，標準型を定めて大量生産するための規格化など，後の近代建築家の住宅設計態度に大きな影響を与えることとなった．

第 2 次世界大戦はわが国に限らず多くの国の都市を破壊したが，史蹟の多いパリ市内はフランス，ドイツ両軍の良識により例外的に残されたため，建物の半分近くが百年を経過している．ところがこれらの古い建物は，現在では不便な生活を強いられる結果にもなっている．すなわち，古い賃貸集合住宅で，それも石造・煉瓦造建築の改造工事が容易でないことは明らかであり，新たに便所を設け

1. 住居の歴史

図1.16 デファンス地区の集合住宅（デファンス地区整備公団，1951，フランス）

図1.17 バービカン地区の集合住宅（1957〜，ロンドン，イギリス）

ればそれだけ家賃の値上がりにつながるため，住人もこれを望んでいない．

一方，パリの旧市内には手をつけず，地価が安い郊外に新都市をつくり，設備のよい集合住宅を建てて鉄道や高速道路で結ぶ計画は，すでに1960年代後半から着手されている．約半世紀を経過した今日，経済停滞もあって必ずしも入居者が順調に移住しているとはいえないところにこうした行政のむずかしさがある．

都市型住宅は，単なる住宅の集合体ではなく，居住者にとっても市民にとっても，より快適な環境を形づくるものでなければならない．パリ周辺の大規模再開発として知られるデファンス地区は，800ha以上の土地を対象とし，人口5万人を越すものである．業務・商業・住居地区からなり，多数のユニークなデザインの高層建築と外壁のカラフルな色彩が人目を引いている（図1.16）．

パリとは逆に，ロンドン市のバービカン地区は，第2次世界大戦で大きな被害を受けたところである．この地区の再開発は市内であることから，土地を最大限に活用する高密度居住地でなければならない．こうした中で，慎重な検討と長期にわたる計画の末，オープンスペースを確保し，学校，劇場，教会からレストランに至るまであらゆる教育と芸術の施設を含み，歩行者と自動車の道を完全に分

離するなど，住みやすい近隣環境がつくり出された（図 1.17）．

　グロピウスやル・コルビジェによる高層集合住宅化の提案がなされてから 1 世紀近くを経た今日，集合住宅は多くの問題と矛盾を抱えながらも，大筋でこの方向に進んできたことは確かである．

1.2　日本住宅の伝統

a.　竪穴住居から近世民家へ

　今日，われわれが「民家」と呼んでいるものは，17 世紀後半に成立し，その後さまざまな発展をたどった一般の人々の家に対する呼称である．そして，この民家にみられる生活方法や建築技術の特徴は，遠く原始時代の住居の伝統を連綿と受け継いでいることである．

　わが国における原始住居の主流は，縄文，弥生の両時代を通じて竪穴住居であった．これは地表から 50 cm ほど掘り下げて床面をつくり，その上に屋根をかぶせたものである．屋内は仕切りのない一室で，そこで土間式の生活が行われていた．

　縄文時代は，紀元前 7500 年頃から紀元前 300 年頃までの 7000 年強，さらに弥生時代は紀元後 300 年頃まで続いたが，この間にわれわれの祖先は，狩猟，漁撈，採集の生活から稲作農耕による定住生活へと大きな変化を見せた．そしてこの変化は大陸文化の伝来によるもので，西日本を中心に広まり，以来，大陸文化の摂取は西日本を介して，東日本へと波及し，西日本の文化の先進性は近世の民家にまで影響を与えることになる．

　竪穴住居における変化のうち，住生活に最も大きくかかわることは，調理したり暖をとるための炉が，屋外から屋内の中央に設けられるようになったことで，これは縄文時代も比較的早い時期のことである．竪穴住居の柱は掘立柱と呼ばれ，下部を地面に埋め込むだけの簡単なもので，今日の木造住宅のような基礎がない．縄文時代のものは，床面積の規模が大きいほど主柱の数も多くなっていたのに対し，弥生時代になると，その多くは主柱の数が規模の大小に関係なく 4 本に定まり，屋根の架構方法が定着してきたことを意味している．4 本の柱上には桁（けた）を井桁に架け渡し，その上に梁（はり）を渡して合掌を組む．これは棟木を受けるものであり，次に棟木と桁に垂木をかけ，さらに桁から地上まで垂木をかけて横木を取りつけ，茅を葺いた（図 1.18）．

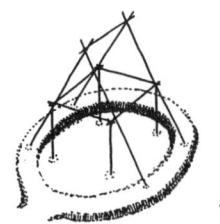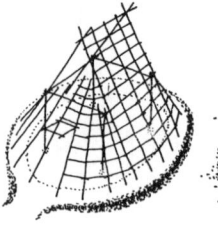

| 地面を50cm程掘り下げ，掘った土を周囲に盛る．次に柱穴を掘って支柱を立てる． | 柱から柱へ桁を掛け，次に棟木の順に組む．垂木を放射状に取りつけ，下部は地中に埋める． | 斜材，垂木に横木を結びつける． | 横木に芽を取りつけ，下から葺き上げる． |

図 1.18 竪穴住居のつくり方

　静岡県登呂遺跡にある竪穴住居は，弥生時代中期から後期のもので，竪穴を掘るかわりに周囲に盛土し，その上に屋根をかぶせている．これは，床面が地表にあるため，平地式の住居と呼ぶべきかも知れないが，屋内の様子や構造が竪穴住居と同じつくりである．

　一方，弥生時代には，作物を貯えておくための高床の倉がつくられるようになった．この高床の技術は稲作とともに大陸から伝来したものであるが，床を地表から離したことによって，地面の湿気を防いだ．

　古墳時代（紀元後4～6世紀）になると，西日本の住居は平地式で，壁付掘立柱の建物，すなわち平地住居と高床式の建物が主流になる．しかし，東日本では依然として竪穴式が主流で，高床式の住居は支配階級である豪族や貴族の住居としてのみ発展していった．

　中世になると，庶民の住居は，町家と農家の系統に分かれていく．町家は平地住居をもとに土間と一段高い床部分をもつようになるが，この土間は近世の町家で通り庭として定型化する．通り庭とは，町家が隣接して建った際に，表から裏へ通り抜けられる通路となる部分で，さらにカマドやナガシが配されて炊事の場ともなった．

　一方農家では，先進的な地域と文化の遅れた地域，さらに同一地域においても階層によって異なった様相をもって，中世から近世へと経過していった．中世の農家の規模は，上層農家といえるものでも 40 m² (12坪) 程度のものであった．

　近世・民家の間取りの変遷は，近畿地方の「前座敷三間取り型」から「四間取り型」への移行と，その他の地方にみる「三間取り広間型」から「四間取り型」

図 1.19 前座敷三間取り型民家の平面図「菊家家住宅」（奈良県）
図 1.20 三間取り広間型民家の平面図「旧伊藤家住宅」（神奈川県）
図 1.21 四間取り型民家の平面図「旧中澤家住宅」（宮城県）

への移行に大別される（図 1.19〜1.21）．

「前座敷三間取り型」は，先に述べた室町期の平面に遡りうるものであるが，近世の比較的早い時期に「四間取り型」に移行する．この間取りは，土間とザシキ，ダイドコ，ナンドという構成から，ザシキが二分されたものである．一方，「三間取り広間型」は土間とヒロマが接し，その奥にザシキとナンドが配されたもので，ヒロマが日常生活の中心的な場所になり，ザシキが非日常的な接客・儀礼的な場，ナンドが寝室に相当した．そして江戸時代後期になって，ヒロマが二分され，カッテが分化して「四間取り型」の形成をみた．

いずれにせよ，これらの変化は上層農家から起こり，次第に中・下層農家へと一般化していった．そして上層農家はさらに上の階級，すなわち武士の住居形式を取り入れていった．なかでもその傾向が特に顕著な接客空間では，畳敷きものが配されることになる．

このように，竪穴住居から近世の民家までを通観してみると，土間の部分の存在に大きな変化がみられなかったのに対して，床部分は漸次変化し，居住性の向上を図ってきたことがわかる．そして，そこでの生活を包含した建築の構造は，村落社会でまかなえる材料と技術を主体にしたものであった．特に屋根葺きは「ゆい」と呼ばれる村人達の共同作業が継承され，これこそが地方色ある民家の外観を形成する一因となった．

b. 古代の寝殿造から近世の書院造へ

古代の成立は支配する者とされる者の誕生であり，身分の上下，貧富の差を明確にし，古代貴族と農民の住宅の間に大きな格差を生んだ．

古代後期（平安時代）に成立した貴族の邸宅である寝殿造(しんでんづくり)は，敷地の四周が築(つい)

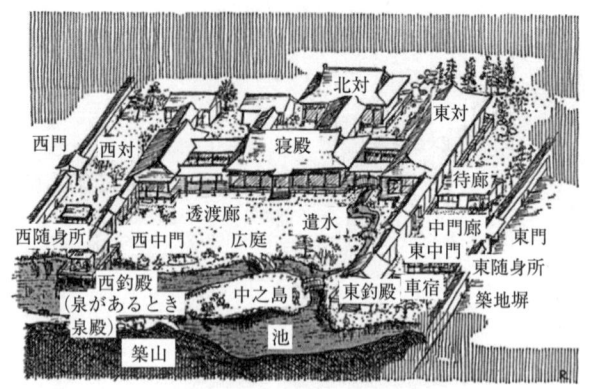

図 1.22　寝殿造の概念図
この概念図は，法住寺殿や東三条殿などの復元図をもとに描いた寝殿造のひとつの概念図である．

　地塀によって囲まれ，寝殿と呼ばれた主屋を中心に，建物や庭が配された広大なものであった（図 1.22）．都は大陸の都城にならってつくられ，方位正しく碁盤目状に道路が走り，大路と小路によって区割されていた．平安京では 1 町（約 120 m）ごとに小路で区切られた正方形の敷地が，三位以上の上流貴族の宅地として支給され，ここに寝殿造が営まれた．

　寝殿の左右や後ろには副屋である対屋が建ち，透渡廊と呼ばれる吹き放ちの二棟廊で結ばれていた．東西 2 つの対屋からは途中に中門を開く中門廊が伸び，先端には釣殿や泉殿が設けられた．寝殿造は，南側の広い庭に池や築山がつくられ，蔀を上げれば，家の中と外の空間が一体となるような庭園も含めた住宅様式で，そこには人間の住まいとしてひとつの理想の姿をみることができよう．

　中世になると，鎌倉政権の成立などにより古代貴族の力がおとろえ，大規模な寝殿造が建てられなくなった．

　寝殿造は，主屋である寝殿に主人が起居するほか，家族の一人一人が副屋である対屋に個別に生活するものであった．しかし寝殿造の縮小・簡略化の中で，最も簡単なものは，寝殿と中門廊を残すまでに省略されていった．この結果，1 つの建物の中で家族全員が生活をしなければならず，空間を仕切る必要性から，壁や建具による間仕切りの発達を促すことになった．

　さらに中世も室町時代に入ると，工芸品を飾って観賞する実用性に富んだ棚や，

掛け軸のために壁をくぼませ，後の床（床の間）となる押し板が設けられた．また僧侶が学問をするために，私室につくった本をおく棚や，書きものをする文机を明るい縁先につくりつけにした付書院など，中世に生まれた「床・棚・書院」は，近世の封建的秩序と身分を明確にしようとする意識の中で，接客を中心とする主殿造として様式化された．主殿とは，近世初頭の上流住宅の中心となる建物で，接客を主目的とする独立した建物であるため，客殿とも呼ばれた．

主殿造では，吹き放された広縁と南庭からなる自然との融合，白砂の前庭，中門などに再構成されてはいるものの，寝殿造の要素が色濃く残されている．

主殿では，床・棚・書院などの座敷飾りを全部まとめて，最も身分の高い人が座る上段の上座に設けた．座敷飾りは，これを背にして接見する人の威厳を増す目的で用いる権威の象徴へと変わったのである．もとより中世では，これらを私室性の強い部屋に用い，人を謁見する公式の場に設けたり，床・棚・書院という複数の要素を1カ所に配することもなかった．

主殿にはこの3つの要素の他，帳台構と上段がそなえられた．上段の間は，土壁ではなく紙を貼った貼付壁で，襖とともに金箔を貼った上に極彩色の絵が描かれ，棚に飾られた唐名物の豪華な品々とあいまって拝謁者を威圧したことであろう（図1.23）．こうして上段側を最も高貴な場所として，近世の新しい封建制に対応し，強く身分格式を秩序づけて書院造が完成する．

書院造からは，寝殿造の面影こそ薄れるが，主殿の特色と書院造の特色はほとんど同じであり，主殿の成立は基本的に書院造の成立といってもよいであろう．

c. 武士住宅における和風住宅の確立

書院造は，近世上流武士住宅の代表である大名屋敷に代表される．近世の最上級層である大名は，江戸幕府の参勤交代の制によって，居城の他に江戸にも屋敷を構えた．江戸においては，上屋敷，中屋敷，下屋敷を営み，このうち上屋敷が藩主の住まいとなった．これらの大名屋敷は

図1.23　二条城・二の丸御殿大広間
上段正面に床と棚，左に付書院，右に帳台構．

広大な屋敷地を有し，大名家族が住む他，藩の役所としても機能し，さらに接客用の能舞台や数奇屋（茶室）も設けられていた．また屋敷地内の周囲には，家臣達が住む長屋や，女官達の局が建ち並んでいた．大名の営んだ住宅の様式は，近世初期に成立した書院造で建てられ，接客空間（表向），主人の生活空間（中奥向），そして夫人のための生活空間（奥向）という3つの居所と台所が構成の基本となっている（図1.24）．

近世初期の書院は，今日その様子を二条城二の丸御殿や，西本願寺書院にみるごとく，金碧の障壁画や豪華な飾り金具で飾られた絢爛たるものであった．しかし，江戸における明暦3（1565）年の大火以降，幕府の厳しい倹約令によって，桃山風といわれる絢爛豪華な装飾をみることはできなくなった．

一方，林泉に囲まれた下屋敷の別荘風建築は，草庵風の数奇屋的志向で営まれることが多かった．この代表的な遺構が八条宮家の智仁親王，智忠親王親子2代によってつくられた桂離宮の御殿である（図1.25）．ここでの間取りの構成は，基本的に書院造に通じるものであっても，意匠的にみればその差異が顕著であり，これを数奇屋風書院と呼んでいる．

ところで，表向接客空間の格式的な書院が室町期の主殿を発展させたのとは別に，茶湯や連歌などの遊芸のための空間は，その萌芽を室町期の会所に遡ることができる．やがてこれは戦国期から近世初頭にかけ，茶座敷や数奇座敷と呼ばれるものを派生させるに至った．茶座敷は広間の茶（書院茶）と違い，6畳や4.5

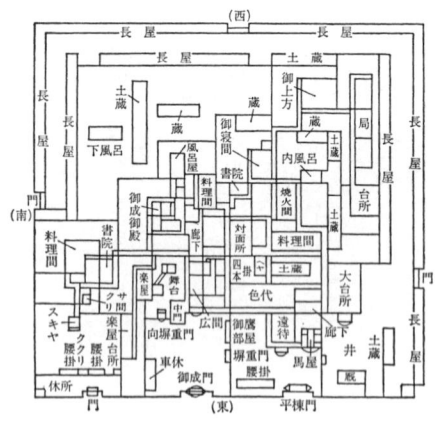

図1.24 匠明屋敷図

図1.25 桂離宮（江戸初期，京都）

 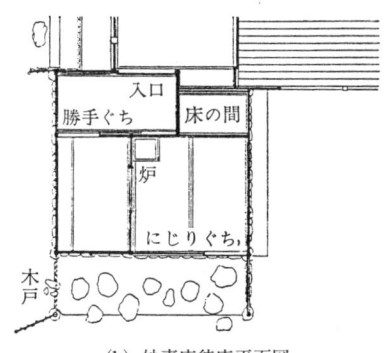

(a) 妙喜庵待庵（桃山時代，京都府）千利休好み．　　　　　　　　(b) 妙喜庵待庵平面図

図 1.26

畳の小間を主体にしていた．この小規模な茶室をさらに徹底して 2 畳の茶室をつくったのは，侘茶を確立した千利休であった．千利休の作と伝えられる待庵をみると，質素であるが同時に気品に満ちた格調をただよわせ，桃山風の豪華さと両極をなしていることが理解できよう（図 1.26）．このような草庵風の意匠は，一部の教養人のサロン的世界から始まったものであったが，次第に武家や上層の町人，農民達の住居にまで広まっていくことになった．

　近世には多数の城下町が成立した．この近世都市には武士が集住して屋敷を構え，町人地や寺社地と区画されて武家地を形成していた．身分秩序を厳密にした近世社会では，武士においても家柄，家禄高，役職などによって格式が定まり，それが武士の住居にも反映され，格式の高低が敷地規模の大小に端的に反映されていた．中・下級武士は自己の住宅の理想を，上級武士住宅である大名屋敷におき，これを縮小簡略化する傾向があった．したがって中・下級武士住宅も，屋敷地の中央に主屋，街路側に家臣の長屋，そして周囲に土蔵や物置を配する建物配置形式を基本にしていた（図 1.27）．

　そして近代にはいると近世城下町は地方の中枢都市となり，武士階級こそ消滅したが，都市のサラリーマンによって営まれた住宅は，いわゆる和風住宅として，門，玄関，屋敷構えなど中・下級武士の住宅を継承したものであった．

d. 近代住宅における洋風の導入

　封建制度が解体した明治維新後は，先進諸国を見習って西洋文明を導入し，急

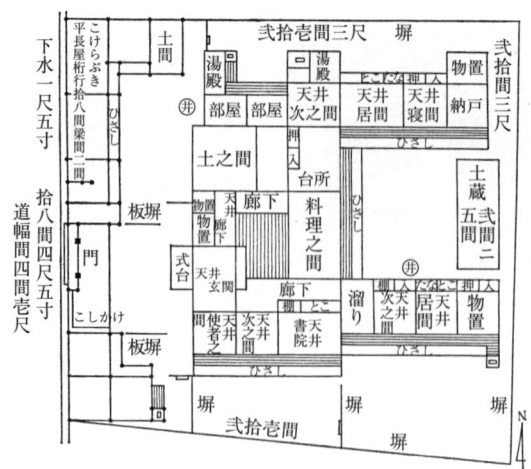

図 1.27 旗本屋敷図（参考：「屋敷渡預絵図証文」）

速な近代化が進められていった．

　欧米人との接触の機会が多かった上流階級の人々は，早くから西洋の生活様式を取り入れ，江戸時代の武家の住宅形式を受け継いだ既住の和風住宅の他に，純粋な洋館を建てて接客の場とした．これは和洋二館様式と呼ばれ，上流階級の象徴として後々まで根強い影響を及ぼすことになる（図 1.28）．すなわち，明治末期以後，大正，昭和初期の中産階級の間では，二館様式の縮小・簡略化された形として，和風住宅の玄関脇に洋風の応接間を設けてその名残りをとどめ，さらにこのスタイルは第 2 次世界大戦まで，一戸建住宅のごく一般的な姿として広く定着した．

　大正から昭和にかけてこれらの一般的な住宅の間取りは，家の中央に廊下を設けて南北二分し，南側には先の洋風応接間や床の間付きの座敷を配し，北側に台所や浴室，使用人の部屋などを設けたものが多く，共通して中廊下の働きが特徴になっていることから，これらを中廊下式住宅と呼んでいる（図 1.29）．

図 1.28 明治の西洋館，和洋二館洋式，旧藤山邸（設計：武田五一，昭和 7 年）（写真：結城茂雄）

　この中廊下式住宅は，中廊下によ

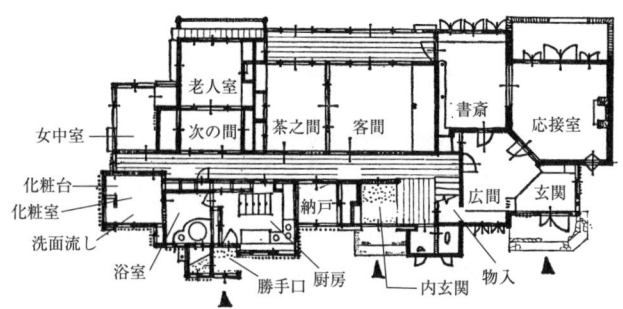

図 1.29 中廊下式住宅（設計：吉田享二，施工：小沢熊次郎，昭和 10 年）

って各室のプライバシーを保たせようとする西洋の思想を導入したものであった．しかしプライバシーが保たれているのは家族と使用人との間だけであって，大切な家族間でのプライバシーは保たれていなかったが，中廊下形式の住宅は，中産階級の住宅の典型として，第 2 次世界大戦まで圧倒的多数を占めていた．

　大正中期になると，中廊下を廃止して居間を中心とする生活観念が新しい家族関係の上に提唱された．しかしこの居間中心式住宅は，椅子座の普及とも密接な関係があったため時期尚早の感が強かった．すなわち，居間中心式住宅が普及するのは戦後のことであり，民主主義を前提として主婦の労働軽減など，作業能率のよさに関心がもたれるようになってからのことであった（図 1.30）．

　1945（昭和 20）年に始まる戦後の急激な都市への人口集中で陥った慢性的な住宅不足は，集合住宅の歴史の浅い日本において，多くの試行錯誤を必要としながらも，日本住宅公団（1955（昭和 30）年設立）の活躍によって着実に対応された．

　公団アパートを最も特徴づけたダイニングキッチンは，限られた面積の中で食寝分離を実現するために最も有効とされ，また住生活の椅子座化への一方策としても積極的に採用され，2 つの和室と組み合わされて「2DK」の呼称で一世を風靡した（図 1.31）．まもなく経済の高度成長期を迎えるに及び，アメリカの住生活文化を強く受け入れて急速に吸収した．戦争の被害を受けることの少なかったアメリカでは，すでに住生活をより快適にするための努力が払われており，こうしたアメリカの影響は，暖房設備からつくりつけ家具に至るまで幅広く，とりわけ台所の近代化に顕著にあらわれた．

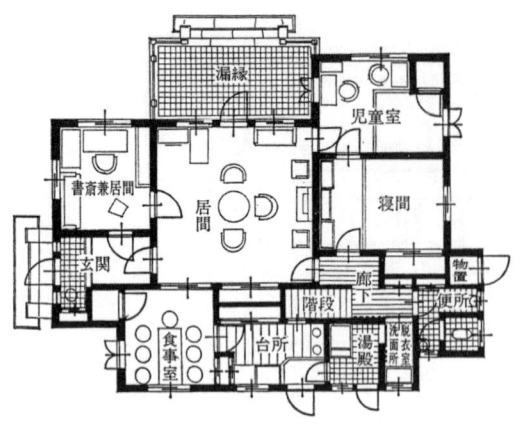

図 1.30 居間中心式住宅
(平和博覧会出品住宅 13 号，生活改善同盟会，大正 11 年)

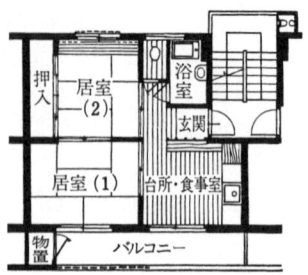

図 1.31 一世を風靡した日本住宅公団．2DK のひとつのタイプ

図 1.32 自然を生かした季節感ある環境と人間的スケール感をもつ集合住宅（稲葉・中山，1983）

　公的住宅は，昭和 50 年代になると条件の悪いものに大量の空き家が発生して社会問題となるなど，もはや量的拡大の時代が終わり，ようやく質の高い住宅造の時代がきたことを告げた．

　こうした中で，わが国の都市住宅は大規模化・高層化から個別化・小規模低層化への変化傾向もみられ，より人間的なスケールをもつ集合空間が提案されるなど，近年の大都市周辺における開発にあっては多様な試みがなされている（図1.32）．

2 生活と住居

2.1 住生活

　住居は，"人間が生活する器"，すなわち個人や家族の生活の拠点である．器である住居が変われば，そこでの人々の生活は変化せざるを得ないし，逆に人々の生活が変われば，それにともなって住居そのものや住居の使い方も変化することになる．住居を中心として営まれる人々の生活を「住生活」と呼ぶ．しかし，住生活はかなり広がりをもった言葉であり，住居内での生活に限られず，商店・学校といった近隣施設での生活をも含む概念であるし，通勤・通学事情といった地域環境も含まれる．また，主として日常生活を対象にするが，冠婚葬祭や災害時といった特殊なケースの生活も含まれる．

　個人や家族の形態が変化すれば，それにふさわしい住生活が営まれる．独身者が結婚すれば，新たな住居を求め，新たな住生活がスタートするし，そのカップルに子どもが産まれれば，住居の使い方が変化し，住生活も変化する．そうしたケースでは，当然，住要求（住居に対する個人や家族の要求）や住意識（個人や家族の住要求を現実との間で調整し方向づけを行う個人の心的状態）や住居観（住居に関する個人の考え方）は，それぞれ変化する．個人や家族によって，住生活のあり方はそれぞれ異なるものであるが，個人や家族の住居と住生活とは密接な関係があり，家族の変容による住要求や住意識の変化に一定の傾向が認められるのも事実である．また，ライフスタイルの多様化により，人々は新たなスタイルの住居や新たな住生活のあり方を模索することとなる．

　個人や家族の生活は，住居の中ばかりにとどまらない．これまで住居内で営まれていたさまざまな生活機能については，昨今，社会化・外部化が著しく進んでいる．洗濯のクリーニング店への外部化や，食における外食化や惣菜の持ち帰り

もその例である．われわれの日常生活の営みは住居のみならず，地域に存在する施設や地域で提供されるサービスに頼ることも多く，生活圏は近隣地域への広がりをもっている．住生活もこのような文脈で理解していく必要がある．

a. 生活の構造的把握と住生活

冒頭，住居は人間が生活する器であると書いたが，では，"生活"とは何であろうか．生活とは，言葉の通り，生きて活動することであり，人間の日々の営みである．余りにも当たり前のことであるだけに，科学的研究の対象とはならないと考える向きもあるが，実は，さまざまな分野の学問が生活と結びついている．むしろ，最近の学問分野が細分化し，ますます生活から離れたところで議論されてきた傾向を批判的にとらえ，再び生活に足下を固め，学問を問い直してみることはとても重要な視点ではないかと考える．生活全体を科学的に把握し，理解するためには，さまざまな学問分野を総合的に検討する必要がある．

生活を学問の対象としてとらえた「生活学」を創始したのは，今和次郎（1888〜1973）である．今は，1951年2月21日付の「大阪新聞」に寄稿した「生活学への空想」という論文の中で，はじめて生活学という言葉を用い，それまで生活の研究がもっぱら経済学や社会政策学の側面から行われ，そこでは労働力の再生産としてとらえられていたのに対し，生活の実態を明らかにする学問としての生活学を提唱した．

さらに今は，1956年に『住生活』を著し，学問の対象としての「住生活」を明らかにした．彼は，生活の内容を質でとらえることを提唱し，その質は次の3段階に分けられるとした．

第1段階：勤労生活と休養生活で循環する生活があり，生存ぎりぎりの段階
第2段階：勤労生活，休養生活に余暇生活が加わって循環する生活の段階
第3段階：勤労生活，休養生活，余暇生活に自由生活が加わっている段階

第3段階になって，はじめて文化的な生活，人間らしい生活の営みができる．今は，生活の研究とは，勤労，休養，余暇，自由生活のそれぞれについて考察し，これらを総合した生活全般を解明することと考えた．

今の研究より前に，学問の分析対象として日常生活をとらえた研究者に篭山京（1910〜1990）がいる．篭山は，1943年に『国民生活の構造』を発表したが，これは生活時間による生活分析の手法を，世界ではじめて理論化した画期的な業

績である．篭山は，エネルギー代謝の観点から，1 日 24 時間の労働者生活を，エネルギー消費がその再生産より大きい「労働」，その逆でエネルギー再生産が消費より大きい「休養」，いずれともいいがたい「余暇」に分類し，その三者の構造的関連を生理学的に解明した．以後，生活学において，この生活時間分析は 1 つの手法として確立したものとなる．

学問的に「生活構造」を取り上げたのは中鉢正美である．中鉢は 1953 年に『家庭生活の構造―生活構造論序説』，1956 年に『生活構造論』を著した．中鉢は，生活学を「家庭生活において人間の労働力が，個体および世代的に再生産される過程を研究する学問」であり，「人間生態学によって労働生理学と社会心理学とを研究することによって，経済学とともに近代社会の総過程を明らかにする科学」であるとし，人間の生活を多角的にとらえるよう指摘している．

その後，鈴木栄太郎・磯村英一・倉沢進といった都市社会学者により，生活構造論は発展していくが，1963 年の青井和夫の『コミュニティ・アプローチの理論と技法』により，新たな展開をみることとなる．青井は，「生活行動は再生産

表 2.1 生活構造の諸側面（青井和夫他：「コミュニティ・アプローチの理論と技法」，績文堂，1963）

	生活過程	生活行動	行動カテゴリー	〔構造的側面〕						機能的分野
				家族構造	家計構造	生活施設・用具・消費財構造	生活空間構造	生活時間構造	生活関係構造	生活意識	
〔機能的側面〕 生理的再生産	経済的再生産	生産的行動	労働・勤め・作業	家族構成と家族内役割分担	生活水準と家計配分の様態	住居条件・消費財の種類・耐久消費財所有状況	生活空間の分化とその広がり	生活時間の配分状況	集団所属の諸様態・社会的施設の利用状況・つき合い関係	望みなど生き甲斐・生活意識・生活態度・悩み・将来・生活満足度・発展	適応 統合 目標達成 緊張処理 動機づけ
		社会的行動	外出・交際・会合								
		家事的行動	家事労働・買物								
		家政的行動	家政・家族の統合融和								
		文化的行動	教養・趣味・マスコミ行動								
		生理的行動	睡眠・休養・食事・身のまわりの用事								

の過程の中にあるから，くり返されるうちで一定のパターンを出現させる．個人の過去の経験と現在の状況と未来の展望に規定されて，それなりに特定の型に固定化する傾向をもつ．だから，われわれの全分野にわたってみられる，物質的・空間的枠組と，具体的な生活行動様式の体系化された複合体を生活構造（life structure）と呼んでおこう」とし，生活構造を機能的側面と構造的側面の両面から理解しようとした．青井は，生活構造を表2.1のように図式化し，生活構造が個人，家族，地域社会，全体社会の各レベルで認められること，さらに，社会経済構成体と個人の意識構造とを相互に媒体するものとして生活構造を位置づけるなど，興味深い視点を提示した．

以上，生活を把握する視点についてみてきたが，これらを踏まえ，住生活と住空間について考えてみることにしたい．

b. 個人・家族と住生活
1） ライフサイクルと住生活

ライフサイクルと住生活を考える際，2つの視点がある．1つは人が生まれて死ぬまでの個人周期の視点であり，もう1つは結婚から始まり，家族の形成，拡張，縮小，消滅といった家族周期の視点である．後者はファミリーサイクルともいわれ，結婚する，子どもが生まれるなどの節目には生活要求や住要求が変化する．ライフサイクルの節目と節目の間の期間をライフステージと呼び，ステージごとの生活や住居に対する要求を整理したのが表2.2である．

図2.1は，この50年間における女性のライフサイクルモデルの変化を示したものである．1950（昭和25）年，1975（昭和50）年，1994（平成6）年に結婚した女性をモデルに，その世代の平均的な出生年，就学年齢，結婚年齢，出産年齢，出生数，夫の平均寿命，本人の平均寿命などをプロットしている．

女性のライフサイクルが世代によって大きく違ってきたことが理解できる．晩婚化が進んでいるものの，出生数の減少により子育ての期間が短くなり，平均寿命の延びにより子どもが巣立った後の期間が長く，夫死亡後の一人での老後期も延びている．このライフサイクルをどのように生きるかが現代的な女性の課題である．また長寿化の進展は，要介護期という新たなライフサイクルの段階を生みつつあり，自分が介護をしてもらう状態と，親の介護を行うという状態の異なる2つの側面が存在する．一般的には，家族周期の視点からみると，住生活や住要

表2.2 ライフステージ別にみた発達課題と住要求（「住環境の計画2. 住宅を計画する」, 彰国社, 1995）

ライフステージ	発育期 0〜14歳	自立期 15〜29歳	活動期 30〜44歳	安定期 45〜59歳	自由期 60〜74歳	介護期 75歳以上
ライフステージ	心身の発育が旺盛で，しつけ・教育・社会的訓練の大切な時期	職業のための教育・訓練を受け，社会的に自立する時期	社会活動および育児・教育に励む時期	社会的地位が定まり，子どもも独立し，生活が安定する時期	第二の人生を楽しむ自由な生活が送れる時期	心身がおとろえ，社会的な保護・介護を必要とする時期
生活要求	・両親・親族の慈愛・養育 ・近隣・教育関係者の見守り ・よい空気・水・大地，太陽，緑	・知識，情報，職業的訓練 ・友人，趣味，社会参画	・中核的社会活動 ・育児，教育，家庭 ・近隣・地域活動	・管理職的社会活動 ・夫婦，家族，友人 ・趣味，再教育	・趣味的社会活動 ・孫の愛育，友人 ・自適の楽しみ	・趣味 ・家族・友人・介護者の見守り・介護
住要求	・家族・近隣とのふれあい空間 ・自然的生活環境 ・社会的生活訓練の場	・個室 ・集団生活訓練の場 ・知識・情報収集の場	・家庭生活・社会活動両立の場 ・育児・家事補完施設 ・通勤・通学・社会施設の便	・通勤の便 ・職業的接客の場 ・趣味の場	・交遊的接客の場 ・趣味の場 ・自然的生活環境	・家族・近隣とのふれあい空間 ・介護者付き社会施設
住宅の型	・家族用住宅 ・保育施設付き住宅 ・家事補完施設付き住宅	・家族用住宅の個室 ・寮・独身者用アパート ・協働施設付き集合個室	・家族用住宅 ・保育施設付き住宅 ・家事補完施設付き住宅	・ライフスタイル反映住宅（接客重視型，趣味重視型など）	・ライフスタイル反映住宅（接客重視型，趣味重視型など）	・世代家族・拡大家族用住宅 ・高齢者用協同施設付き集合住宅

求には，ある一定の共通性がみられる．住要求は家族の構成員により変化しやすいことから，住要求を満たすためにライフサイクルに合わせて住み替えができるとよいが，わが国の住宅事情から考えると容易なことではない．多くは増改築，住みこなしなどによって対応している．

2) ライフコース

　図2.1のライフサイクルは，あくまでモデルとしての平均像であり，人の一生に規則的な推移があることを前提にして考えられているが，学歴も，結婚・離婚も，寿命も，現在では個人差が著しく大きくなり，人の一生の定型を示すことは

26 　2. 生 活 と 住 居

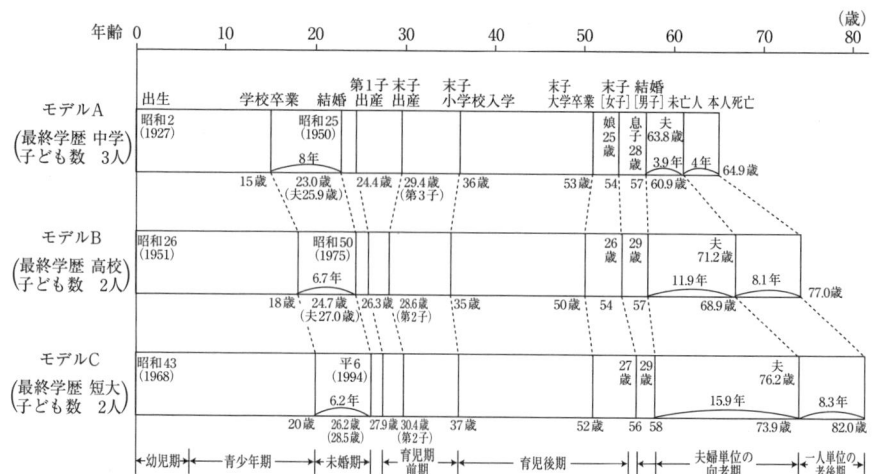

(注) モデルおよび夫の出生年は昭和25年，50年，平成6年の「平均初婚年齢」より逆算．子どもを出産した年齢は，モデルAについては昭和25年の「第1子，第3子出産時の母の平均年齢」より，モデルBとCの第1子出産は昭和50年と平成5年の「結婚から第1子出産までの平均期間」より，第2子出産は昭和50年と平成5年の「第1子出産時の母の平均年齢と第2子出産時の母の平均年齢の差」より算出．モデルおよび夫の死亡年齢は，それぞれの満20歳時の年の平均余命より算出（ただし，モデルAの夫については昭和22年のものを使用）．

図2.1　世代別女性のライフサイクルモデルの比較（「女性の現状と施策　新国内行動に関する報告書」）

困難となっている．そこで昨今では，家族，教育，職業や社会活動などさまざまな経歴をもつ個人の人生をライフコースという概念でとらえ，個人個人の相互関係の中で家族の発展をとらえ直そうとしている．

3）家族外生活者の増大

　従来の視点では，家族のライフサイクルから住生活をみることが一般的とされてきたが，昨今では，家族を生活の単位としていない家族外生活者の増加がみられ，その視点からの考察がいっそう必要となっている．家族外生活者とは，施設などで生活する者，非親族で世帯を構成している者，単独世帯をなす者，親族世帯に同居している非親族の者などをさし，年齢階層別，年代別に図2.2に示した．

　高齢化の進展により，今後，さらに単身高齢者の住生活の課題が重要となる．また，施設居住者としての高齢者にも注目する必要がある．小川信子は『住まいとしての社会施設』の中で，「子どもにとっての養護施設，高齢者にとっての老

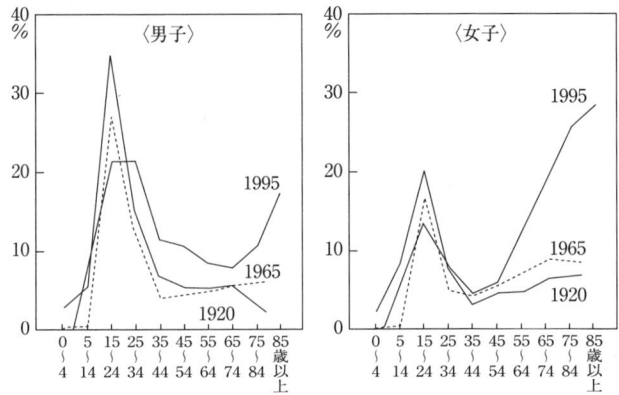

図 2.2 年齢階層別，家族外生活者の比較の推移（国勢調査より）
（森岡清美・望月 嵩：「新しい家族社会学」，培風館，2000）

人ホーム，特別養護老人ホーム，グループホーム，さらには知的障害児・者施設などは，そこで生活する人々の居住の場であり生活の拠点であるにもかかわらず，居住空間としての機能を十分にもっているとはいえない．社会福祉施設の中には，人々の居住空間であるにもかかわらず，住まいがもつべき条件を満たしている例は非常に少ない」と述べている．このように，施設については住生活という視点からこれまで取り上げられることはほとんどなかったことから，居住という観点から，住空間や住生活の質の向上を図ることが重要である．

c. 生活活動と生活時間・空間

1) 生活行為と住空間

石毛直道は『住居空間の人類学』において，未開民族の住居で行われている行動を東京郊外の公務員住宅での行動と比較した結果，人間の住居すべてに共通する行動には睡眠・休息，育児・教育，食事，料理，招客，家政管理，隔離があり，先の3つの行動は動物の巣でも行われるが，後半4つの行

図 2.3 生活行為と住空間のゾーニング

動はほとんどの社会の住居にあてはまるとして，人間の住居行動とし，住居の基本原理ととらえている．

一般的に，家庭における人間の生活行動は，個人的な行為（就寝・休息・勉強・読書・更衣・入浴・排泄など），家族集団としての行為（食事・団らん・娯楽・子どもの遊び・しつけ・接客），家事労働に関する行為（炊事・洗濯・アイロンがけ・子どもの世話・掃除など）の3つに分類される．これらの生活行為を住空間との関係から整理してみると，図2.3に示すように，機能的に似通った行為が空間にグルーピングされる．これをゾーニングと呼び，その他に，子どもの生活ゾーン，大人の生活ゾーンに分けたりすることもある．

2) 生活時間

限られた時間を，どのくらい生活行為に配分して使っているか調べることは，住生活の質を分析する上でも大切な視点である．1日の生活時間は各個人ごとに一定のリズムがあり，また家族集団からみた場合，家族構成員個々の独自の生活時間と家族相互の関係でみられる生活時間とにより構成され，その生活時間の使われ方には共通性を見出すことができる．

生活時間調査はさまざまな分野で行われているが，継続的，広域的，幅広い年齢層（10歳以上対象）にわたって行われているものにNHK国民生活時間調査がある．この調査では，睡眠，食事，身のまわりの用事，療養・静養の必需行動，

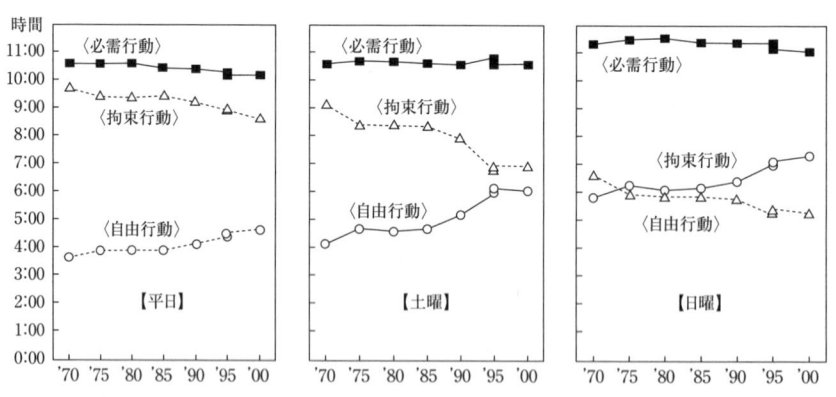

図2.4　1日の時間配分の時系列変化（3曜日，全員平均時間）
出典：「日本人の生活時間2000―NHK国民生活時間調査」，日本放送出版協会，2002.

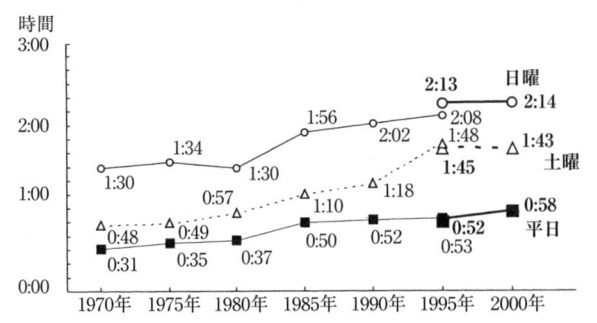

図 2.5 レジャー活動時間の時系列変化（3曜日，全員平均時間）

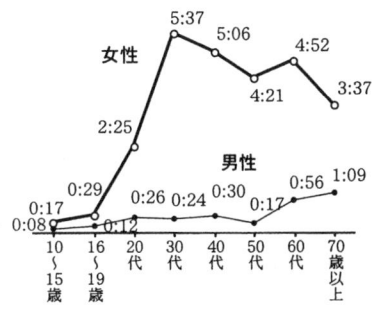

※1990年，1995年のデータには「ビデオ」「レコード・テープ・CD」の値が含まれている

図 2.6 家事時間（平日，男女年層別，全員平均時間）（NHK放送文化研究所，2002）

仕事，学業，家事，通勤，通学，社会参加の拘束行動，会話・交際，レジャー活動，マスメディア接触，休息の自由行動に分類している．図2.4は，この30年間における以上の3つの行動の占める割合の変化を追っている．拘束行動が減少し，自由行動が顕著に伸びている．自由時間の主な行動は，テレビなどのマスメディアへの接触とレジャー活動である．レジャー活動時間はこの30年間で増加し，特に土曜日の伸びが顕著である（図2.5）．また，自由時間の増加がない年でも，レジャー活動時間は着実に増加しており，今後いっそう，余暇社会の到来に注目が集まるだろう．さらに，住生活に強く関連する拘束行動の中の家事時間について男女で比較してみると，現在においても，やはり圧倒的に女性が家事を担っており，20歳代から30歳代にかけて，結婚・出産によって女性の生活が一変していることが認められる（図2.6）．このように，生活時間の変化から，現在の住生活の課題が見えてくる．

　生活時間のリズムに対応して，住居を中心とした生活空間のあり方や内容を検討していくとともに，一方では，豊かな住生活のあり方から生活時間のリズムを問い直すことも大切である．

d. 地域生活

われわれの日常生活は，住宅の中だけで完結するものではなく，住居を拠点として，隣近所といった近隣という集団に囲まれ，さらに地域といった空間的な広がりの中で，個人や家族の生活を営んでいる．快適な住生活を展開するには，近隣や地域の住環境の整備や人間関係，コミュニティの形成について考察することが必要である．

1) **コミュニティとは**

コミュニティの概念は，社会学をはじめ，多分野でさまざまなとらえ方があり，実際のところ明確な定義があるとはいえないようだが，「地域社会」，「地域共同体」と訳されることもあり，そのまま「コミュニティ」と使われる．

コミュニティという言葉の使い方は，都市計画や建築計画では現実の社会集団や地域的な集合単位をさすことが一般的であるが，社会学ではコミュニティを「目標として掲げる望ましい地域社会」としてとらえており，期待概念を含んで，価値的に使用している．1969年に示した国民生活審議会の定義では，「生活の場において，市民としての自主性と責任を自覚した個人及び家庭を構成主体として，地域性と各種の共通目標をもった，解放的でしかも構成員相互に信頼感のある集団をコミュニティと呼ぶ」としている．

望ましい地域社会を形成するには，自分達の住んでいる町が自分達の資産である，と一人一人の住民が思えることが大切であり，そのための仕組みづくりや環境整備が必要である．

2) **生活圏と地域施設**

生活圏とは，人々が日常的な行動によって，機能的に一体として関係づけられる地域のことである．人々の生活圏には，通勤圏，通学圏，買い物圏，通院圏，余暇圏などがある．また，地域施設とは生活圏に整備された生活関連施設をさし，教育施設（幼稚園，小学校，中学校），医療施設（診療所，病院），社会福祉施設（保育所，老人施設，リハビリテーション），社会教育施設（児童館，図書館），商業施設（商店，スーパー），行政管理施設（役所，消防署，警察署），レジャー施設などがある．人々は日常生活の場において，これら地域施設を利用し，さまざまな社会的なサービスを受け，生活を送っている．

生活と労働が混在していた時代から近代になって，労働と生活が空間的に分離されるようになり，非労働時間を含む生活概念は地域や住居に求められ，生活圏

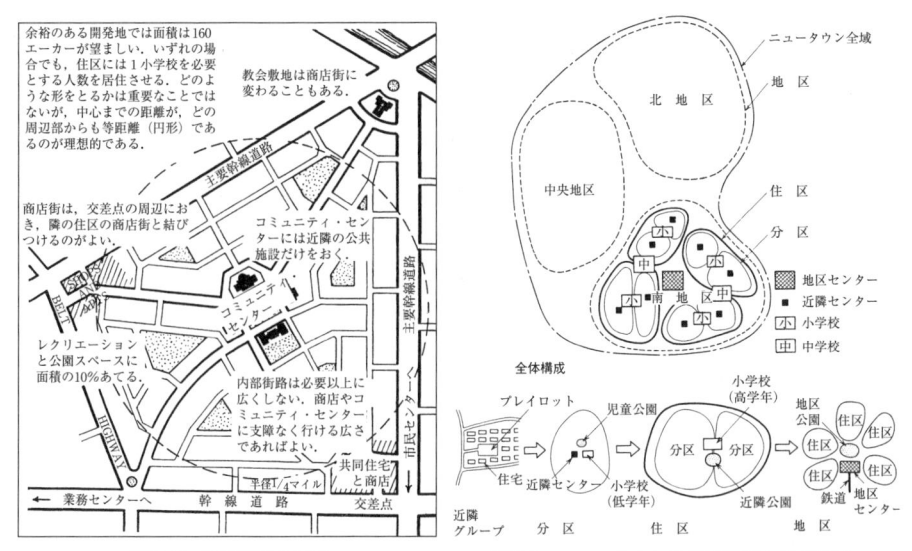

図 2.7 近隣住区の原則
(クラレンス・A・ペリー:「近隣住区論―新しいコミュニティ計画のために」,鹿島出版社,1989)

図 2.8 ニュータウンの住区単位と全体構成
(日本建築学会:「建築設計資料集成9 地域」,丸善,1983)

という考え方によって地域社会の施設整備のあり方を明確化することが大切となった.イギリスの E. Howard は名著『明日の田園都市』(1898)において,産業革命以降の都市の住環境悪化と無秩序な都市の膨張に警告を発し,その後の住宅地計画に大きな影響を及ぼした.アメリカの C. A. Perry は『近隣住区論』(1927)を著し,図 2.7 のような近隣住区の原理を示し,おおよそ小学校1つを基本単位として,日常生活に必要な地域施設を配置した.これら欧米で発展した近隣住区理論はわが国にも導入され,住宅地計画の技法として,団地計画,ニュータウン計画に応用された.図 2.8 は千里ニュータウンの計画単位の段階構成を示している.コミュニティ計画は,まず住区を設定することから始まり,一般的に「近隣住区」=「小学校区」を単位として地区区分を設定し,日常生活に必要な施設を段階的に構成して,居住環境を計画的に整備している.一方,人々の移動能力(さまざまな交通機関)の発達にしたがって,人々の行動範囲も広域化し,諸施設やサービスの選択の幅も広がり,現在では計画単位の段階構成は複雑化・多段階化している.さらにインターネットなど情報化の進展により,時間・空間を越えて,生活圏はいっそう拡大している.

表2.3 生活圏域と日常生活施設配置（高橋儀平：地域福祉と地域計画．福武・一番ヶ瀬編「都市と農村の福祉」，中央法規出版，1988）

日常生活施設	基礎生活圏	一次生活圏	二次生活圏	三次生活圏
圏域(半径)	最大500m 徒歩・車いす圏	～1km 徒歩15～20分圏	～5km 電動車いす バス 自転車他	5km～ バス 鉄道 自家用車 スペシャルトランスポート
対象人口	500～1000人	2000人～	20000人～	80000人～
医療保健		診療所・医院 巡回・訪問サービス デイサービスセンター（ケアステーション）	病院　包括・専門サービス　ケアセンター	総合病院 救急医療センター 保健センター デイホスピタル リハビリテーションセンター 緊急通報センター
福祉	託児所 保育所	託児所 児童館 地区社協	児童センター 老人憩いの家 特別養護老人ホーム 小規模作業所 ケア付き住宅	総合相談センター 社会福祉協議会 老人福祉センター 自立生活センター ボランティアセンター 障害者福祉センター
住居				
教育	幼稚園	小学校	中学校	高等学校 教育センター
社会教育文化	地域集会施設	地区公民館	コミュニティセンター 図書館分館	中央公民館 地域資料館 中央図書館 婦人センター
スポーツレクリエーション	ちびっこ広場 児童公園 ゲートボールコート	近隣公園 運動広場	地区公園 自然遊歩道	総合スポーツ公園 サイクリングロード
保安・防災	自主避難組織	地域防災施設 防災備蓄倉庫	派出所 消防分署	防災センター 消防署 警察署
その他	食堂 商店街 スーパーマーケット バスストップ	特定郵便局	市役所出張所 ショッピングセンター 銀行	市役所 郵便局 デパート 鉄道駅 葬祭場 ホテル バスセンター

3) 少子・高齢社会の生活圏と地域施設

人々の生活圏が広域化・多様化してきたといっても，子どもや高齢者の基本的な生活圏は住居から近隣の範囲である．そこで，彼らが快適に生活できるように，安全で安心できる住まいの確保と，その周辺の地域施設を含めた住環境の整備，さらに日常生活をサポートするサービスの提供が必要である．このように，福祉の視点とコミュニティ形成に着目した生活圏の構想が大切であり，圏域ごとの地域施設の配置を試みたのが表2.3である．

昨今の少子化・高齢化の進行により，学校の統廃合が加速され，その跡地や空き教室がデイサービスセンターなどの高齢者施設に改築されるといった，地域施設の組み直しが行われている．また，男女共同参画社会を背景に，保育所に入所できない待機児童を抱える地方自治体もあり，未利用の公共および民間の施設を転用する例もみられるようになった．このように地域の実状に即した地域施設計画が重要となってきた．

e. これからの住生活を考える

少子・高齢社会の到来，単身世帯の増加，家族の縮小化が進行している現在，今後の住生活の方向を考えてみよう．

- 血縁関係を越えた住まい方，たとえばグループハウスやコレクティブハウスといった生活の一部を協同化する共生型の住まい方に期待が寄せられる．
- 家庭生活の合理化・効率化の進展の一方で，生活の質に対する問い直し，たとえば環境に対する配慮や生活技術の継承に目が向くようになる．
- 個々人の生活が尊重され，仕事，余暇，自由時間といった生活時間，職場，家庭，地域といった生活空間など，バランスのとれた生活が望まれる．

よりよい生活をしたいという欲求は人間誰もがもつものである．アメリカの心理学者マズローは生活欲求を，最も下位段階としての生理欲求からはじまって，安全欲求，帰属・愛情欲求，尊敬・自己顕示欲求，最も高位の段階として自己実現欲求の5つの段階に分類して，順次欲求が発展することを示したが，高次レベルの欲求になるほど自己の価値観と深くかかわりをもつことから，われわれは生活の質について今一度問い直し，真の住生活の向上を図ることが大切である．

2.2 住居の管理

a. 生活の経済管理
1) 家計と住居関連費

住生活に関連する費用を住居関連費と呼んでいる．まず，家計支出の全体像をみてみよう（表 2.4）．家計支出の費目分類を住生活に関する費用との対応でみると，家計支出は実支出と実支出以外の支出に二分されている．実支出が一般的な家計からの支出であるのに対して，実支出以外の支出の方は家計からの支出には変わりないが，そのお金がかたちを変えて世帯の財産として残るという性格をもっている．たとえば，貯金であったり，土地家屋借金返済金（住宅ローン）だったりする．

実支出は，消費支出と非消費支出に分かれる．消費支出の中身は，家計の10大費目に相当している．食料費，住居費，光熱・水道費，家具・家事用品費，被服・履物費，保健・医療費，交通・通信費，教育費，教養・娯楽費，その他の消費支出の10大費目である．非消費支出は，支出の中で実際の消費という行動をともなわない支出である．すなわち，勤労者が支払ったり，負担したりする各種の税金や社会保障費などである．

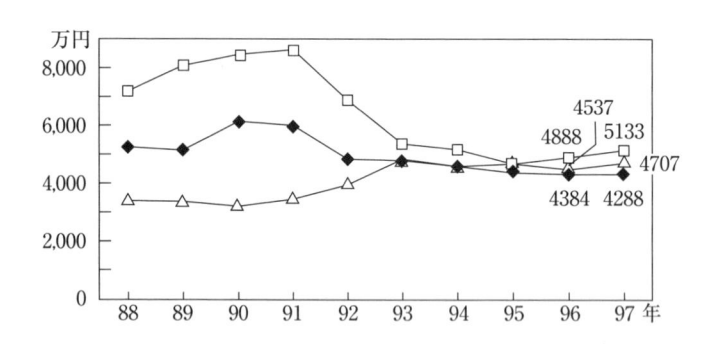

図 2.9 資金調達可能額と分譲マンションの平均価格の推移
（「平成 10 年東京都住宅白書」, 1998）

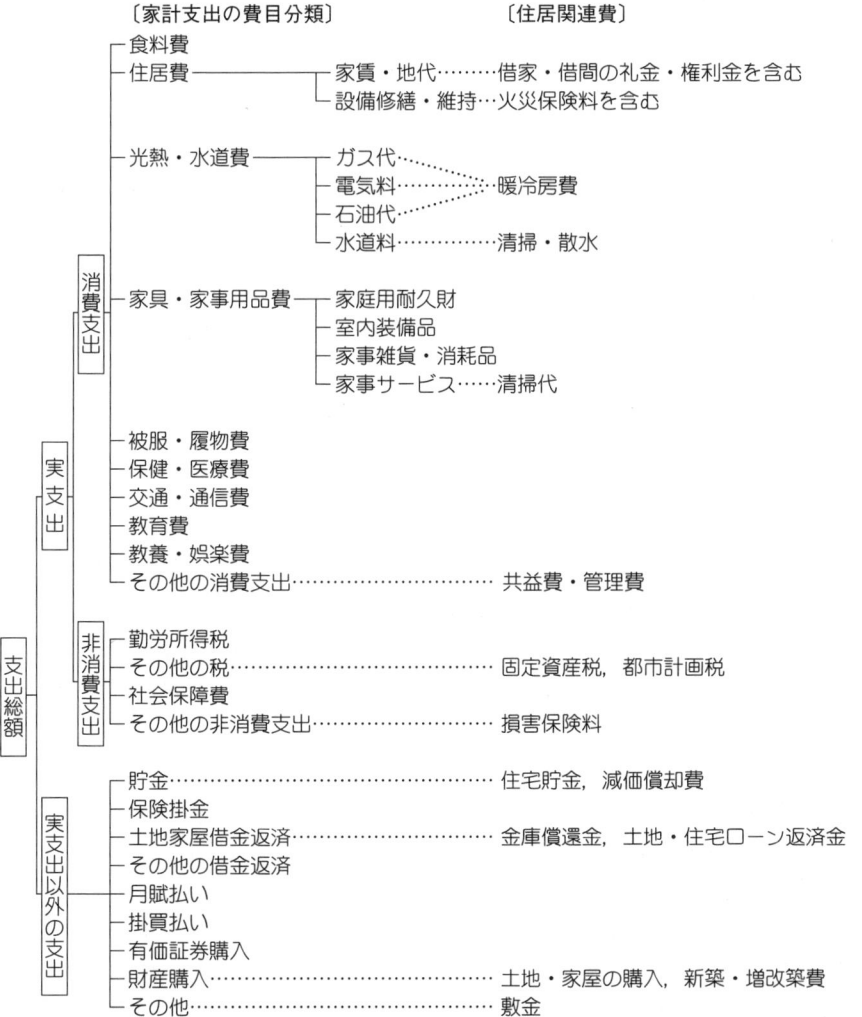

表 2.4 住居関連費と家計支出費目分類の照合（志賀 英：「住居経済」，日本女子大学通信教育事務部，1991）

〔家計支出の費目分類〕　　　　　〔住居関連費〕

- 消費支出
  - 食料費
  - 住居費
    - 家賃・地代………借家・借間の礼金・権利金を含む
    - 設備修繕・維持…火災保険料を含む
  - 光熱・水道費
    - ガス代
    - 電気料　　　　　暖冷房費
    - 石油代
    - 水道料…………清掃・散水
  - 家具・家事用品費
    - 家庭用耐久財
    - 室内装備品
    - 家事雑貨・消耗品
    - 家事サービス……清掃代
  - 被服・履物費
  - 保健・医療費
  - 交通・通信費
  - 教育費
  - 教養・娯楽費
  - その他の消費支出……………………… 共益費・管理費
- 非消費支出
  - 勤労所得税
  - その他の税…………………………… 固定資産税，都市計画税
  - 社会保障費
  - その他の非消費支出………………… 損害保険料
- 実支出以外の支出
  - 貯金……………………………………… 住宅貯金，減価償却費
  - 保険掛金
  - 土地家屋借金返済……………………… 金庫償還金，土地・住宅ローン返済金
  - その他の借金返済
  - 月賦払い
  - 掛買払い
  - 有価証券購入
  - 財産購入………………………………… 土地・家屋の購入，新築・増改築費
  - その他…………………………………… 敷金

（実支出および支出総額は全体の分類）

住居関連費というのは，住生活にかかわる費用を非常に広くとらえたものである．注目すべきことは，同じ住生活にかかわる費用であっても，世帯ごとの住居関連費の実態というのは，持家に住むか借家に住むかで内容が異なってくるということである．

持家に住んでいる場合には，負担する主な住居関連費は実支出以外の支出の土地家屋借金返済金（住宅ローン）であるし，借家に住んでいる場合には主な住居関連費は消費支出の中の家賃・地代に代表される住居費ということになる．住生活にかかわるすべての費用の総体としての住居関連費と，より狭義の住居費とが異なることを理解しておくのがよいだろう．また住居関連費は，その他に光熱費・水道代や家具・家事用品なども含むが，これらは持家・借家を問わずに各世帯が暮らしを営むために共通に支出しているものである．その他住居関連費に含まれるものとしては，共益費や管理費をあつかうその他の消費支出がある．

2) 持家取得と住宅金融

最近では持家か借家かという議論がよくなされるが，家は男子一生の甲斐性といわれるように，持家願望が根強いのも事実である．住宅取得にあたっては，頭金を用意して残りは住宅ローンなどの資金調達金に頼るわけだが，こうした資金調達のツールとして登場するのが住宅金融である．資金調達では具体的に，自己資金と借入金の割合，借入金額，返済条件などを考えて慎重に計画を立てることになる．

わが国では，バブル期には地価が異常に高騰し，その影響で住宅価格も跳ね上がって持家をもつことが高嶺の花とみられたこともあったが，今では住宅価格も下がり，資金調達可能額と実際の住宅価格とがほとんど並ぶまでになっているので，相対的に容易になってきたといえる．

ⅰ) **頭　金**　貯蓄などの頭金があることは，住宅をもつための前提条件として必要である．一般的には公的金融である住宅金融公庫の融資を利用することが多いが，たとえば年金住宅融資との合わせ貸しでは住宅価格の20％の頭金が必要とされている．民間金融機関による融資では，金融機関によって幅があるものの，住宅価格の20～30％の頭金が必要だといわれている．住宅価格に占める頭金の割合が大きければ大きいほど健全な資金計画を立てることができる．

ⅱ) **資金調達と返済能力**　また，いくらぐらいの住宅を購入できるかについては，世帯の資金調達能力から判断しなくてはならない．返済負担率は，年収

に占める住宅ローンなどの返済額の割合をいう．本来，返済負担率は一律にではなく，年収別にある程度細かく設定されるべきものである．たとえば，年収500万円で35%の返済負担率が設定されたとすると，年間で175万円の返済が可能である（実際の返済は税抜き後の年収で行うので注意が必要である）．また借入金額の総額は，そのときの金利と返済期間で決まってくる．たとえば年収500万円の場合は，金利4%で15年返済という条件なら1970万円まで借りられることになる．

住宅という財産を手にすることは大事だが，その返済が過度になることには気をつけたい．住宅ローンの返済に追われ，家族旅行もできない，食費も削らなくてはならない，他の生活の費目を極端に抑えなければならない，といったことのないよう，住宅ローンを中心とした家計バランスをとることを心がけたい．住宅ローン地獄に陥らないためには毎月の生活費に支障のない25〜30%程度，所得の高い世帯の場合でも35%以内に収めるのが好ましいだろう．

　iii）**金　利**　住宅ローンを組む場合には，同時に複数の住宅ローンを利用することが多い．その場合，金利の安い融資から利用するのは当然である．金利1%の差でも，総額が大きいため返済のしやすさは大きく変わってくる．たとえば，元利均等返済の方式を選び，借入金1000万円，返済期間20年の場合，金利1%差で，毎月の返済額で6000円，支払い利息の総額が150万円も違ってくる例もある．

　iv）**必要経費**　また，住宅を取得する場合には，住宅ローン以外に必要経費がかかる．住宅取得価格の10%程度余計にかかるので，資金計画をするときに気をつける必要がある．取得時の必要経費の代表的なものが不動産取得税で，そのほか印紙税，登録免許税等がある．不動産取得税については後述する．印紙税は，住宅を建てるとき建築主と建築請負業者との間で建築請負契約を交わすが，そのときの契約書に貼られる印紙というかたちによる納税になる．また登録免許税は，住宅・土地を取得したりローンを利用する際に必要な税金である．

3）住宅・土地に関する税金

われわれの日常の住生活で，税金の役割は重要である．住宅や土地という不動産に関する税金の数はわが国では60あり，大きな税収となることから，国や地方自治体の財源として期待されるところは大きい．また，こうした財源を使って日々のわれわれの暮らしに必要な道路や施設が整備されたりするのである．そし

表 2.5 いろいろな税制（住宅政策研究会：新時代の住宅政策，ぎょうせい，1996）

A. 住宅・土地を取得するときにかかる税

所 得 税……（住宅取得促進税制）

住宅を新築（増改築を含む）又は取得し，自己の居住の用に供した場合，当初6年間，年末の住宅ローン残高から計算した次の額を所得税額から控除（年間控除限度額：当初2年間30万円，3年目以降25万円）

$$\left[\begin{array}{l}\text{年末における借入金} \\ \text{等の残高1000万円以} \\ \text{下の部分の金額}\end{array}\right] \times 1.5\% + *注 \quad \left[\begin{array}{l}\text{年末における借入金} \\ \text{の残高1000万円超2000} \\ \text{万円以下の部分の金額}\end{array}\right] \times 1\% + \left[\begin{array}{l}\text{年末における借入金等} \\ \text{の残高2000万円超3000} \\ \text{万円以下の部分の金額}\end{array}\right] \times 0.5\%$$

＊注）当初2年間のみ1.5％，3年目以降1％

贈 与 税

登録免許税……（保存登記）　　　　　　　税率　6/1000 を 3/1000 に軽減
　　　　　　　　（所得権の移転登記）　　　税率　50/1000 を 6/1000 に軽減
　　　　　　　　（住宅取得資金の貸付けに係る抵当権設定登記）
　　　　　　　　　　　　　　　　　　　　　税率　4/1000 を 2/1000 に軽減

不動産取得税……（新築住宅用の土地の取得）

床面積 40 m² 以上 200 m² 以下等の新築住宅に係る土地の取得の場合，税額を 3/4 に軽減，さらに，軽減後の税額から下記算式の高い方の額を控除

① 1 m² 当たり固定資産税評価額
　　×住宅床面積の2倍（限度 200 m²）× 4/100 × 3/4

② 150 万円 × 4/100 × 3/4

（既存住宅用の土地の取得）　新築住宅用の土地の場合に同じ

B. 住宅・土地をもっているときにかかる税

固定資産税……（新築住宅に対する税の減額）
　　一般住宅　　　　3 年間 120 m² 相当部分について 1/2 に減額
　　中高層耐火住宅　5 年間 120 m² 相当部分について 1/2 に減額
　（住宅用地に対する課税標準の減額）
　　住宅用地　　　　　　　　　課税標準を 1/3 に減額
　　小規模住宅用地　　　　　　課税標準を 1/6 に減額
　　（200 m² 以下の部分）

都市計画税……（住宅用地に対する課税標準の軽減）
　　住宅用地　　　　　　　　　課税標準を 2/3 に減額
　　小規模住宅用地　　　　　　課税標準を 1/3 に減額
　　（200 m² 以下の部分）

C. 住宅・土地を譲渡するときにかかる税

所 得 税……（居住用財産の譲渡所得に係る特別控除）
　　譲渡所得から 3000 万円を控除
　（居住用財産の長期譲渡所得の課税の特例）
　　特別控除後の譲渡所得について低率分離課税（所有期間 10 年超）
　　6000 万円以下　　所得税 10％（住民税 4％）
　　6000 万円超　　　所得税 15％（住民税 5％）
　（居住用財産の買換特例）
　　次の場合に買換特例を適用
　　① 相続等により取得した居住用財産（所有期間 10 年超，居住期間 30 年以上）を譲渡した場合
　　② 下記の要件を満たす居住用財産の買換えの場合
　　　　イ　譲渡資産：所有期間 10 年超，居住期間 10 年以上，譲渡価額 2 億円以下
　　　　ロ　買換資産：床面積 50 m² 以上 240 m² 以下，敷地面積 500 m² 以下，中古マンションの場合は築後 20 年以内
　　　　ハ　適正価格：土地の対価の額について国土利用計画法に基づく勧告等を受けていないもの
　　　　ニ　適用期限：平成 5 年 4 月 1 日から平成 9 年 3 月 31 日までの譲渡

て，さらに日常生活の中でも，身近な税金の種類や役割を知り，家計管理の観点からこうした支出を上手に管理していくことが市民一人一人に期待されているのである．住宅・土地の不動産税制の役割としては，① 地価の安定機能，② 供給促進機能，③ 所得再配分機能，④ 資源の最適配分機能，⑤ 都市整備財源としての機能，などがあるといわれている．

住宅や土地にかかわる税金は，それらの性格から，i）取得するときにかかるもの，ii）もっているときにかかるもの，iii）譲渡するときにかかるもの，の3つに大きく分けることができる．

 i） 住宅・土地を取得するときにかかるもの　　住宅・土地の取得によりかかる税金の代表的なものが不動産取得税であるが，その他，登録免許税，印紙税，特別土地保有税，事業所税，相続税，贈与税がある．また，前述の税金とは別に，わが国では所得税に関係して住宅取得促進税制がある．つまり，住宅取得促進税制は，支払う税金の種類として存在しているのではなく，住宅を取得した場合に当初6年間，年末の住宅ローン残高から計算した一定額を所得税額から控除できるという仕組みそのものをいう．名の通り，そうした仕組みによって国における住宅取得や住宅建設が活発化することをねらった政策の1つである．

次に，代表的な税である不動産取得税は，実際の住宅・土地の取引価格ではなく，市町村の固定資産台帳に登録されている固定資産評価額を基準に税額が出されるのである．住宅については，税率は居住用なら固定資産評価額の3%，居住用以外の建物なら4%である．また住宅の床面積が一定規模以下の場合などには，固定資産評価額から1200万円の控除が受けられる優遇措置がある．

 ii） 住宅・土地をもっているときにかかるもの　　住宅・土地をもっていると課せられる税金を保有税という．保有税には，固定資産税，都市計画税，事業所税，地価税があるが，われわれの暮らしに身近な保有税はというと，やはり地方税に分類される固定資産税と都市計画税の2つをあげることができる．

固定資産税は，資産である住宅・土地に対して課せられ，その所有者が支払うものである．固定資産税の標準税率は1.4%であるが，実際には固定資産税の軽減措置が適用されている．軽減措置には，新築住宅に対する減額措置と，住宅用地に対する減額措置とがある．たとえば前者の新築住宅に対する減額措置では，住宅の床面積の120 m^2 相当部分について1 m^2 あたりの評価額が一定額以下の場合，税額が当初3年間1/2に減額される．また後者では，住宅用地が200 m^2 以

下のいわゆる小規模宅地の場合に評価額が1/6に減額されるという特例がある.

また, 固定資産税と一緒に課税される都市計画税は, 市町村が道路整備や下水道整備といった都市計画にその使途を限定した目的税である. 0.3%の制限税率により課税され, 主として, 市街化区域内の住宅・土地に課税される.

iii) 住宅・土地を譲渡するときにかかるもの

譲渡にかかわる税としては, 所得税と法人税がある. ここでは, 所得税についてみてみよう. 所得税は, 住宅・土地などの不動産以外の資産を譲渡する場合には, 譲渡所得と他の所得を合わせて総合課税する. しかし不動産の資産の場合は, 不動産の譲渡額が前の取得時の価格を超えるとき, つまり譲渡所得があるときは, 個人の場合, 他の所得と区分して税の計算を行うことになっている. 住宅・土地を売ったときに取得したときよりも高く売れると, その譲渡益に所得税が課せられるのである. しかし, 投資目的ではなく自分が居住用に使っていた場合には, 居住用財産の譲渡所得にかかわる特別控除の制度があり, 譲渡所得から3000万円が控除されることになっている.

4) 定期借地権制度を利用した新しいかたちの住まい

持家がよいか借家がよいかという話は, 住宅の議論につきものであることは前述の通りである. 戦前, 日本人の9割が民営借家に住んでいたという居住の履歴にもかかわらず, 国は戦後, 政策金融も手伝わせて持家取得を奨励し, 国民も自らの持家をもつことを暮らしのゴールに掲げて邁進してきた.

実際, 何年か前までは持家をもとうとすると, 高い地価を反映して住宅ローンに家計のかなりのお金を割いていた. しかし, 次第に住宅の所有にこだわらず, 住宅は借りておいてその分豊かな暮らしの実現にまわすのも魅力的という考え方も世論の中でウェイトを占めてきた. 住宅を支えている土地というものをもたずに借りることで, アフォーダブルな価格の住宅取得が可能になるという発想の転換である.

1992年施行の新しい借地借家法を受けて, 土地を約50年間の長期契約で借り受けて家を建てる定期借地権付き住宅が普及し始めた. この場合, 土地を借りることで土地コストを軽減して比較的安く住宅を建設できるというメリットがある. 新しい定期借地法では, 借地期間が終わったら正当事由を問うことなしに無条件で土地を返すことになった. 定期借地権には, 一般定期借地権, 建物譲渡特約付き借地権, 事業用借地権の3つがあるが, 住宅に適用される一般的なタイプ

2.2 住居の管理

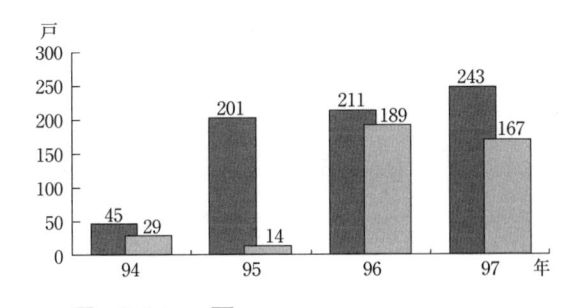

資料：定期借地権普及促進協会

図 2.10 東京における定期借地権付き住宅の供給実績（「平成10年東京都住宅白書」，1998）
定期借地権付き住宅の供給実績があると思われる事業者230社の回答をもとに，東京における販売戸数，販売開始時期から結果を集計したもの．

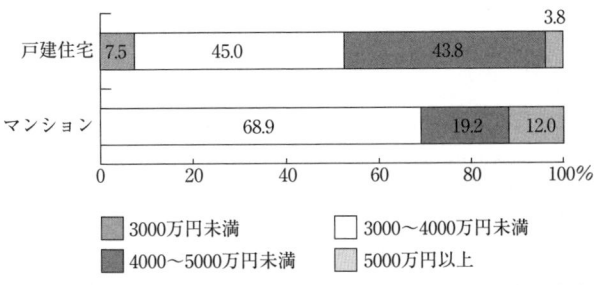

図 2.11 東京における定期借地権付き住宅の販売価格（「平成10年東京都住宅白書」，1998）

（注）四捨五入のため100％にならない．
資料：定期借地権普及促進協議会

は借地期間を50年以上としている一般定期借地権である．バブル期以降，わが国の土地神話は崩れ去り，土地の値段は下げ止まって安定的に下方で推移しているが，それでも住宅取得を前提にすると住宅価格に占める土地価格の割合が大きい．そこで地価を直接反映しない定期借地権制度利用の住宅建設が伸びてきて，2000年度供給実績は5200戸余りと，これまでの最高の実績を示している．

定期借地権普及促進協議会の調べでは，大手メーカーの1000万円の住宅（4LDK）を購入し，土地を定期借地で借り上げた物件を手に入れようとすると，2000万円以下で可能ということである．最初の入手時に地主に支払う保証金は

表2.6 一般抵当融資と逆抵当融資（不動産担保式リバース・モーゲージ）の比較

	住宅ローン（一般抵当融資）	リバース・モーゲージ（逆抵当融資）
目 的	住宅購入	収入増加
融 資	契約時に一括融資	月払いで融資
返 済	融資期間中に元利合計を分割返済	契約終了後に元利合計を一括返済
契約終了時	負債なし，不動産資産大	負債大，不動産資産小 or なし

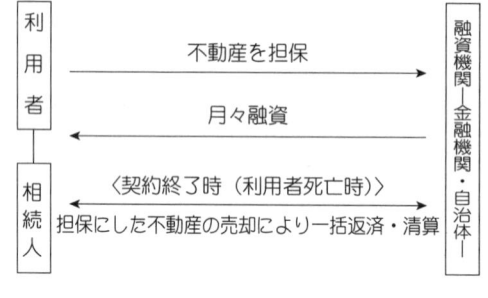

図2.12 リバース・モーゲージ（逆抵当融資）の仕組み
（住宅政策研究会，1996）

期限がくると無利子で返還される．保証金の全国平均は690万円，地価に対する保証金の割合は全国平均で19％，年間地代は地価の1.1％である．借地期間を通して借り手は固定資産税を支払わなくてもよいが，3年ごとに見直される地代は支払う．借地期間が終わると土地は更地にして返還することになる．地主の立場からみると安定的な地代収入が得られるというメリットがある．これまでの持家か借家かの議論に，新しい現実的な暮らしの価値観を提供するものとして注目を集めている．

5）高齢者の生活保障―リバース・モーゲージ

これからのわが国は，いよいよ本格的な高齢社会に突入するといわれている．高齢者の誰もが安心できる居住の場を確保しながら，生計も立てられるというのが理想であろう．しかし残念ながら，特に経済的な面から高齢者が負わなくてはならないリスクは小さいものではないといわれている．

リバース・モーゲージは，高齢社会の到来を受けて，高齢者を対象に生活資金を安定的に支給するためにできた新しい制度である．簡単にいうと，住宅などの資産をもっている高齢者が，生存中はそれを担保に生活資金を金融機関から毎月融資してもらい，それで生計を立てて暮らし，最終的に死亡時に資産を処分して

返済する制度である．今後，退職して高齢者となって年金生活を送る場合，これまでのように年金だけで生活資金が賄える場合は少ないだろう．リバース・モーゲージを一言でいうと，高齢者がもっている資産価値のある住宅など（ストック）を暮らしのために資金化（フロー化）することである．公的年金の支給水準が下がってくる高齢準備層である"団塊の世代"では，そのニーズが格段に伸びるのではないかと予測されている．公的機関では武蔵野市などが実施し，民間の金融機関では信託銀行があつかっている．

b. 住居の維持管理
1) メンテナンス

やっと手に入れた住宅も，人間と同様に老朽化する．われわれが定期的に健康診断を受けるのと同じように，住宅も保守・点検が必要である．

新しく建てられた住宅は，一定の耐用命数を有するといわれている．この耐用命数まで，できるだけ財産的価値が補償されるためにも，損傷を受けやすい場所を定期的に点検し，早めに補修することが必要である．

建物が老朽現象により滅失するまでの構造的耐用命数に作用する要因を，これまでわが国の一般住宅として主流を占めてきた木造住宅についてみると，風化，摩耗，腐朽，虫害，化学的食害などの老朽現象があげられる．なかでも特に注意の必要な現象は腐朽と虫害である．

腐朽は，木材の成分を栄養としている木材腐朽菌による木材組織の破壊現象であり，この腐朽菌の生育繁殖には，適度な温度と水分と空気が必要である．菌の好適温度は 20～30℃ であり，湿度は 85% 以上が最適であることから，乾燥と低温を維持し，空気をできるだけ遮断するようにするのがよい．

一方虫害には，衛生上好ましくない虫（ゴキブリ）と直接住居に害を与える虫（シロアリ）とがいる．特に住宅の骨組を食いあらすシロアリは，木材の心部を侵食し，外面を残しておくので，被害に気がつきにくいのが難点である．しかも，多湿なところを好むだけでなく，乾燥した材にも被害を与える住居の大敵である．

このような老朽現象による被害は，新築後数年間をすぎると住宅の各部に出現する．特に新築後 1～2 年間は，ほとんどその被害は目につかないが，4～5 年頃から目につくようになる．したがって定期的に点検し，補修しなければならな

い．この補修にかかわる多大な費用と時間を防ぐには，建物の損傷や不具合をできるだけ早期発見・補修することである．しかし補修する箇所は，年月とともに自分でできる小さなものから，工務店や工事業者に依頼せざるを得ないものにまで拡大する．特にアフターサービス基準外の箇所や期間をすぎた箇所の補修は，自分の判断と責任を負うものとなるため，普段から補修計画を立てて対処すべきである．なおわが国でも，欧米人のように住宅および住環境を自分達の手できれいにすることへの関心を高めることがまず大切であろう．

2） 住宅品質確保促進法

住宅は新築後年月とともに損傷していく．特に住宅の内部，すなわち内壁，天井，床などの造作は，居住者の生活行為による損耗が主となるため，居住者の注意が必要となる．なかでも天井の反り，たわみ，柱と壁の隙間，亀裂など，それぞれの材料の有する耐用命数に合わせた補修がなされなければならない．

これらの補修に関しては，従来，居住者と小建設業者との間の信頼関係でなされていたが，住宅の商品化にともない，組織的な住宅産業との契約関係の取り引きに変化したことから，瑕疵問題が生じている．この住宅にかかわる瑕疵とは「柱が傾いている」「雨漏りがする」などの住宅の基本的な性能にかかわるものから，「壁紙がはがれた」「風呂場のタイルがはがれた」など表面的なものまで種々あり，いずれも材料，機構がもっていると期待されている性能が著しく悪い方に

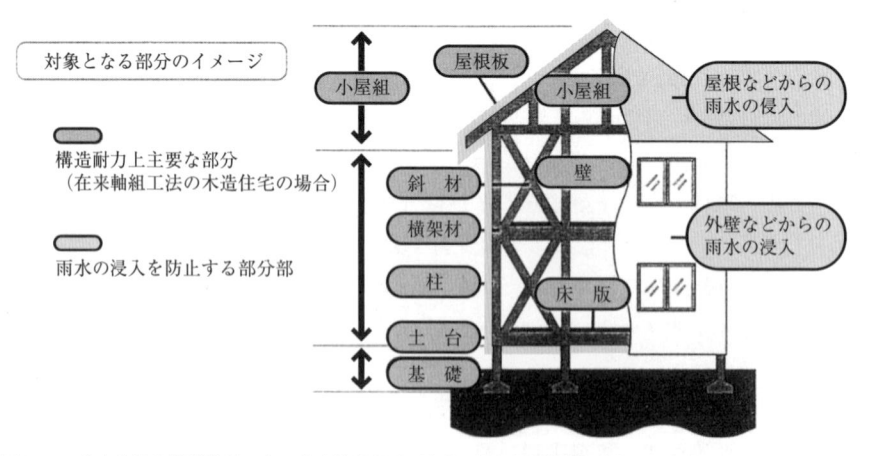

図 2.13 住宅品質確保促進法による基本構造部分（（財）住宅保証機構：「住まいの移り変りとこれからの住まい」）

偏ってあらわれてきた現象をいう．なお，瑕疵の中でも人や財産に被害を与える，程度の悪いものを欠陥といっている．この瑕疵・欠陥には設計上，施工上のミスによるもの，あるいは自然発生的なものがあり，その責任の所在が問題となる．

これらの瑕疵に関しては，いちおう法的に瑕疵担保責任制度や業界団体により自主基準が定められているが，住宅の品質や性能についての保証期間は，業者により異なっている．そのため消費者の保護と住宅建設業界のレベルアップを目標に，住宅性能保証制度（住宅保証機構）が 1983 年より実施されるようになった．この保証制度は，あらかじめ住宅業者によって建てられた住宅の品質や性能について登録させることにより保証する制度であるため，すべての住宅に適用されるわけではない．

なお，① 新築の全住宅に対し基本構造部分の(予想された)性能がない状況があった場合，10 年間の無料補修工事を請負業者や販売業者に義務づける，② 住宅の信頼性を向上させるための任意の住宅性能評価・表示制度の導入，③ 住宅に関する紛争処理機関の創設，などを盛り込んだ住宅品質確保促進法が成立し，2000 年から施行されている．すなわち，一戸建の木造住宅やマンションなどすべての新築住宅の保証期間を引き渡しから 10 年とし，柱や壁，床など基本構造部分（図 2.13）に欠陥があった場合は，工事の請負人や売り主が無料補修や損害賠償の責任を負うことが義務づけられた（①）．また住宅建設の過程で，建築士ら第三者が住宅の性能を検査，評価し，表示する．しかも，その性能表示を受けた住宅に問題があった場合には，紛争処理機関での調停を受けることができるようになった（②③）．ただし，性能評価については任意制度であるため，住宅の購入や注文のときには性能表示の有無を確認することが不可欠である．

3) 住まいの清掃

住宅は人が住まうことにより次第に汚れていく．こうした汚れは不快であるだけでなく，放置しておくと建物の破損にまで発展することもある．これら住まいの汚れをとり，建物の破損を未然に防ぐために清掃や手入れを行うことが必要である．清掃は主として物体に付着堆積している塵埃を取り除くことであり，手入れは汚れを取り除くと同時にいたみを予防することである．さらに内部へ拡大した損傷を取り去ることが補修であり，それぞれが適切な方法でなされなければならない．

住まいの汚染物としては，① 毎日の生活で排出されるほこり（ダスト），② 水

や油，薬品などの汚れ，③水や湿気によるカビ，さびやシミ，④人の手足の汚れによる汚染，⑤太陽光線による変色，変質などがある．これらの汚れは，水洗いだけでは簡単に除去できないものもあるが，それぞれの材質に応じた洗剤あるいは薬剤を用いて除去することが大切である．これら洗剤・薬剤の購入，使用にあたっては，使用上の注意（家庭用品品質表示法により，一定の表示が義務づけられている）をよく読んで，正しく利用しなければならない．

　住まいを快適に保つための手入れは，その部位に使われている材質に合った方法を用いないと，かえって汚れを大きくすることになる．したがって住宅に使用されている材料を把握し，かつそれら材料の性質を確認しておきたいものである．なお，床や壁，天井など汚れやすい部分は汚れのつきにくい，あるいは目立ちにくい仕上げ材料や色にする，また汚れの落としやすい材料を利用することによって防止するのも一方法である．

　最近，わが国の気象条件の特徴である湿気および住宅の構成の変化により，住居内にカビが発生するという現象も多くみられる．このカビやほこりの中に含まれるダニが，気管支ぜんそくやアトピー性皮膚炎など小児のアレルギー疾患の原因となっている．このカビやダニはいずれも高温多湿（温度25℃，湿度75％前後）な条件を好み，ほこりや人間のフケやアカ，食物くずなどを栄養として生育する．アレルギーを引き起こすのは，このダニの排泄物や死がいが細かな粉状になって人の気管支に入り込むからである．このダニ抗原対策としては，ダニが多く生息しやすい寝室（たとえば寝具類），居間（床材ではじゅうたん）の清掃をこまめにすると同時に，室内の通風，換気を徹底させることが大切である．

c. 住生活の管理
1) 住生活の能率性

　家庭生活をしていく上で行われている労働には，家庭経済に収入をもたらす生産労働と寝食・育児のために行われる消費労働とがある．後者がいわゆる家事労働にあたるが，この家事労働は，寝食や育児のサービスを通して消費された労働力が再生産され，かつ次代の労働力の担い手を育てるという重要な役割をもっている．この家庭生活を運営し，能率よく，しかも気持ちよくしていくための生活活動である家事労働の内容は，複雑多岐にわたっている．しかしそれにもかかわらず，他の労働に比し，無償で行われる労働であるという点が特徴的であると同

時に，問題ともなっている点である．

これまで家事労働は，部分的には家事補助者や専門家に依頼することはあっても，主として家庭の主婦が行う労働であるといわれてきた．しかし今日，女性の職業への従事，また主婦の社会活動への参加などの一般化により，家事労働に対する考え方も変化してきている．実際，家事労働にかかわる設備・機器の普及，食産業の発展，開発などにより，家事労働は昔に比べ能率的，合理的になったといえよう．たとえば「社会生活基本調査」による15歳以上の女性の1日の生活時間をみると，週全体の平均家事労働時間（炊事・洗濯・掃除など）は，1986年には181分であったのに対し，1996年には167分と減少している．さらに家事，育児，買い物，介護・看護を含めた家事関連時間も1986年→1991年→1996年と時系列的に減少しているが，これら1996年の家事関連時間は，1日の生活時間（睡眠時間を除く）の24％（1986年は23％），すなわち約1/4を占めている．一方，男性の家事あるいは家事関連時間は，1986年（9分，18分），1996年（11分，27分）ともに非常に少なく，いまだ家事労働の分担化はほとんど行われていないのが実状である．したがって，主婦の労力や労働時間を軽減し，家庭生活を充実させるためにも住生活の能率化は大切である．それには作業に合った設備，作業に十分な空間，作業を楽しく快適に行うための方法や手段などに対する知識を利用することである．

また住生活を能率的にするための日常管理の1つに，ものの管理（整理・整頓）がある．特に近年，生活用の機器・道具類の増加により，われわれはこれらの物品に取り囲まれて生活している．この整理・整頓とは，「すべてものにはそれぞれ占める場があり，それぞれの場において，必要なときに使えるようになっている状態にあること」といわれている．それには，ものの使用・片付け（整理・清掃・梱包・手入れなど）がスムーズに行えるようにすることである．たとえば，① ものの位置を明確にすること，② 使用後の処理を手早くして早くもとの状態に戻すこと，③ 作業途中のものや未整理品は一時的におく場所を決めておくこと，などが考えられねばならない．さらに，これら日常使用される多くの生活用品を，使いやすくまた必要とされる場所に整理しておくには，その用品の形に合わせた収納スペースの計画が必要である．

2) 住生活の安全性

災害には，自然災害（風水害・地震など）と日常災害（転倒や墜落といった事

故，火災など）がある．自然災害は自然現象の異常が原因となって生じるのに対し，日常災害は住居をとりまく環境や構造上の条件が原因で引き起こされる．

　自然災害をともなう異常な自然現象には，落雷，地震，集中豪雨，豪雪，台風，異常日照・乾燥などがあり，なかでも台風，豪雨，豪雪などについては，最近かなり正確に予知できるようになったが，地震についてはいまだむずかしい．

　特に地震帯にあるわが国では，1年中絶え間ない地震に見舞われ，その被害も多大なものになっている．いずれも骨組に欠陥があったり，軟弱な地盤に建物が建てられていたり，水害や造成地災害の危険性のある場所を開発しなければならないなど，施工上あるいは社会状況による影響も大きい．地震による災害をくいとめることは困難であるが，個人的には保守・点検・補修をすること，危機管理意識を常にもつことが大切である．

　一方住宅は，家族が安心して暮らすことができなければならない．人間が生活していく上で遭遇する事故のうち，1年間の死亡率が最も多いのは交通事故であるが，その次に多いのが建築災害である．この建築災害の8割が一般の住宅で生じており，住宅内で発生する事故が多い．

　住宅内事故としては，床の段差による躓（つまず）きからの転倒，住宅の高層化によるベランダからの墜落，階段からの転落，電気洗濯機や浴槽での溺死，保温便座や台所で使う火によるやけどなどがあげられる．これら住宅内の事故は，高齢社会，核家族化，女性の社会進出などの影響を受けて，65歳以上の老人や乳幼児に増加している．特に老人は身体的機能の減退が，また乳幼児は未熟さがその要因と考えられるが，事故の多くは慣れという油断から起こっているともいえる．なお，これらの事故を防ぐための安易な素人判断による改修は避けたいものである．

　この他，室内空気汚染の1つとして化学的物質汚染が安全性の面で社会問題となってきた．すなわち，新築住宅に入居後，めまいや吐き気に襲われる新築病，シックハウス・シンドローム（症候群）といわれる病気の出現である．これは高気密・合板パネル気密住宅の建築が一般化したことに起因しているといえる．すなわち，建材や塗料，壁仕上材，断熱材などに湿気をとる素材が使用されないため，ホルムアルデヒドなどの化学物質がこもって，人体に悪影響を及ぼしているのである．空気の流通をよくするために強制換気システムや熱交換換気システムなども開発されているが，解決には至っていない．

3) 住生活の快適性

今日，われわれは便利で快適な生活を営んでいるが，これは地球上の限りある資源の浪費や廃棄物の増加，さらに環境の破壊をもたらしている．特に人間が活動することにより大気中に排出される物質による環境汚染問題は，地球的規模で取り組まなければならない問題となっている．この環境汚染には大気汚染，水質汚濁，廃棄物などがある．

大気汚染を引き起こすものとしては，大気中の二酸化硫黄（SO_2），窒素酸化物（NO_2），光化学オキシダント，浮遊粒子状物質などがあげられる．いずれも石油，石炭などの燃焼により生じ，人間の呼吸気管に悪影響を与えている．一方，水質汚濁は，生活排水や工場，畜産排水により海や河川や湖沼などの水に有害物質や有機物が含まれ，本来の性質が損なわれる状態のことである．この水質汚濁は人間の健康や自然生態系に変化を生じさせている．したがって，家庭においても汚れの発生源となるものを減らす工夫が必要である．さらに生活環境を守るための身近な問題として廃棄物の問題がある．廃棄物は産業廃棄物と一般廃棄物とに分けられるが，排出量の増加や最終処理場の許容能力の限界などにより，家庭からでるごみをできるだけ減少させることが大きな課題となっている．現在，ごみの分別や資源ごみの回収方法はかなり浸透してきたが，再生品の利用によりリサイクルの輪を完成させることが，ごみ問題解決にとって最上の手段であろう．

なお，2001年4月から不要になったテレビ，冷蔵庫，洗濯機，エアコンの4品目をリサイクルするための特定家庭用機器再商品化法（家電リサイクル法）が施行され，実施されるようになった．これは消費者に数千円の負担を求めることにより，家電をできるだけ長く使用させる，メーカーにはリサイクルしやすく環境負荷の低い（リサイクル料金の引き下げにつながる）製品を開発させることを意図している．しかし，この法の運用は，家電の適切な回収がなされるかにかかっているといえよう．

d. 集合住宅の管理
1) 分譲集合住宅（マンション）の管理

第2次世界大戦後，わが国においても鉄筋コンクリートの集合住宅が大量に建設されるようになり，1955年日本住宅公団（現在の都市基盤整備公団）の発足により公団住宅の建設やニュータウンの開発が行われるようになった．1963年に

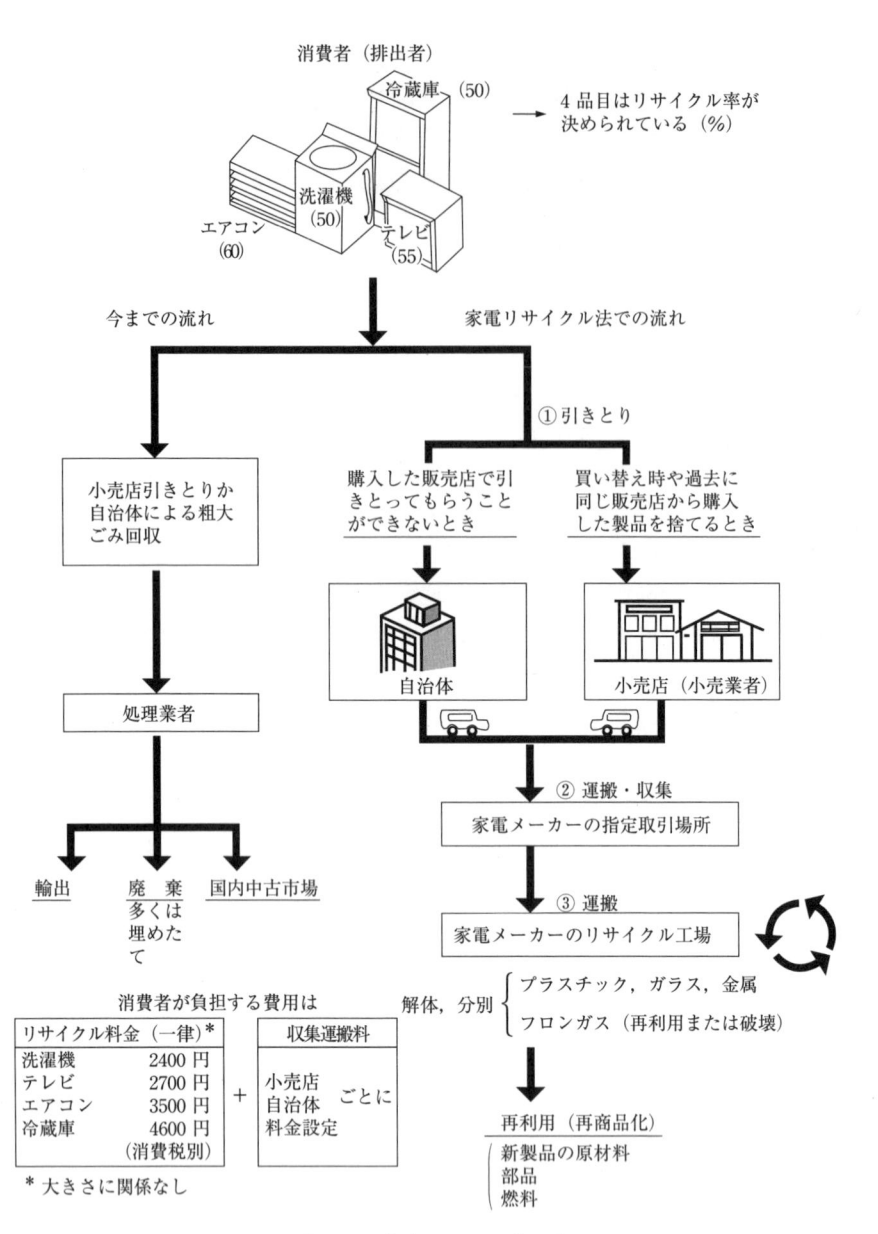

図2.14 家電リサイクル法の流れ

はこれまでの賃貸住宅に対し，民間の集合住宅が建設され，第1次マンションブームが起こっている．その後中高層集合住宅から，超高層集合住宅も建設されるようになり，都市居住者の一般的な住宅として受け入れられている．特に1997年の地区計画の規制緩和により，現在都心に建築中の高層マンションに，中高年世代が郊外の戸建住宅を手放して居住する，いわゆる都心回帰現象も生じている．

この集合住宅の特徴は，居住者が不特定多数であること，その居住する場所が各家族専用の住戸部分と，居住者全員が共有する部分とからできた住棟からなっている点である．このように多くの家族が集まって生活するシステムは，わが国においてはその歴史は欧米に比べて浅い．

分譲集合住宅の管理は，特に戸建住宅などで個別的に行われている管理の他に，共同の管理が必要である．この共同管理の内容としては，建物の共用部分や共用施設・設備などの清掃，保全などの建物の維持管理と，家賃や管理費を集めたり，総会を開き規約を決めるなどの管理方針を決める経営管理，および居住者組織を運営し，共同生活を運営していくための生活管理などがあげられる．

現在，これらの管理にあたっては，居住者は管理組合をつくって実際の運営にあたらねばならないが，管理の方法としては，①管理業務を全面的に業者にまかせ，居住者は管理にほとんど携わらない，②居住者が自ら運営を行うが，実際の業務は業者に委託する，③居住者が運営，管理業務ともに行う方法，とに大きく分けられる．どの方法がよいかということは，そこに居住する人達の意識やまとまり具合により異なる．分譲マンションは，前述したように建物の区分所有などに関する法律（区分所有法）にもとづいて専有スペースと共有スペースとに分けられる．この区分所有法は1962年に制定され，時代の変化に合わせ1983年に一部改正されているが，まず所有権を明らかにしていること，共有する部分の維持管理を行うための管理組合を構成し，共同責任者として区分所有者の権限をもたせること，区分所有者は自動的に管理組合の一員になること，その他建て替えには区分所有者の4/5以上の合意が，また規約の変更または廃止などの改正には区分所有者の3/4以上の合意があればよいという権利などが定められている．なお，建て替えにあたっての条文の一部がさらに改正された．

2) 近隣生活の管理

今日，初期に建設された集合住宅の老朽化による大規模な修繕および震災による建て替えなどの維持管理に関する問題，管理組合の運営に関する問題など多岐

表2.7 ペット飼育に関する細則 並木住宅の例（抜粋）

第2条	飼育できる動物は，犬，猫及びウサギとする．
第3条	居住者が飼うことができるペットは1所帯あたり1頭とする．ただし，細則が発効した時点で飼育しているペットはそのすべてを登録し，生きている限り認める．
第4条	買い主は，ペットクラブに加入し，会則を順守しなければならない．
第6条	① 買い主は「ペット飼育許可申請書（兼誓約書）」「ペット飼育同意書」及び別に定める入会金，飼育負担金及び敷金を添えて申請し，理事会の承認を得なければならない．
	② 飼い主は，ペットの飼育を中止する場合は「飼育中止届」を理事会に提出する．
	③ ペット飼育同意書は，居住する上下，左右及び前後の居住者から受領する．
	④ 飼い主は，管理組合が発行する飼育標識をほかの居住者が見やすい場所に提示しておかなければならない．
第7条	ペットの飼育は，飼い主の専有部分に限定し，専用庭及びバルコニーでのえさやり，排せつ及びブラッシングを禁止する．
第8条	居住者が近隣のペットによる迷惑行為を受けた場合は「苦情申立書」により管理組合に届け出ることができる．
第9条	② 管理組合が度重なる注意及び勧告をしたにもかかわらず，問題が解決しない場合は，管理組合はペットの飼育許可を取り消すことができる．
	④ 飼育許可を取り消された飼い主は，以後5年間はペットを飼うことができない．

にわたった問題が出現しているが，居住者の共同生活マナーの欠如などが原因となる住生活上の管理，特に近隣生活に関する問題も多い．

　まず維持・運営管理のトラブルについてみてみよう．これまで仮の住まいと考えられていた分譲マンションを，永住するつもりで購入する人が近年増加傾向にあることから，計画的な修繕工事の必要性が一段と高まってきている．この修繕工事の費用としては，修繕積立金として管理費以外に積み立てる方法が採用されている．しかし新築マンションなどの購入時には，売り主がその設定額を低めにおさえ，買いやすくさせているのが実状である．その結果「修繕工事の実施時期がきても資金不足で必要な工事ができない」，また「工事を発注したが手抜き工事がなされた」「管理組合の理事と工事会社とが癒着している」などのトラブルが生じている．

　なお，ずさんなマンション管理をなくすため民間管理会社を規制するマンション管理適正化推進法が成立し，2001年9月から施行されている．

　一方，近隣生活におけるトラブルとしては，音，ペット，水漏れ，駐車場などにかかわるトラブルが多いが，これらのトラブルや苦情は日頃のつきあい方でトラブルと感じるか感じないかとに分かれるといわれている．特にペットの飼育については，高齢者や一人暮らしの居住者の増加により，ペットを飼える集合住宅

も建設されつつある．また実際に飼育ルールをつくり，ペットと共存している集合住宅もある（表 2.7）．そのルールとしては，たとえば「上下・左右に住む人の同意書を提出する」「飼育は専有部分に限る」「ペットを連れているときは一切エレベーターを使用しない」「違反した場合には飼育を禁止することができる」などがあげられる．いずれにせよ，近隣生活上のトラブルは，些細な気づかいやマナーで回避することができる．なお，このような住まい方にかかわるトラブルに対しても，専用・共用部分，集会所，駐車場などの使用細則と同様に，管理規約に盛り込むことができるので，おのおのの集合住宅が管理状況に合わせて規約を作成するのが望ましい．

居住者のマンション管理への無関心が，マンションの質を低下させる．したがって，快適で安全なマンション生活を維持するためには，居住者自身の努力が大切であるが，特に居住者同士のコミュニケーションを高めることが必要であろう．

2.3 防災と安全

a. 住居の安全を脅かす現象とリスク

住宅は，生命と財産を守る器である．快適さや経済性とのバランスをとることも必要だが，住宅の最も重要な使命は，人間が安全に住めることである．しかし，現代社会にはさまざまな危険が潜んでおり，住宅とその中で行われる生活とにかかわる危険性は決して少なくない．1995 年の阪神・淡路大震災（図 2.15，図 2.16）では 6000 余りの人命が失われ，そのほとんどが家屋の倒壊によるもの

図 2.15 阪神・淡路大震災の被害（石川孝重氏撮影）

図 2.16 住宅内部の被害（伊村則子氏撮影）

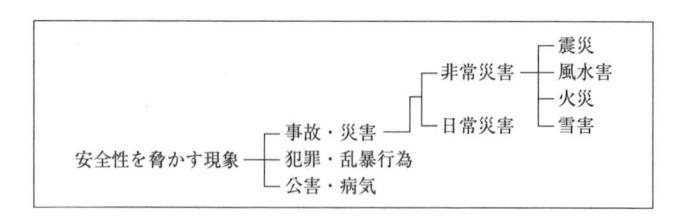

```
                          ┌─ 非常災害 ┬─ 震災
                          │          ├─ 風水害
                          │          ├─ 火災
              ┌─ 事故・災害┤          └─ 雪害
              │           └─ 日常災害
安全性を脅かす現象┼─ 犯罪・乱暴行為
              └─ 公害・病気
```

図 2.17 住宅の安全性を脅かす現象

だった．これによって人命がかけがえのないものであること，堅固に見える家屋も地震で倒壊するものなのだということを社会は深く心に刻んだ．

　安全とは，「安らかで危険のないこと」（広辞苑）を意味している．その内部で行われる住生活と人命・財産を安全な状態に維持することが，住宅に要求される性能である．そしてこの性能を「安全性」，あるいは「安全性能」と呼ぶ．安全な状態とは，危険を想定した対処がなされ，建物と住生活の恒常性が保たれている状態である．われわれは普段何気なく生活を送っているが，大地震が発生すれば，生活や建物にかかわる被害を受ける．そのときはじめて「普通の生活を送れることがいかに幸せか」に気づかされるのである．

　優れた性能をもつ住宅をつくるためには，住宅の安全を脅かすさまざまな現象を想定し，設計時に将来を見越した対策をとることが必要である．また住まい手は，事故や被害が起こらないよう維持管理をしていくことが求められる．この両者の意識がそろって，はじめて安全は確保される．具体的に住宅の安全性を脅かす現象には，図 2.17 のようなものがある．

　非常災害とは，通常は「災害」と呼ばれ，自然や人為的な原因によって起こり，頻度の低いまれな現象である．これらは生活だけでなく，住宅の構造そのものに被害を与え，最悪の場合，住宅の倒壊もしくは人命損失をもたらす．

　これに対して日常災害とは，墜落事故や転倒事故，中毒などの総称である．住宅の構造そのものに被害は及ぼさない小規模な事故・災害であり，住宅の構造・仕上げや間取りに起因する事故である．また，その他に住宅や住生活をめぐる危険としては，侵入盗などの犯罪や，健康を脅かす化学物質などの危険性をわれわれは抱えている．

　一方，上で述べたような危険にかかわる言葉として，「リスク」がある．リスクとは，本来は「人間の生命や経済活動にとって，望ましくない事象の発生の不

確実さの程度」（日本リスク研究学会，2000）を意味する言葉だが，「危険なこと」そのものをさして使われることもあり，混乱した使い方がなされているのが現状である．

　住宅とその中で行われる生活の安全を確保していくためには，それぞれのリスクを正しく理解した上で危険性を判断し，設計や生活上で被害が生じないようコントロールしていくことが重要である．そこで以下の各節では，日常災害を除く重要な安全性について，留意すべき点を災害ごとにまとめる．

　また住宅を建設するときの安全性の確保には，設計者，施工者，行政，住まい手それぞれの自己責任が重要である．設計者は災害や危険を想定し，それらに対して生命と財産を守れるよう設計する責任とその説明責任があり，施工者は欠陥がないようにつくる責任がある．行政は住まい手にかわり，その確認・検査を行う役割がある．なかでも住まい手は，「安全性について素人だから何もしないでいい」のではなく，どのような設計がなされているのかを理解し，自分の責任で安全な状態を維持していけるよう，住宅を管理していく責任がある．安全性に対して最終的に責任をとるのは住まい手である．だからこそ，住まい手は安全性の要望を明確にし，設計者は住まい手の要望に応えていかなければならない．

b. 地震災害に対する安全性

　わが国は世界有数の災害国である．地震，火山の噴火，津波，台風，大雪など，歴史上多くの災害を経験してきた．地震はその中で最も規模の大きい災害であり，住宅の構造安全性も，ほとんど地震によって決まるといってよい．

　地球上の表面はプレートという硬い板のような岩盤で覆われている．プレートは12枚ほどに分かれ，ゆっくりと動いている．そのため大地震にはプレート境界で起こる地震と，1つのプレート内で起こる地震などの種類があり，それぞれ大きさや活動度が異なる．また継続時間や加速度，速度などが地震ごとに異なり，地震を受ける地盤の堅さによっても，建物の被害は異なる．これが建物の耐震設計をむずかしくしている要因である．

　建築基準法では，住宅を含む建物に作用する地震力を2段階に分けて，その安全性を設計するように定めている（日本建築センター，1998）．1つが耐用年限中に数回は遭遇する中程度の地震であり，もう1つは耐用年限中に一度遭遇するかもしれない程度の大地震である．具体的に中程度の地震としては震度5強程度

が想定されている．大地震には関東大震災級の地震を想定しており，これは震度6強～7程度に相当する．設計ではそれぞれの地震に対する安全性を確保する．特に大地震に対する設計は建物崩壊からの人命保護を目的としており，建物にひび割れなどの部分的な損傷が出ても最終的に人命を守ることを目指している．この主旨のもとに，建物の規模・種別に応じた構造設計が行われる．このような地震力の考え方を集合住宅の場合でまとめたのが図2.18である．

ただし，2階建以下の木造住宅に対しては，壁の配置とその量がチェックされるだけの簡単な法規制しかない．そのため，構造計画，柱や壁の強度と変形能力，納まり，工法などに注意する必要がある．

重要なのは，住宅の耐震安全性を定めている建築基準法が最低基準を定めるという主旨でつくられていることで，法で定めた最低限以上であればよく，それ以上のレベルについては，建築主の判断にゆだねるというルールになっている．また，現在の耐震設計手法の主流は，古くからある「許容応力度設計法」である．こ

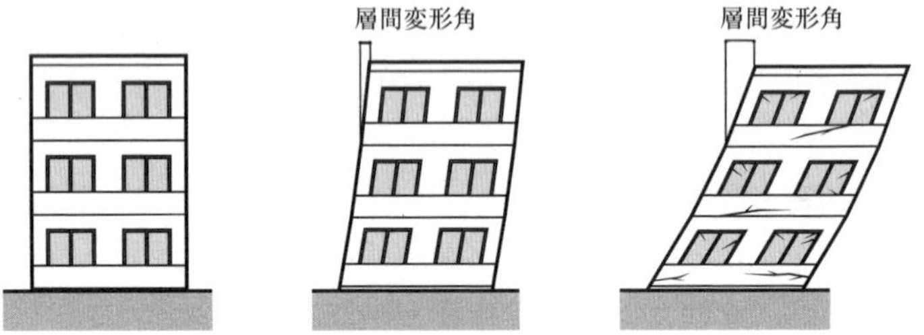

	中地震時（1次設計）	大地震時（2次設計）
想定震度 (想定する最大加速度)	震度5強程度 （約80～100gal 程度）	震度6強～7程度 （約300～400gal 程度）
層間変形角	1/200 以下	1/100～1/50
想定した地震が起きたときの構造部材などの状況	軽微な損傷にとどめる	構造部材や外装材，設備に損傷が出るが倒壊はしない
再使用	補修が必要な場合も軽微な補修で再使用可能	再使用には慎重な調査を要する

図2.18 建築基準法による集合住宅の耐震安全性の考え方

れは，法令に定められる最低限をクリアしていることは確認できるが，建物全体としてどのくらいの安全性をもっていると明示できないという欠点をもっている．したがって，目標をどのレベルにするかを設計時点で明確にしておくことが大切で，専門家とユーザーとが対話することが優れた住宅をつくる鍵となる．

現在のところ，市民はたとえ大地震でもわずかなひび割れしか許容しない傾向にあるが，実際の設計では上記のように損傷を許しているため，専門家と市民の間に意識

図 2.19 住生活の防災
（イラスト：久保智子）

のずれが生じやすい．わが国のようにトップクラスの耐震設計技術をもった国でも，安全性の程度はなかなか明確になっていないのが現状である．

また地震の被害は，災害弱者と呼ばれる高齢者や子どもに多く発生する．そのため，避難などがむずかしい高齢者や子どもを守るためにも，住宅内で耐震処置をしておくことが必要となる．

室内家具の転倒防止には，造り付け家具にしたり，家具を壁などに固定することが有効である．揺れで食器棚などの扉があいてしまい，中身が飛び出すこともある．子どもやハンディキャップのある人，高齢者のいる住宅では，ガラスの飛散防止フィルムなどで対処しておくと，危険防止になり復旧しやすい．大型 TV やピアノなど重量のある家具には耐震どめをするなど，特に対策を講じておく必要がある（図 2.19）．

大地震は必ず起こるという意識をもち，普段から防災を心がければ，必ず被害は軽減できる．普段からの近隣との交流も人命救助に対する有効な防災対策である．人的・物的にそなえ，いざというときには冷静さと客観性を失わずに，信頼できる情報を収集していくことが，住生活を安全に守ることにつながる．

c. 火災に対する安全性

火災は，わが国に多い木造住宅にとって，昔から恐れられる存在であった．江戸時代にはたびたび大火が発生し，そのたびに人々は家を失い，逃げまどった．

都市大火が少なくなったのは昭和に入ってからであり，燃えにくくする，燃え広がらせないという2つの主旨にもとづく厳しい法的規制によって，市街地火災に対する建物の安全性は保たれている．ところが最近の火災における死者の死因と年齢層をみると，逃げ遅れの高齢者が過半数を占めるようになっており，避難時間の確保や材料の耐火性などに細心の注意が必要になってきている．

　火災は，地震よりも身近な災害である．しかし「火の用心」という意識は誰にもあるが，防火に関する設計については住まい手はそれほど知らないことが多い．ここでは，火災の中で恐れられている，火と煙の面から火災をとらえてみる．

　住宅などの建物内では，可燃性物質である内装材，建具，家具，衣類などが室内に多く存在するため，火災が発生しやすい環境がそろっている(図2.20)．

　火災の発生する経過をみてみよう．たとえばタバコの火によって屑籠の中の燃えるものに着火した場合，その炎が立ちあがり，周辺の家具や壁・カーテンなどに燃え移ると，炎は天井まで達し，天井板を燃やすか天井面をはうようになる．このような状態では家庭用消火器での消火は困難になる．そして，燃焼による熱の輻射によって，床面上にある他の可燃物が燃焼し始める．室内での火災では，出火までの時間や，室内の物品の燃えやすさ，天井の材質などによって，火災の拡大の仕方や経過が異なってくる．

　天井全体が炎に包まれると，その輻射熱により，まだ燃えていないものの熱分解が始まり，可燃物に火がつきやすい状態になる．次には，燃えやすくなった可燃物に着火し，室内全体が一気に炎に包まれる．そして熱分解により生じた黒煙が室内に充満し，開口部から猛烈に噴き出す．この急激な燃焼拡大の現象をフラッシュオーバー (F.O.) と呼ぶ．フラッシュオーバーが起こると，室内は火の海状態で酸欠となり，一酸化炭素や二酸化炭素濃度も急速に上がる．こうなると火災室からの避難はむずかしく，一酸化炭素を多量に含む黒煙が出火した部屋の扉などから噴出するので建物全体に危険が及ぶ．出火してからフラッシュオーバーまでの時間は，条件によっても異なるが，数分～15分程度と

図2.20　住宅火災の実験風景

いわれる．まだ大丈夫と思っている短い時間に，フラッシュオーバーは起こる．火災による死者は，荷物や人を探しに戻ったり，逃げ遅れて発生することが多い．だから避難とは一刻を争うものであり，煙の充満する前に完了する必要がある．

　火災を起こした部屋の構造が防火上弱い場合には，簡単に隣室や上階の各部屋に拡大していき，やがて可燃物の大部分が燃え尽きると火勢もおとろえ，温度も下降し始めて，鎮火に至る．これが火災の終わりで，燃えやすい構造の木造平屋家屋の場合，早ければ20分少々で燃え尽きることがある（全国火災防止協会ホームページより）．

　一方，煙の恐ろしさについていえば，出火場所から離れた上階で，充満してきた煙によって逃げられなくなり，一酸化炭素中毒など煙の毒性で死亡する例がみられる．したがって逃げるのに手間取ることは，生命を危うくする．人間はこうした極限状況になると，普段できていたことができなくなるほどのパニックに陥ることがあり，ドアノブさえ回せなくなることがあることも忘れてはならない．

　そこでこのような火災の経過を踏まえ，設計上の防火対策は，フラッシュオーバーが起こる前の火災初期に向けられるようになった．つまり，燃え広がらせないようにするため，3つの点に関する対策が重要とされる．1つは内装の不燃化・難燃化，2つめは初期消火，3つめが火災発生を建物内の人に伝達し，適切な避難を指示する対策である．これらの他に，避難のしやすさが生死を分ける．

1）戸建住宅の場合

　戸建住宅と集合住宅とでは，それぞれ防火対策が異なる．戸建住宅では防火規制は商業ビルなどに比べて余りなく，内装材の選択や初期消火設備・火災報知器などの設置については，設計者と住まい手とで必要な対策を講じる必要がある（直井他，1996）．

　戸建住宅では，特に天井の不燃化を図ることが，燃え広がらせない意味から効果的である．住宅の台所・浴室は内装の制限を受けており，不燃化対策が進んでいる．ただし，コンロ上部の収納棚などが可燃性だと，燃え広がることがある（直井他，1996）．

　また市街地火災には，隣家から火をもらわない，火を広げないために，外周部の防火性が重要になる．最近の木造住宅は防火性を高めるため，外壁を不燃材料もしくは防火構造で仕上げたものが多くなっている．ただし，防火構造の建物でも相当数が延焼を受けており，開口部，外周部のひび割れ，外壁部，軒裏からの

延焼が原因となっている．隣棟との距離が近いものは法的規制があり，開口部に網入り板ガラスなどを用いたり，鉄板製の扉を使う必要がある．

2) 集合住宅の場合

集合住宅の構造は，耐火性に優位な鉄筋コンクリート構造が使われることが多い．鉄骨構造の場合は，鋼材自体が火災等の高温に弱いため，耐火被覆が必要になる．集合住宅の場合は，延焼を防止するため，防火区画を明確にする必要がある．

集合住宅は，戸境壁も多く，廊下などの非常放送が聞こえにくい場合もあり，避難には十分注意を払う必要がある．集合住宅に要求される防火安全性は，避難のしやすさといってよい．特に外に面していない中廊下式の住宅では，避難ルートの確保が課題となる．わが国ではある程度の規模以上の集合住宅の場合，「2方向避難の原則」というルールを建築基準法で定め，避難安全性を確保している（図2.21）．これは階段を2カ所以上設置し，1つの避難ルートが煙などによって使えなくても，もう1つの安全なルートを確保する考え方である．

集合住宅ではバルコニーと玄関側の廊下とが避難ルートとなることで，2方向避難を計画することが多い．ところが，普段バルコニーには色々なもの，時には可燃物などをおくことが多く，またガーデニングが人気となったため，防火上危険なことをしている例もみられる．住まい手もバルコニーが自分のものではなく共用部分であり，生命にかかわる避難路となることを意識しなければならない．

また階数の多い大規模な集合住宅では，さらに法で定められた避難や設備の対策がとられているが，火災が起こると避難に時間がかかるため，住まい手も防災訓練などで慣れておくことが重要となる．

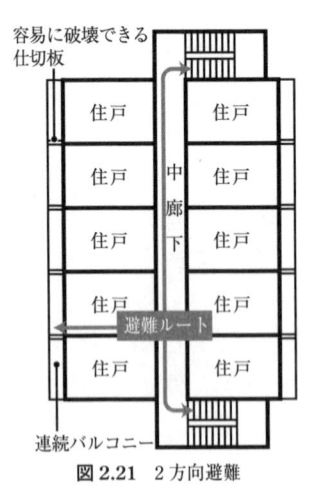

ここ最近では，災害弱者と呼ばれる高齢者や子どもが火災で死亡するケースが増えている．特に寝たきり老人のリスクは高い．子どもの中では幼児が死亡する例が多くなっている．また子どもには火遊びの問題もあり，危険性を教えるという親の教育姿勢が問われてもいる．一方高齢者に対しては，ガスから電気器具への変更や衣服への着火を防ぐなど，さまざまな対策が可能である．比較的若いうちに住宅改修を行い，バリアフリー化と安全対策を合わせて

図2.21 2方向避難

行うことが望ましい．

d. 犯罪に対する安全性

わが国では，蒸し暑い夏に順応するためと，治安のよさに支えられて開放的な住宅が多かった．ところが最近は犯罪が凶悪化し，防犯性が高いといわれてきた都市型の集合住宅でも，ピッキングと呼ばれる凶悪な住居侵入盗が増えてきている．さらに，わが国ではほとんどなかったようなドアなどを破壊して侵入する暴力的な強盗事例や，単なる物取りだけでなく性犯罪を目的としたものが増えてきており，犯罪の深刻化が進んでいる．

ピッキングは特殊な工具を使って不正な鍵開けをする犯罪で，外国人組織による犯行が多く，刃物・凶器を被害者宅で調達し，襲いかかる場合もある．特に都会のマンションがねらわれているのが特徴である．

空き巣（留守に押し入ること）や居空き（家族が食事などをしている間に侵入すること）は，ねらった住宅の下見をするなどかなり計画的な犯行を行う傾向があり，多くは5～10分程度の短時間に，さまざまな侵入経路から入ってくる．最近はガラス窓を破る犯行が多く，一戸建では掃出窓（床から2mほどの高さまである窓のこと），集合住宅ではバルコニー，最上階，玄関などがねらわれる．2階以上から侵入する際には，雨樋やバルコニーを足がかりにすることがある（図2.22）．

ねらわれやすい住環境の条件は，幹線道路の近く，新興住宅地，駐車場・公園などが隣接した住宅，あるいは見通しの利かない塀が続くような住宅地などである（直井他,1996）．

近年，住宅や住環境の防犯性を高めた設計をすることで犯罪にあいにくい環境をつくる試みが始まっている．対策としては，窃盗犯は音・光を嫌がり，姿を隠せないことを嫌うため，明るい街灯，人感センサーのついた玄関灯や，低い塀，死角をなくすことなどが効果的といわれている．近所の人に声をかけられると犯行をあきらめることが多いので，町

図2.22　一戸建の侵入経路
（イラスト：久保智子）

の中で近隣のコミュニケーションをよくしておくことも監視効果があり，防犯性を高める．

また重要なのは，開口部・境界を強化することで，ドアはワンドア・ツーロックが基本となり，窓は防犯ガラスなどを採用し，侵入までに10分以上もつようにすることが大切である．

e. リスクに対する人間の心理とこれからの住生活

人は知らないことに恐怖を抱く．知識のないこと，生まれてはじめての体験に対しては，恐怖感がより大きくなる．したがって，さまざまな危険に対する住宅と住生活の安全を確保し，安心して暮らせるようにするためには，危険なことに対する情報を得ることが重要である．

改めてリスクを考えてみると，リスクとは危険性の程度を示す言葉である．この危険性の程度を示す指標に使われるのは確率である．天気予報のような表現，つまり「○○が起こる確率は○分の1」という言い方をする．

しかし確率というのは目に見えないものであり，人間はリスクに対する認知の仕方にかたよりがあることから，現時点では，人命損失にかかわるようなまれな確率を，人は正確にとらえにくい性質がある（岡本，1992）．たとえば，大地震などは一生に一度あるかないかである．そのため人は実際に経験することが少なく，リスクを過大評価したり，過小評価したり，判断を誤ることが知られている．また利得がからむと，判断に誤りが生じやすい性質をもっていることもわかっている（岡本，1992）．これは，よく起こる危険に心理的ダメージを受けないよう順応し，逆に小さな危険を気にしてそなえるという，われわれの本能的にそなわった反応でもある．

これからの社会ではリスクの評価と客観的データにもとづく合理的な判断が行われるようになることは確実だが，その評価をする人間の方にさまざまな評価の偏りがある．したがって，リスクを正確に評価するための基礎知識を，われわれは培っていかなければならない．

3
住居の計画と設計

3.1 住居の計画

a. 計画と設計

　住居とは，その文字が示す通り「人が人として生きるための居場所」である．高度に科学技術が発達し，多くの生活行為が時間空間の制約を受けない情報化時代においても住居の本質的な意味に変わりはない．一方，世界をみると，現実の多彩な住居のありようや住宅形態は，自然や地理的環境，技術・制度など社会的背景，地域の歴史・文化的環境，そして人々の多様な価値観やライフスタイルなどを反映しているのがわかる．われわれが直面している少子高齢化・都市化，ライフスタイルの多様化，家族の変容，地球規模の環境問題などは，21世紀の豊かで持続可能な地域社会のソフトウェアでありハードウェアでもある「住居のあり方」を考える上で重要な課題を投げかけている．住居のハードウェアである住宅の設計は，狭義には，目標に対して敷地，間取り，構造，寸法，材料，設備，デザインなどを決定して施工に必要な諸問題を解決し，その完成に責任をもつことであるといえるが，設計者には住居に対する広く深い理解と豊かな経験，技術に裏づけられた分析力および構想力が求められる．そして具体的な設計にあたって，計画とは企画の意図に始まって主として使う人間の要求条件を十分かつ綿密に拾い上げ，地域の環境条件にも配慮し，設計に反映されるべき設計条件づくりであるといえる．図3.1は計画と設計の関係をあらわしたものであり，計画と設計はオーバーラップしながら，そして相互にフィードバックしながら作業が進められる．

　住生活は住宅内部のみでは成り立たないし快適にはならない．個人住宅でも集合住宅でも，自然環境や隣家との関係，地域の施設やパブリックスペースなど都

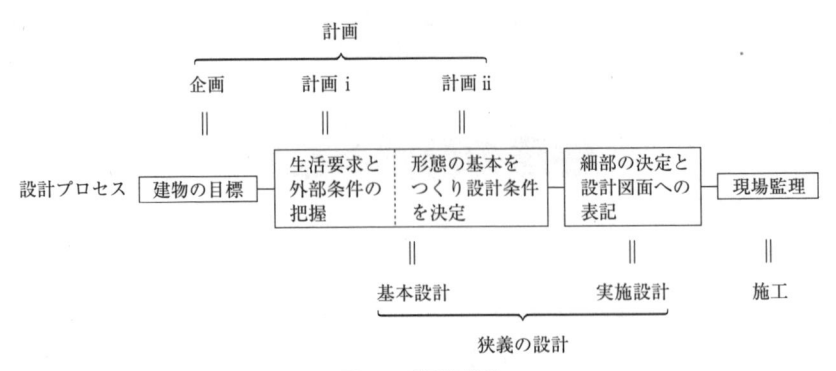

図3.1 計画と設計

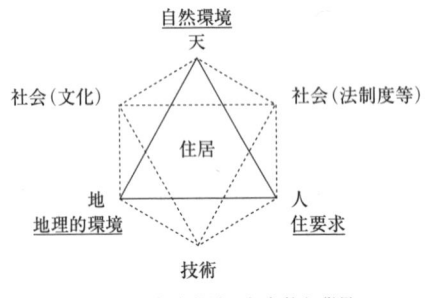

設計プロセス: 建物の目標 → 生活要求と外部条件の把握（企画）→ 形態の基本をつくり設計条件を決定（計画i＝基本設計）→ 細部の決定と設計図面への表記（計画ii＝実施設計）→ 現場監理（施工）

狭義の設計：基本設計＋実施設計

図3.2 住宅設計の与条件と背景

自然環境（天）／社会（文化）／社会（法制度等）／地理的環境（地）／人（住要求）／技術 — 中心に「住居」

市環境の読みとりと関係のつくり方が，住生活にも地域環境にも相互に関連し影響を与えあっており，住居計画と設計の重要なポイントとなる．また都市居住のライフスタイルは，超高層居住，SOHO，マルチハビテーション，コレクティブリビングなど新たな居住形式を生み出しており，住居をめぐる環境や要求条件はますます多様化している．図3.2は住宅設計にあたって把握すべき諸条件を示している．敷地の条件，家族構成，建設費，資金の調達方法，工期など，比較的与条件がはっきりとした個人住宅に対して，不特定多数の居住者層を対象とした集合住宅や団地開発，再開発計画では，あらかじめ提示される与条件も決めるべき設計条件もより複雑となり，計画要素も多岐にわたる．ここでは，住宅の計画・設計にあたり欠かすことのできない一般的な計画要素について，その考え方のポイントを記す．

b. 自然環境および地域環境をとらえる
1) 自 然 環 境

科学技術が発達し，人工的に室内環境を制御できる時代である．しかし，古今東西，地域に残る伝統的な民家の間取りや構造，形態，材料，工法などは，それ

ぞれの地域の気候風土の中で培われてきた，自然と共生する地域独特の建築および生活文化を物語っている．雪の多い地域，風の強い地域，雨の多い地域などではその自然環境から生活を守るため，また建築を長持ちさせるために屋根や壁に工夫がされている．室内環境を人工的に制御するためにますます住居を閉鎖的にし，化石エネルギーを使って環境に負荷を与え，屋外環境を不快にしている住宅のつくられ方が人間にとって健康的であるはずはない．大気への CO_2 排出による地球の温暖化は深刻な環境問題を次世代に負わせている．家族のあらゆるライフステージにおける生活の基盤である住居は，周辺の地域環境に合ったかたちでできるだけ自然環境との応答を可能にする設計であることが望ましい．

2) 地理的環境

建築は車や船と違い土地から切り離すことはできない．敷地の平・断面形状（傾斜地・崖地），方位，道路との関係，隣地の状態，地盤，法的条件，景観など特有の立地条件は，設計に大きな影響を与える．それらの条件を生かし，あるいは克服し，居住者にとっても地域にとってもより魅力的な環境をつくり出していくのが設計である．そのためにも現地および周辺の状況を十分に調査し，設計のための条件を整える必要がある．

c. 住生活の要求条件をとらえる
1) 家族と住生活

住居の最大の目的は人間の個人生活を包み込むことである．一般的には，人間は生まれたときから家族の中にいて成長し，独立してまた家族をつくっていく．その間にいくつかのライフステージを経て一生をすごすのだが，その器である住居は，包み込む人間のライフステージ，および家族の様相ときわめて関係が深く，それらと対応しているといえる．家族の様相は時代的，社会的規範により影響を受ける．わが国においては家制度を背景とした戦前の家族から，夫婦を中心とした戦後の家族へ移り，核家族化が進み，さらに少子・長寿命化とライフスタイルの多様化，高度情報化社会を背景に家族は激しく揺れ動き変容しつつある．住生活の要求条件をとらえる意味において変容しつつある家族の様相をとらえることは重要であるが，人間にとって変わらぬ住居の意味に立ち戻ることも忘れてはならない．

家族と住生活について考えるとき，現代的課題としては下記のような点があげ

られる．
① 生活の個人化とコミュニケーション：生活が個人化傾向にある時代に個のスペースと家族のコミュニケーションの場をどのようにつくるか．特に子育てを密室化しない住居とは．
② 女性の就業の一般化と生活管理：家族全体による生活管理を可能にする住居のつくり方や，家事の合理化策を取り入れた住宅形態．
③ 高齢化と住居：高齢者が自立して自分らしく生活できる家族との関係，近隣との関係をどのようにつくるか．
④ 単身居住と住居：晩婚，非婚，離婚などの増加，そして長寿命化により，若年層から高齢者層まで単身居住が増加傾向にある．安定した一居住スタイルとして，近隣や地域コミュニティにどのように位置づけられるべきか．
⑤ 情報社会における住居：情報技術の住居への受容と家族に与える影響．
⑥ ワークスタイルの変化と住居：SOHO，フレックスタイム，ワークシェアリングなどの住生活と住居への影響．
⑦ 地域とのかかわり：地域に支えられ，地域を魅力的にする住生活と住居のあり方．

このように，住居を設計していく上で，個人・家族・社会の関係と住生活をどのように理解し設定するかは重要な鍵である．

2）高　齢　化

2015 年には国民の 4 人に 1 人が 65 歳以上，高齢者がいる世帯は全世帯の約 4 割に達すると予測されている．特に 75 歳以上の後期高齢者の増加が著しく，高齢者が安心して住み続けられる住環境の整備が急務とされている．わが国の住居は上下足の履き替え，和洋折衷の起居様式，入浴スタイルなどから必然的に住居内に多くの段差があり，また慣習的に柱芯 3 尺で廊下，開口部，便所の幅寸法が採用され，既存住宅のバリアフリー化はなかなか進んでいない．2002 年 4 月には「高齢者の居住の安定確保に関する法律」（高齢者居住法）が公布され，2002 年からの第 8 期住宅建設 5 カ年計画でも，高齢社会対応の住環境整備は重要な柱の一本である．新築はもちろん，既存住宅のリフォームのニーズも多い．住宅改造にあたっては設計マニュアルに頼るのではなく，医療・介護の専門家と協力し，高齢者の個々の心身の状況をとらえ設計することが重要である．また，住宅内外ともに移動がしやすく，しかも変化に富む工夫がある楽しい環境は生活を活性化

させる．これからの住居の設計に際しては，誰もが迎える高齢期の心身状況の変化への対応を考慮すると同時に，日常的な生き生きとした住生活が楽しめる住空間づくりが求められる．

3） ライフスタイルとライフコースの多様化

住居設計において和風か洋風か，あるいは和洋折衷か，また子ども部屋をどう考えるか，そして家族の成長，縮小に対してどのような設計上の対応策をとるか，などの議論はいずれも変わらぬデザイン上の設計条件として重要である．しかし，生活行為の都市化・個人化が進み，女性の就業の一般化と経済的自立，IT の発達，さらには地球規模の環境問題の深刻化などを背景にみられる，ライフスタイルやライフコースの多様化の現実に対して，いわゆる nLDK に代表される住居型式や住居機能では解けないさまざまな課題が住居計画や設計に投げかけられている．それらの課題とは，① 個人化したライフスタイルと家族および近隣とのヒューマン・コンタクトのあり方，② ライフスタイルとして選択された単身居住者の生活行動と住居機能，③ 子どもの発達環境であり居場所としての住居・まち，④ ニーズの変化に対応した空間の改変システム，⑤ 血縁家族または複数世帯による生活行為および住居機能のシェアリングを前提とした住居形態，⑥ SOHO 的生活など新しいワークスタイルに対応した住環境とは，などである．平面計画においては，定型化した nLDK から脱却し，生活全体としての個人が選択的に家族，社会との関係性を築くことができる開かれた空間構成が求められている．

4） 安　　全

住居が地震や火災に対して安全であることは人命にとって重要であり，設計に際しての絶対条件である．構造的な強度や耐火性はもちろん，災害のときに避難しやすい平面計画や屋外の避難経路の計画が重要である．集合住宅では 2 方向に避難できることが法律上条件となっているが，独立住宅においても，特に住宅が密集した環境では計画時に避難時の安全を配慮しておく必要がある．日常的な生活においても高齢者や幼児の住宅内での転倒や落下による怪我や死亡事故が多いことを踏まえ，床材料の選択や，階段の勾配や踏面の寸法，ドアーの開閉の向き，バルコニーの手すりの高さや手すり子の間隔，躓きやすい段差などを，設計にあたって配慮すべきである．

5) 健康，省エネルギー

結露や湿気によるカビ，ダニは，新建材の普及，住宅建築の高気密化とともに増加しており，また建築材料や接着剤に含まれる揮発性化学物質によるシックハウス問題がクローズアップされている．そして，ホルムアルデヒドや不揮発性ガス（VOC）などの住宅構成材の室内空気中の含有量が規制されるようになった．一方で健康的で省エネルギーの住環境づくりへの関心から紙，木，土など伝統的な自然素材が見直されており，またできるだけ設備に頼らない，地域気候に合ったパッシブソーラー・デザインの考え方が注目されている．

6) コストプランニング

住居の設計計画にあたって最も大きな要素は建設費であろう．わが国では土地の値段の異常な高さが良質な住宅ストックや地域環境形成を阻害してきたといえる．バブル崩壊後地価は下がったとはいえ，依然として住宅入手は困難で綿密な予算計画が必要である．具体的な建築費については，構造，仕上げ，設備などバランスのとれた予算計画が必要であり，生活に必要な家具備品や外構計画の予算も忘れてはならない．実際に工事が始まってからの設計変更は，予算超過の原因や，建築主と工事者のトラブルになりやすく，常に経済上の確認をすることが肝心である．また，入居後のランニングコストの経済性もイニシャルコストと同様，重要なコストプランニングの一要素である．

7) 性能，性能表示制度と説明責任

設備性能の高度化や建築躯体の性能の向上にともない，住空間に要求される環境性能も高くなってきている．住居の設計にあたっては躯体の強度や設備の性能だけではなく，住空間に要求される環境性能を見きわめ，選択する材料の性質や部品の製造方法，現場での施工仕様をあらかじめ把握することが重要である．良質な住宅ストックと市場形成を目的に，2000年4月に「住宅の品質確保の促進に関する法律」（通称品確法）が制定され，同年10月には「住宅性能表示制度」が運用開始された．設計者には住宅の性能設計に対して説明する責任が課せられている．図3.3は，BLマーク（ベターリビングの略）で，社団法人ベターリビングが性能を保証している住宅部品であることを意味している．

図3.3

d. 人間と空間

建築は主として人間が使用するものである．したがって，その建築の使用目的に沿って，そこで行われる人間の生活をとらえることが建築の設計計画の第一歩である．住居の場合もそこで行われる生活の特性をとらえることが必要だが，その前に基本的な人間と空間の関係をとらえる必要がある．まず人間は動作することにより日常生活を営んでいて，そこにはその動作を妨げないだけの空間が必要である．また，人間は五感（視覚，聴覚，臭覚，味覚，触覚）その他多くの感覚器官を通じて外界の事物を見分け生活しており，そこには生理的空間がある．さらに空間は単に一人の人間が使用するものではなく，通常は，複数の人間の集合を包みこんでおり，人間と人間の関係が要求する心理的空間は，民族や文化の違いによってさまざまである．ここでは人間と空間の関係について基本的な問題を取り上げる．

1) 人体・動作寸法

室空間は，まず人体寸法に適合していなければならない．わが国には伝統的な木造の和風建築があるが，その鴨居の高さは内法 175 cm くらいで，180 cm の人間には適合しない．さらに人間は生活の中でいろいろの動作をする．それらを細かく解析して動作に合った各所の設計をする必要がある．生活動作の中でも，目的が定まっていて労働をともなう，たとえば台所での動作や，排泄や入浴など1日に必ず行う動作については注意を要する．特に高齢者の自立生活や在宅介護の

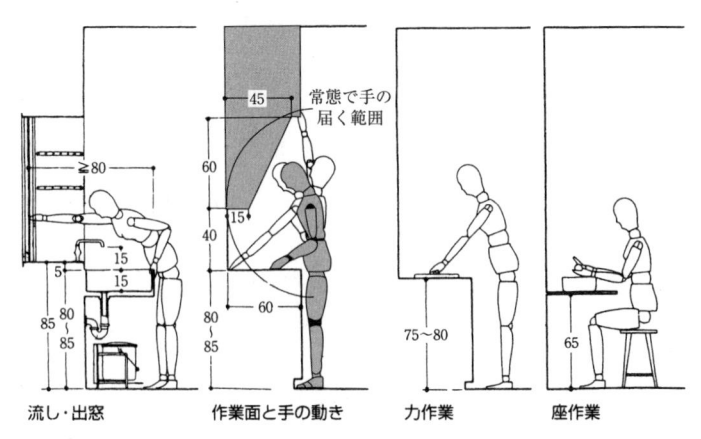

図 3.4 調理の基本寸法（日本建築学会編：建築設計資料集成「総合編」）

住環境を考えると，人体の動作の解析はますます重要な課題である（図3.4）．

2) 生理的空間

文化人類学・環境心理学の研究者であるエドワード・ホール（Edward T.Hall）は，著書『かくれた次元』で，人間の各知覚と距離との関係を述べている．特に視覚において，距離による目の働きの特性とものの認識の仕方について興味深い分析がされている．視覚・聴覚・臭覚・触覚といった知覚は個人の能力の差ももちろんあるが，民族によっても異なり，心地よいと感じる部屋の大きさにもかかわってくる．また立っているとき，腰掛けているとき，床に座っているときの空間の広さに対する認識は異なり，それは和室と洋室での空間認識の違いを示すものであり，わが国のように和洋両方の空間をもつ住居の設計にあたってはきわめて関係のあることである．

3) 心理的空間

歩道橋の上で他人とすれ違うときや，エレベーターの中で他人と乗り合わせたとき，人との距離を離したいと感じることがある．それは人間にはこれ以上近づかれては嫌だという領域があるためである．人間を取り囲むこの目に見えない「バブル」のような領域をパーソナルスペース（Sommer, 1972）と呼び，民族，性別，年代によって違い，また体の向きによっても違うことが実験でわかっている．一般に男性の方が「バブル」が大きく，また男性対女性のように性が異なる場合の方が大きく，向きは斜めから来る人間に対してより，正面からくる人間に対して距離をおく傾向がみられる（図3.5）．このような人間の心理的空間知覚は，住居においては家族の集まる空間や，客をまねき入れる客間の空間設定に関係があり，椅子などの人間の位置を決定する家具の配置に影響を与える．その他，空間の特質を構成する形，色彩，テクスチャー，明るさ，囲われ度など多くの要素が心理に働きかける．

e. 寸法の計画

住宅に限らず建築は構造，材料，設備，色など多くの決定によってつくられていくが，その中で最終的に図面に落とされるのが寸法であり，現実の建築空間での人間の生活を大

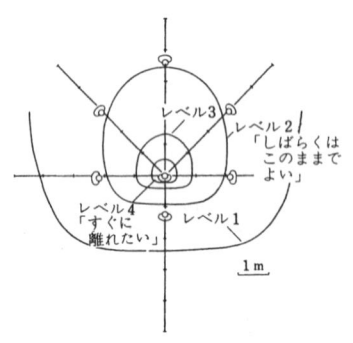

図3.5 パーソナルスペース（前田尚美他：「建築計画」，朝倉書店，1980）

きく規定している．わが国には1尺，3尺，6尺といった優れた寸法体系があった．「起きて半畳寝て一畳」といって，人間一人分の畳を単位として部屋が構成されていたので，誰でも部屋の大きさと中で行われる生活が対応しており，頭の中で生活空間を創造することが容易であった．しかし現在では生活様式が多様化し，体型も変化した現代の日本人に合った空間設計が求められている．そのためにはまず人間と空間の関係について立ち戻り，空間設計における寸法計画の意味と空間デザインの可能性を理解したい．

1) 生活行動の把握

図3.6は人とものとの関係で部屋の寸法を探し出していく方法を示したモデルである．よい空間とは人間が単に行動しやすく，使いやすいというだけで決定されるのではなく，温度，湿度，明るさ，静けさなどの室内環境や，部屋のプロポーション，色彩，テクスチャーなどの心理的影響も重要な要因である．しかし，住居にとっては生活行動がスムーズに行われることが第1条件であり，まずその住居で営まれる人間の生活行動をしっかりと把握する必要がある．特に現代における生活の様相は家族の変容，高齢化，ライフスタイルの多様化，情報技術の家庭への侵入などさまざまな生活行動にかかわる変化があり，それらをとらえることが今後の住居の設計の第一歩である．

2) 家具の種類と寸法

住居の中には生活行動を支え，助ける多様な家具・道具がある．調査によると，わが国の住居の中にあるものの種類は4000もあるといわれる．それらをいかに選択し，使いやすくおき，あるいは収納することが住生活を快適にする要点であるが，住居の計画に際し，何を必要とし，どのくらいの大きさで，どこにおくかが問題である．生活空間を広くすっきりと維持するためには，収納の適切な計画が欠かせない．部屋の設計では，生活行為を想定し，必要な家具や収納の寸法のチェックとどう配置するかを必ず図面の中に書き込むことが必要である．

3) モジュールの選択

モジュールとは，設計や生産に用いられる寸法の単位，または寸法の体系をいい，モジュールを用いて建築空間を構成することをモジュラーコーディネーションという．わが国には尺，間といった優れた寸法体系があり，木造在来工法では現在も部材寸法や柱間隔などで4寸角，1間半などと使われ，図面にもメートルに置き換えて書かれている．現在，尺は30 cm，1間は尺の6倍である180 cm

72　　　　　　　　　　　　　　　3．住居の計画と設計

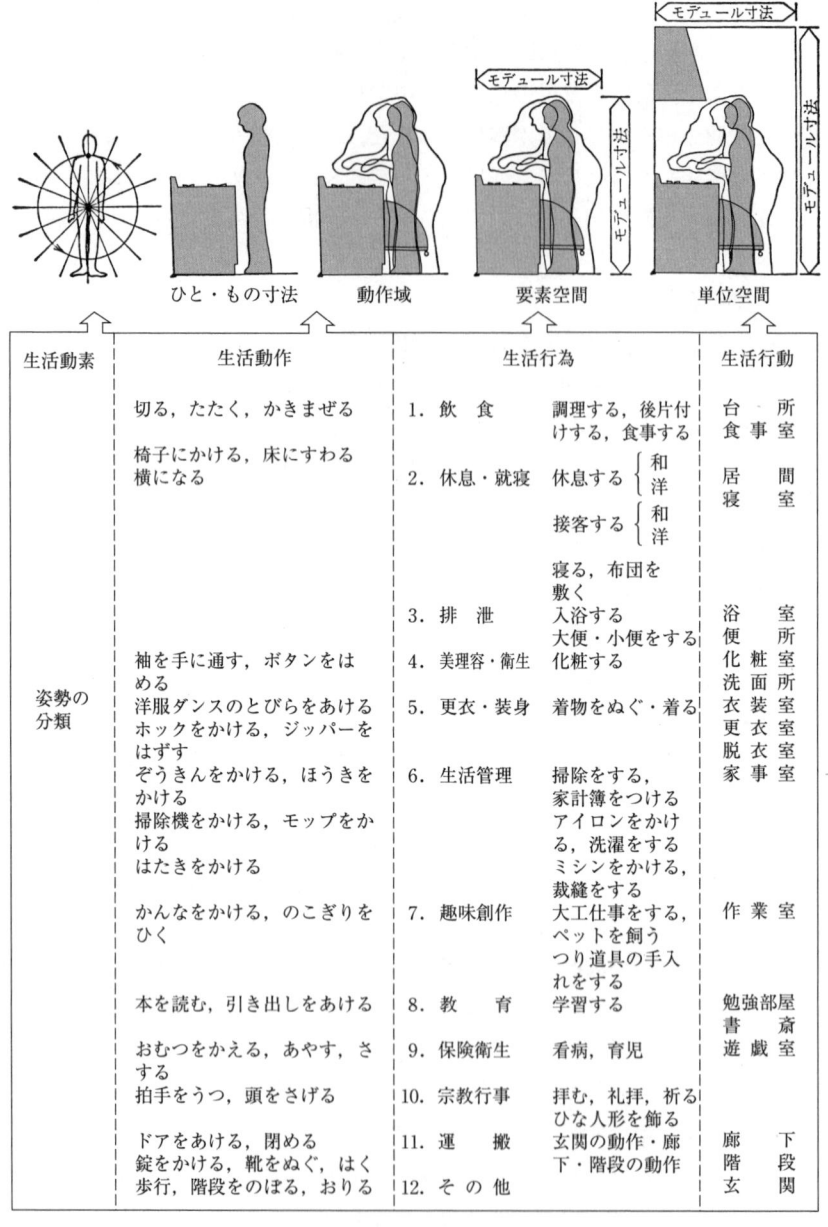

	ひと・もの寸法	動作域	要素空間 <モデュール寸法>	単位空間 <モデュール寸法>
生活動素	生活動作	生活行為		生活行動
	切る，たたく，かきまぜる	1. 飲　食	調理する，後片付けする，食事する	台　　所 食　　事
	椅子にかける，床にすわる 横になる	2. 休息・就寝	休息する ｛和/洋｝ 接客する ｛和/洋｝ 寝る，布団を敷く	居　　間 寝　　室
		3. 排　泄	入浴する 大便・小便をする	浴　　室 便　　所
姿勢の 分類	袖を手に通す，ボタンをはめる	4. 美理容・衛生	化粧する	化　粧　室 洗　面　所
	洋服ダンスのとびらをあける ホックをかける，ジッパーをはずす	5. 更衣・装身	着物をぬぐ・着る	衣　装　室 更　衣　室 脱　衣　室
	ぞうきんをかける，ほうきをかける 掃除機をかける，モップをかける はたきをかける	6. 生活管理	掃除をする， 家計簿をつける アイロンをかける，洗濯をする ミシンをかける， 裁縫をする	家　　事
	かんなをかける，のこぎりをひく	7. 趣味創作	大工仕事をする， ペットを飼う つり道具の手入れをする	作　業　室
	本を読む，引き出しをあける	8. 教　育	学習する	勉強部屋 書　　斎 遊　戯　室
	おむつをかえる，あやす，さする	9. 保険衛生	看病，育児	
	拍手をうつ，頭をさげる	10. 宗教行事	拝む，礼拝，祈る ひな人形を飾る	
	ドアをあける，閉める 錠をかける，靴をぬぐ，はく 歩行，階段をのぼる，おりる	11. 運　搬 12. その他	玄関の動作・廊下・階段の動作	廊　　下 階　　段 玄　　関

図 3.6　空間構成のプロセスモデル

系　統	現　　　　在	
	寸法基準(尺)	柱間寸法(mm)
関西間	6.3 内	1,910 / 2,015
九州間	6.5 心	1,970
四国間	6.3 心	1,910
	6.25 心	1,894
安芸津間	約6.24 心	1,890
群馬本間	6.2 心	1,878
中京間	6 内	1,820 / 1,925
関東間	6 心	1,820

図3.7　寸法尺度の地域分布性
(日本建築センター:「住宅性能標準原案報告書」, 内藤　昌:「間とタタミ」)

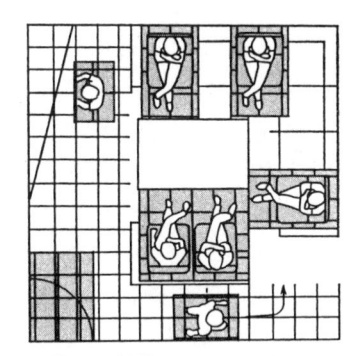

図3.8　居間のスペーススタディ

が多く使われているが，歴史的，文化的に関連しながら地域によってさまざまに展開してきており，関西間を京間，関東間を田舎間ともいい，換算値や柱間隔の寸法取り基準が異なる（図3.7）．ル・コルビジェによるモデュロールは，「人体の寸法と数学の結合から生まれたものを測る道具」として人体寸法を基準にして考案された尺度の体系である．

現代は工業化が進み，住宅生産に占める工業化住宅が多くなって，さまざまなモデュールが出現している．60，90，96，100などがある．設計の条件としてどのモデュールを選択するかは，できあがった住空間の中で行われる生活に大きな影響がある．

4)　生活行動とスペーススタディ

室空間での行為を想定して家具を配置し，人間の行動のための空間を配置してみることをスペーススタディと呼ぶ．室空間の規模や開口部の位置，大きさ，家具の配置などはそこでの生活行動に影響を与える．住宅の部屋が狭いほど，しっかりとそこでの生活行動をとらえ，家具を選択し，よい配置をすることが重要である．家具の配置は生活スタイルによってさまざまであるが，その空間に人間をどう心地よく位置させるかが大切である（図3.8）．

f. 住居の機能と空間
1) 住居の役割と住宅機能

住居はいつの時代でも，どこでも，そして誰にとっても，一生を通じてあらゆる生活の重要な拠点であることに変わりはない．自立した個人の選択・決定が尊重される現代社会において，家族機能の変容や，個人の生き方，住まい方の選択肢の多様化がいわれている．しかし，住まいの本来の意味や役割を点検・整理し，変わらない部分と変わりうる部分を見つめることは，多様化している生活行為の類型化や，住居として機能する住宅の空間構成を考える上で大切な課題であろう．

住居の意味や役割については多くの定義や分類があるが，①自然環境や災害から生命と財産を守るシェルターとしての役割，②育児，団らん，食事，接客，介護など，家族生活の場としての役割，③休養，睡眠，趣味，学習，仕事などの個人生活の拠点としての役割，④街並み形成や地域交流，地域安全など地域・社会的ストックとしての役割，と整理することができる．②は家族規模，形態，ライフステージ，ライフスタイルなどにより変化するニーズととらえることができる．また④は，住居を考える場合には住居内にのみ目を向けがちであるが，生活の個人化がますます進み，安全で住みやすい地域環境づくりが求められるこれからの住宅の計画や設計には欠かせない視点である．

そして，このような住居の役割を担う住宅の計画，設計時に忘れてはならない機能として，①安全性，②快適性，③利便性，④可変性，⑤表現性の5項目があげられる．安全性としては，火災，水害や台風，地震，雪による災害対策のみでなく，都市化とともに増加している犯罪に対する防御対策が必要である．また，住宅内部で滑ったり転んだりして幼児や高齢者が死亡に至る日常災害が意外にも多いことも忘れてはならない．住宅の快適性とは，住宅内の生活が健康に営まれ，生理的に快適に過ごせることをさす．つまり，衛生的で，温度や湿度，光，空気，音などの室内環境が適切に保たれていることであるが，快適性の指標は個人により一律ではないこと，環境共生的な考え方を基本とすることを念頭におきたい．利便性とは，住宅内で営まれる行為が，より能率よく効果的に行いうることである．高齢者や障害者が安全に自宅で自立生活を営めるために，住宅内のバリアフリー化やユニバーサルデザインが課題である．住宅の可変性は，ライフステージの移行やライフスタイルの変化，居住者の交代などに対応して長く住み続けていくための条件である．在来型木造住宅はきわめて高い可変性をもっている

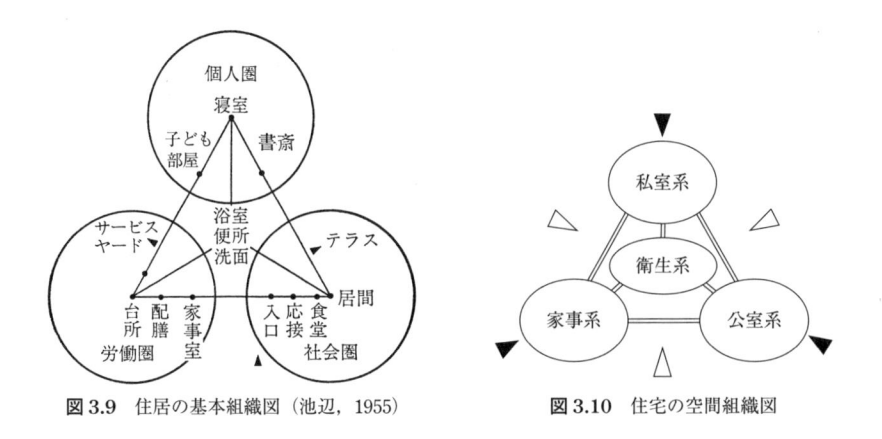

図 3.9 住居の基本組織図（池辺，1955） **図 3.10** 住宅の空間組織図

が，内装の可変システムをもつスケルトン・インフィル方式の RC 集合住宅も注目されている（5.6 節参照）．

最後に，住宅の内外のデザインや管理のされ方は居住者の住居観や価値観を反映する．住宅内部は持家，借家にかかわらず，居住者の私的世界の表現としてとらえられるが，外部については社会的財として意識し，デザイン，維持管理されるべきである．

2） 生活行動と空間構成

住む人にとって住みやすい住宅とは，住宅の広さや部屋数，設備や機器の有無や性能が十分に満たされているというだけでなく，住み手の家族形態やライフスタイルに対応して各室が適切に配置されているかどうかということ，すなわち空間構成のあり方が欠かせない条件である．空間構成の方法としては，生活行動を分析，類型化し，類似性の高い行動を集め，ゾーンごとの関係を構成の基礎とするのが一般的である．また，食寝分離・就寝分離・公私室分離は戦後の住宅計画の基本的考え方であるが，現代は個人や家族の多様化した生活様相を反映して，室機能や空間構成も規範にとらわれない多様な事例がみられるのが現実である．

図 3.9 は，機能主義建築家，池辺陽により 1955 年に提唱された住居の基本構成図である．住宅における個人性，労働性，社会性に対する住要求が時代的要因によって変化してきていることがわかる．図 3.10 は，図 3.9 を現代の住宅に求められる個人・家族・社会の多様な関係ニーズに対応しうる空間要素の組織図として単純化したものである．

① 入れ子　② 隣接　③ 貫入　④ 媒介

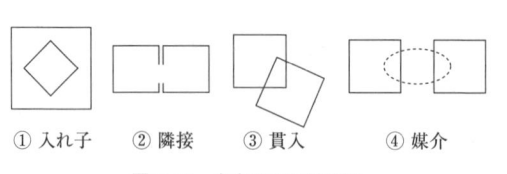

図 3.11　室空間の関係類型

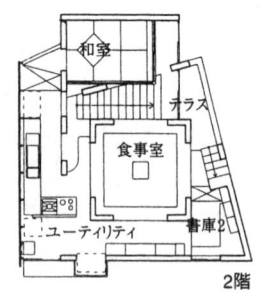

図 3.12　大井町の家：東京都品川区．1993年，室伏次郎設計（日本建築学会編：建築設計資料集成「居住」）

g. 住宅の設計計画

住生活の行動が分析され，その行動を遂行できる部屋がひろいあげられたとしても，それらの部屋と部屋とのつながりがどのように関係づけられるかにより，住生活行動が大きく影響される．計画の技術としていくつかの手法がある．

1) 動線計画

動線とは，人の動きを線であらわしたものであり，移動の頻度は線の太さで，移動の距離は線の長さで表現される．室と室のつながり具合や，台所まわりの合理的な配置など，動作に影響を与えるものの配置には，動線計画が重要である．動線計画のポイントは，① 動線頻度の高い関係にある部屋（たとえば便所と寝室）は近くする，② 違う目的をもった行動の動線（たとえば寝室から風呂へ行く動線と玄関から客間に行く動線）は交差しない，③ 関係の深い動線は直接つなげる，ことであるが，実際の設計では，住む人の考え方やライフスタイルの表現が合理的な動線計画より優先されることもある．

2) 室空間を関係づける手法

室と室とがどのようにつながるかは生活行動にも空間の効果にも大きな違いをもたらす．隣接した室とドア1つでつながるかオープンにつながるかでも異なるが，2つの室空間を関係づける手法としては，図 3.11 に示すように ① 部屋の中の部屋というような「入れ子」関係，② ドアや開口，可動壁などでつながる「隣接」関係，③ 空間の一部が重なる相互「貫入」関係，④ 第3の「媒介」空間でつながる関係，がある．図 3.12 は①の事例であり，大きなワンルームの中央に食事空間を配置し，その周囲にできた空間を必要な諸スペースとして生かして

いる．

3) 平面計画の手法

住宅は小規模であっても複数の室空間やスペースからなり，平面計画の解答は敷地条件はじめさまざまな与条件や設計の目指す考え方により1つではない．しかし，いくつかの役立つ手法がある．① 要求される部屋やスペースを関連の度合いによって結びつけたり離したりして全体をまとめていく「連結」の手法，② 集合住宅の住戸プランでは一般的であるが，外枠を決めておき，内部を分割して必要な空間を仕切ってゆく「分割」の手法，③ コートハウスに代表されるように，全体のフレームを設定して特徴ある空間構成をする，「切り取り」の手法，④ 住宅を構成する部屋や空間をある考え方によりグルーピングしてゾーンとし，それにもとづいて全体計画を行う「ゾーンプランニング」の手法，⑤ 一定のモデュールを基準寸法とする平面格子を下敷きとし，それに載せてプランニングする「グリッドプランニング」の手法，などである．それぞれの手法の特徴の理解と経験から設計者は独自の計画手法を生み出すことになる（図3.13）．

4) 断面計画

住宅では一般的に平面計画を重視しがちであるが，断面計画も生活行動や生活に与える空間の効果に大きな影響を与える．複数階の場合，同じ階に何をまとめるかは住みやすさに大きく関係する．また吹き抜けは1，2階の空間に関係をもたせ，小住宅に心理的な広がりをもたせるなど，設計計画上の手法として有効である（図3.14）．

5) 規模計画

住宅の規模算定は，何人の人がその家に住むのかがひとつの目安であるが，人数だけではなく，年齢，職業，趣味など住む人のすべての属性が関係してくるので標準を決めることはむずかしい．また収納面積も生活の仕方にかかわり，標準を示しがたい（工業化住宅などの目安は8〜15％）．特にわが国の都市部ではなかなか満足のいく面積を得ることができないという状況もある．しかし，それだけに水準を知り，バランスのとれた面積配分を行うことが必要である．現在，住宅政策上の水準規模は，第5期5カ年計画（1991年施行）の一般型，都市型誘導居住水準である．集合住宅など不特定多数の人が住む住宅の計画では，一般的に標準の家族を想定し計画するが，立地特性や企画意図により，多様な規模設定がされる．

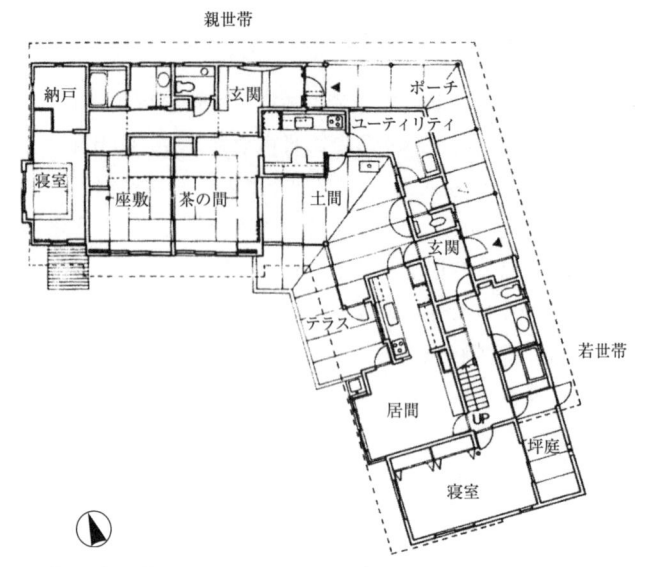

図 3.13 「連結」と「ゾーンプランニング」の手法を用いた例：七沢舎（小谷部，1995）

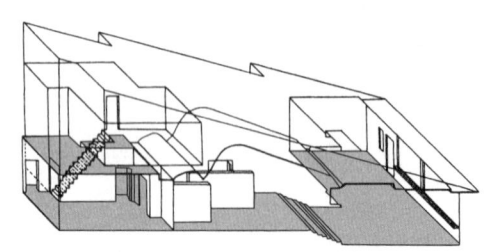

図 3.14 断面で考える：ルイ・カレ邸（Alvar Arlto 設計，1959，フランス）（日本建築学会編：「建築設計資料集成　居住」，2001）

6) 各室の計画上の留意点

ⅰ）**居間・食事室・客間**　住宅の中の公的ゾーンといえる．和風，洋風それぞれの様式にしたがって集まる人が心地よくいられることが肝心である．和風の場合，床の間，書院，縁側といったわが国の伝統的空間の様式美が心地よさに大きく働くこと，洋室の場合は部屋の大きさと椅子などの家具の量的バランスが大切であり，また椅子によって決定される人間の向きと距離に注意が必要である．小住宅の場合は，それぞれ独立した室としてではなく，家族が集まる場であり親

しい友人をまねく場でもあるなど，機能を複合化することで広さを演出したい．

　ii）**寝室・個室**　　それぞれプライバシーが必要だが，子どもにどの時期にどのような個室を与えるかは家庭でのしつけ方に関係することであり，子ども部屋すなわち勉強部屋といった安易な考え方は問題である．寝室・成人の個室は，衣類の収納の取り方がポイントである．

　iii）**便所・洗面所・浴室**　　衛生空間あるいはサニタリースペースという．各室，各ゾーンとの関係が重要であり，特に高齢者にとっては寝室との位置関係，ドアの開き，床の材質など安全に対する考慮が欠かせない．近年は，健康や癒し，楽しみの視点からの計画も注目されている．

　iv）**調理・洗濯など家事関係**　　現代の住宅内では家事作業は機械化，外部サービス化が進み，労働性は低下している．とはいえ，それらの空間配置や設備機器のきめ細かな設計は，住生活の快適性とつながってくる．特に男女とも仕事をもち，個人化が進む現代の生活の中で，家事は健康で自立した人間としての基本的な生活技術であり，家族のコミュニケーションの媒体でもある．特に調理は創造的行為でもあり，食事の場とともに家族のコミュニケーションの場として有効に計画したい．

　v）**収　納**　　住宅計画の中で収納計画は常に難題である．必要な収納量は家族それぞれ違うといってもよい．収納計画の考え方としては，量よりも整理の観点から家族の生活行動をチェックして，その行動にしたがってものを位置づけることが有効である．収納計画は住生活管理計画といえる．

　vi）**通行の空間**　　玄関・廊下・階段など人の動く空間は，建築空間としての演出の点からおろそかにできない．空間寸法もゆとりをもたせ，採光計画や照明計画も空間効果を考えたい．階段は単に上下階をつなぐだけでなく，空間にリズムを与えたり，断面的な空間の広がりを創出する．小住宅ではいかに通行だけのための空間を省くかがポイントである．

　vii）**書斎・和室・アトリエなど**　　生活時間のゆとりやライフスタイルの多様化により，住宅にも私的，公的なさまざまな室空間やスペースが付加されうる．それぞれの目的に沿った考慮点があるが，予備室・客間としての和室はわが国の伝統的様式の空間的特質をしっかりと継承したい．書斎，アトリエなどの空間はホームオフィスとして常に進展する情報機器の装備環境を考慮する必要がある．

　viii）**外部空間**　　住空間の快適性は住宅内部だけで成立しているわけではな

い．採光，眺め，通風がどのように得られるかということだけではなく，公道から玄関までの導入空間の計画や，たとえ小規模でも屋外生活を楽しめる庭の計画など，敷地内の空間はすべて生活空間の一部として考えたい．集合住宅においても，生活空間としてのバルコニー，住戸玄関前のポーチ的な空間挿入など，内と外の接点の計画が重要である．

h. 集まって住む

わが国にも長屋という，集合して住む住居形式があったが，公共住宅として現在のような上下に重なる集合住宅が供給され始めたのは関東大震災後に設立された同潤会（1928年）のアパートが始まりである．その後，第2次世界大戦後に大量の住宅建設が必要になり，1955年に日本住宅公団が発足した．最初は1住戸の面積が 40 m^2 弱の 2DK から始まり，現在は規模，平面型ともに多様なタイプが供給されるまでに発展してきたが，わが国において高密度に集まって住む住文化はいまだに未成熟であるといえる．高密度に集まることによってのみ可能な外部空間や共有の空間施設が計画されるが，その環境を享受するためにはルールが必要になる．集合住宅の居住経験が浅い日本人にとって苦手の部分で，集合住宅の快適性は今後この問題にかかわるといってよい．また，スクラップ・アンド・ビルドからストック形成の時代といわれるが，長寿命の躯体と住ニーズの変化への対応システム，建物のライフサイクルマネージメントの計画が重要である．居住者の管理運営に対する知識と参加も欠かせない．

1) 集合のかたち

図 3.15 は集合住宅の類型である．わが国ではタウンハウスやテラスハウスのような接地型の低層集合住宅はあまり普及していないが，土地のより有効な利用形態としてだけではなく，少子・高齢化時代の多様な居住形態の1つとしてその可能性が追及されるべきである．また現在，超高層住宅建設が活発であるが，子どもや高齢者の生活環境として，コミュニティの形成など，住居計画の視点からの評価，研究，開発はこれからの課題である．

2) 私・共・公スペースの計画

集合住宅の計画上の問題は，住戸の中と住棟と団地全体のそれぞれの段階にある．ここでは住棟について説明するが，日常的な住生活の快適性にかかわる計画として私的な住戸と住戸をどのようにつなぐか，住戸のグルーピングを住棟とし

3.1 住居の計画

て，また公共的な道路や隣接する環境に対してどのようなつなげ方をするかなど，いわゆる私と私，私の複合と公をつなぐ領域として共（コモン）の概念とその計画がポイントである．図3.16は住戸までのアクセス方式による共同住宅の平面型の分類である．それぞれに特色があるが，階段やエレベーターホール，廊下なども単なる効率や経済性を考えた通路としてだけではなく，住棟内のコモンスペースとしてその計画や設計は住戸の室内環境やプライバシー，住コミュニティの質ともかかわってくることを忘れてはならない．路地型やバルコニーアクセス型は，住棟内通路のコモンスペース化ととらえ

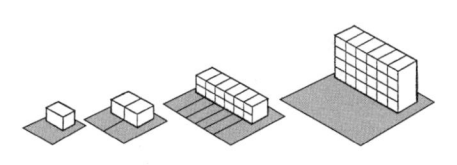

独立住宅　2戸建住宅　連続住宅　共同住宅

図 3.15 集合住宅の形成：集合の程度による分類
（鈴木，1975）

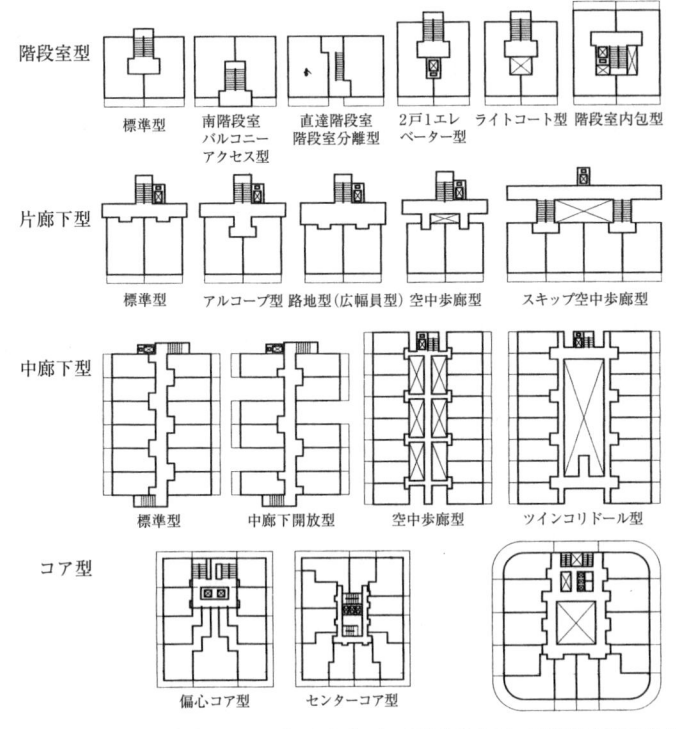

階段室型　標準型　南階段室バルコニーアクセス型　直達階段室階段室分離型　2戸1エレベーター型　ライトコート型　階段室内包型

片廊下型　標準型　アルコーブ型　路地型(広幅員型)　空中歩廊型　スキップ空中歩廊型

中廊下型　標準型　中廊下開放型　空中歩廊型　ツインコリドール型

コア型　偏心コア型　センターコア型

図 3.16 共同住宅のアクセス方式による分類（平面）（日本建築学会編：建築設計資料集成「総合編」）

ることができる.

3) 多様化する集合居住へのニーズ

わが国では集合居住の歴史が浅く，都市部でも依然として一戸建志向が強いが，住み続けるのに十分魅力的な集合住宅が供給されてこなかったことも一因である．しかし，経済成長第一の社会から持続可能な成熟社会への価値転換期を迎えて，住み続けることを前提とした，あるいはライフスタイルの表現としての集合住宅が住選択の1つとして注目されるようになってきた．住み続けるためには住環境として便利で魅力的であり，家族のライフステージに合わせた住み替えやリフォームができることも必要である．また，プライバシー確保はもちろんであるが，子育てにも，一人暮らしにも，高齢期でも安心して暮らせるコミュニティ環境が必要である．このようなニーズに対して，① スケルトンとしては長寿命でまちづくりに貢献し，住戸内部については自由なリフォームが可能なSI住宅（スケルトン・インフィル方式の集合住宅），② 会員制のサロンやレクリエーションルーム，情報システム，受付など，ホテル的な共用サービス付きのもの，あるいはキッズルームや保育サービス，高齢者対応住宅とセキュリティサービスなどの生活支援付きのものなど，さまざまな付加価値をそなえた集合住宅が商品化されている．

一方，集合住宅でも既成のプランやサービスではなく，③ 居住者が自分自身の納得する住まいを手に入れるために，自ら住まいづくりに参加する居住者参加型住まいづくりがある．コーポラティブハウジングは30年近い歴史があり，個別設計，納得のいく価格，コミュニティ形成の点で優れたつくり方の手法である．また近年は，少子・高齢化で小家族や単身居住の増加，女性の社会進出の一般化，環境問題などを背景に，それぞれ独立した住戸をもちながら血縁にかかわらず日常生活の一部やスペースを共同化し，自立共助的な暮らし方を目指すコレクティブハウジングが注目されている．わが国では1995年の阪神淡路大震災後に公営の高齢者対応住宅にその考えが取り入れられたのが最初だが，欧米では1970年代末頃から現代社会におけるライフスタイルと住選択の1つとして年代を問わず取り組まれている．なお，わが国でも多世代の事例が生まれつつある（図3.17）.

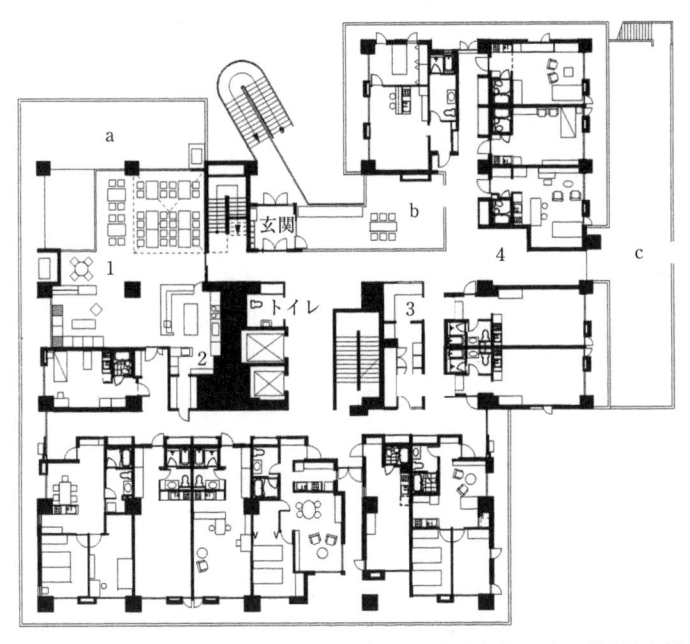

図 3.17 コレクティブハウス「かんかん森」2 階平面図（2003 年 6 月入居予定）
主な共用スペース
(内部)：1. コモンダイニング・リビング，2. コモンキッチン，3. ランドリー，4. 子どもコーナー
(外部)：a. 屋外テラス，b. 工作テラス，c. 菜園

3.2 住居の設計

a. 設計プロセス

住居に限らず，建物は企画—設計—建設というプロセスを経て完成される．したがって，狭義の設計とは企画されたプログラムに沿ってデザインを練り建設のための設計図を作成することであるが，実際の設計業務では企画から建設の完成までの，図3.18のような行為の総体をいう．

1) 企　　画

企画は設計のための与条件づくりである．住居の設計依頼の多くの場合はすでに建設地があり，予算や規模その他さまざまな要求が与条件という形で設計者に指示される．しかし，集合住宅のようにある程度の規模があり事業として計画される場合には，土地の選定や利用計画，資金計画に至るまでいわゆる企画業務が

```
┌──────────────────────┐ ┌──────────────────────┐ ┌─────────────┐
│      企　画          │ │      設　計          │ │   建　設    │
│ ┌──────────────┐    │ │ ┌──────┐  ┌──────┐ │ │ ┌────────┐ │
│ │企画または基本計画│──┼─┼→│基本設計│─→│実施設計│─┼─┼→│現場監理│ │
│ └──────────────┘    │ │ └──────┘  └──────┘ │ │ └────────┘ │
└──────────────────────┘ └──────────────────────┘ └─────────────┘
```

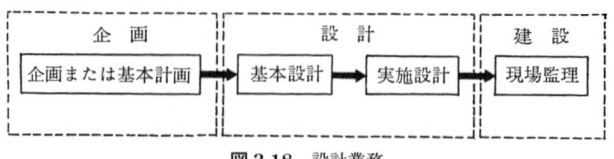

図 3.18　設計業務

先行する．プロジェクトの内容によっては，不動産鑑定士，弁護士，経営コンサルタントなど他の専門家が加わる場合もあり，この段階では必ずしも設計者が主導でない場合もある．成果は企画書または基本計画書としてまとめられるが，事業として可能な複数案を提示する場合が多い．

また，コーポラティブハウジングのように複数の入居希望者が集まり共同で建築主になる場合も，企画段階での調整が重要な役割を果たす．営利が目的となる企業主体のプロジェクトと異なって，住まい手となる人々の住空間への要求がプロジェクトの軸になるため，設計者が企画を主導することが多い．

2）基本設計

基本設計とは，建築主からの要求事項，あるいは承認を受けた企画書にもとづいて与条件から設計の目標を設定して，必要な情報を収集し，建築としての形にしていく段階である．アイディアを練り，設計条件を満足させるように設計案を展開，検討して計画決定に導くプロセスである．設計者の住居に対する考え方，的確な情報収集能力と評価の能力，経験や知識，そしてデザイナーとしての構想力が発揮される段階でもある．

　ⅰ）**与条件の把握**　実際の住居の設計は，さまざまな与条件に拘束されている．豪雪地帯の民家は，その雪に耐えるように屋根の形状や材質，工法が決定されていた（図 3.19 (a)）．あるいは沖縄の民家は高温多湿な気候の中でできるだけ快適にすごせるように開放的なつくりになっており，外部空間と一体的に構成されている（図 3.19 (b)）．同時に台風時の強風にそなえて，その住居の周辺は石垣やフクギの生垣にしっかりと囲われており，これが街路に対して独特の景観を形成していた．かつては住居の多くの部分をこうした自然条件が決定していた．そして，現在の住居の設計にあたっても自然条件が重要であることはいうまでもない．確かに技術の進歩によって，われわれは夏も涼しく，冬も暖かくすごすことができる．しかし，そうした技術によって自然環境に負荷をかけてきたこ

(a) 白川郷の合掌造り　　　　　　　　　　(b) 沖縄の民家

図 3.19　わが国の民家（A.D.A. EDITA）

とも事実である．したがって，できるだけ自然の条件を設計の中に取り込み，その自然環境に合った平面計画，断面計画，素材の選択がされることが望ましい．

　しかし，現在の住居の設計にあたっては，自然の条件の他にも把握しなければならない与条件が多数ある．たとえば，都市は人が集中して住むことによって，居住環境としての問題も山積している．一戸が火災を起こしたらすぐに隣地へ類焼してしまう．こうした事態を避けるために，都市の住居には耐火や防火の性能が要求される．その他にも，地域の環境を守り，互いに安全に快適に暮らしていけるように，建築基準法をはじめとしてさまざまな法律が制定されている．法律は直接的に建物の大きさや高さ，構造に制約を与えるものであるから，十分に関連の法規をチェックし，またその法の主旨を理解し設計にあたることが重要である．

　また計画地が，歴史的保存地区や国立公園などに立地する場合には，特に厳しく環境への配慮が求められ，建築物の色や屋根の勾配など，その形状について細かな制限が与えられる．建築はできあがってしまえば周辺の環境の一部となる．したがって，その建築が周辺環境にどのような影響を与えるかを考えなくてはならない．法的な制約によって規定されない場合でも，それぞれの場所に固有の自然があり，歴史的な背景がある．必ずしも周辺環境が良好といえない場合もある．

そうした場合でも，その環境の中で建築がなしうることを，その建築単体の問題としてではなく，環境の一部としての建築という視点でとらえることが必要であろう．その意味でも，設計者は計画地を事前に訪れて十分に観察すべきであることはいうまでもない．

通常，設計にかかわる与条件の整理は個別の建築主によって敷地が提示されることから始まる．敷地の規模，形状，接道状況，周辺環境は，まず目前にあらわれる条件である．そこから，先に述べたような法的な条件や周辺環境との問題が導かれる．さらに，建築主から予算や家族構成などの条件が提示される．その住居がどのように住まわれるのかを知らなくては設計を行うことはできないが，家族構成を知っただけでは生活を把握することはできない．ライフスタイルにかかわる条件は最も整理することがむずかしい条件である．それは，数値で提示されたり，目に見えたりするものではないだけでなく，建築主自身のイメージが確固としていない場合や，建築主が複数の場合には，その意見を調整しなくてはならないためである．チェックリストや質問書によって条件を整理していくことも重要であるし，建築主の仕事や趣味，人間関係，生き方などライフスタイルを設計者が理解するために，面談を重ねながら仕事を進めて行くことは信頼関係の確立のためにも有効な手段である．建築主と設計者の協調関係が設計を進めていく上での前提条件である．

ⅱ）目標の設定とプログラミング　　先に述べたような与条件はどれも無視して設計を進めることはできないが，すべての条件が同じように設計に影響を与えるわけではない．たとえば，住居を設計するにあたってその敷地が非常に狭小な場合には，その敷地からくる制約がその建築を特徴づけるだろう．設計者はここで，自ら目標を設定しなくてはならない．つまり，狭小な敷地の中で，周辺の環境に対してどう関係をつくるのか，家族内のプライバシーについてはどう考えるのかなど，面積で解決できない問題を設計の中で解いていかなくてはならない．しかし，負の条件はしばしば，建築としての住居を特徴ある個性的なものにする可能性があり，計画を進めていく原動力にもなる．

もちろん，特徴的な条件とは負の条件ばかりではない．自然環境に恵まれた立地がその建築を特徴づけるかもしれないし，多世代で暮らすといったライフスタイルにかかわるものかもしれない．いずれにしろ，与えられた条件を順位づけ，整理し，新たな目標として設定する必要がある．同じ条件下でも，設計者によっ

てその目標は異なる．それは機能的，定量的に見える与条件も設計者の問題意識や主観によって評価の仕方に差異が出，それが異なる目標の設定につながるためである．目標とは，言葉を変えれば設計のテーマ，あるいはデザインコンセプトということになる．

プログラミングは，与条件の整理によって設計の対象（住居の種類・建設場所・規模・予算・工期）などについて明らかにし，設計スケジュールを立てることである．設計のテーマも建築主とのやり取りの中で固まっていくものであるから，設計の進め方に対する設計者と建築主の合意が必要である．

iii) **計画案の作成**　計画案の作成に先立って，設計者はアイディアスケッチを重ねる．設計の目標，テーマは建築としてのかたちや空間のイメージをともなっていることが多い．そうしたイメージは周辺の環境から喚起される場合もあるし，建築主の暮らし方から発想される場合もある．また，構想を建築化するためには過去，現在にわたる優れた建築にみられる空間構成の手法や特徴に対する教養もなくてはならない．風土に溶け込んだバナキュラーな住居について研究することも，その地域の自然の条件と建築の形態がどのようなかかわりがあるかを知る上で大きな手がかりとなるだろう．さらに，空間のスケール，プロポーション，色，テクスチャーなどの決定に際しては，空間体験を通して得られた感覚も大きく影響する．開口部のとり方によって光の入り方や空間の広がりに対する効果も異なるが，このようなことは空間体験を通して学ぶところが大きい．優れた建築や空間を体験することはデザイン力の向上につながる．

アイディアスケッチはフリーハンドで平面，断面，パース，アイソメ（軸測投影図）などを描くことから始めることが多いが，最初からボリューム模型などの3次元のスタディをする場合もある．いずれにしろ，模型やパースなどは立体的な思考に欠かせないエスキースの手段である．また，コンピューターを利用してその空間がどのように見えるかを動的にシュミレーションすることもできる．構想が形を得るプロセスは必ずしも順序だって論理的に進むものではない．何度も平面的，立体的な思考がくり返され，思考錯誤の中から，設計の目標としたことがより具体的なかたちであらわれてくるのである．エスキースの段階では，個人住宅や小規模な集合住宅なら，敷地全体の計画や配置計画は 1/100，1/200 などの縮尺が便利であるが，内部空間の検討では 1/50 以上の縮尺でのスタディが必要である．

計画案の作成にあたっては，そこで新たに発見された問題に対しての情報収集も必要であるし，また構造や設備の上でも実現可能なものでなくてはならない．こうして作成された計画案は，建築主の了解を得て，基本設計図としてまとめられる．通常，基本設計図とは，配置図，各階平面図（1/100，1/200），立面図（1/100，1/200），断面図（1/100，1/200），主要部分矩計図（1/50，1/20），構造計画，設備計画，主な仕上げ計画，概算見積書などを含む．

3) 実施設計

基本設計で確認された案の細部を決定し，工事発注のための図面を作成する段階である．この図面をもとに最終的な工事金額を算出する．また実施設計図には，設計者の意図をつくり手に正しく伝達するという役割もある．

具体的には壁や床などさまざまな材料を決定し，細部の納まりの詳細図をおこす．また設備や構造上の問題を解決し，意匠，構造，設備の考え方に齟齬のないように調整しなくてはならない．詳細図は，設計者のものづくりへの執着があらわれる図面である．また，実施設計図の作成には高度に専門的な知識や技術的情報の収集が必要であり，現場での経験も要求される（表3.1）．

4) 現場監理

現場監理に先立って工事者の決定が行われる．工事者の決定は，特命（あらかじめ業者を決定して発注する），見積合せ（数業者に工事見積を依頼し，内容が適切な業者を選ぶ），見積入札（見積金額の最も安い業者に決定する）などの方法があるが，工事者の技術力，見積内訳書の内容の適切さについての評価も設計者の重要な役割である．

現場監理は設計図書に忠実に建設が行われているかどうかをチェックする業務である．具体的には，施工図のチェックや原寸図の作成，材料や色の決定，設計変更などの業務を含む．

設計の目標は計画された建物および環境計画の実現であるから，設計者にとっては建物の完成が設計の完了ととらえることができる．しかし，住居は住まれることによって，あるいは経年変化によってどんどん変化し続ける．その変化の中で，建築として，住居の性能が保持されているかどうかを見つめ続けることも設計者として重要なことである．

3.2 住居の設計

表 3.1 設計図面の種類

図面名称	縮尺	内容
意匠図面		
表紙	──	作品名，設計者名，設計期日．
建築概要書	──	建物の規模，階数，構造，設備の概要．
仕様書	──	工法や使用材料の種別，等級，方法などの指示．標準仕様書の銘記．
面積表	──	求積図，建築面積，延床面積，建ぺい率，容積率などを記入．
仕上表	──	外部，内部の表面仕上材，下地，備品などの指示．
案内図	1:500〜3,000	敷地案内：都市計画的関連，方位，地形など．外積平面図を配置．
配置図	1:100, 200, 500	建物の配置：敷地境界線からの距離，前面道路，方位．
平面図	1:100, 200	部屋の配置を平面的に示したもの．平面方向の寸法，仕上記入．
立面図	1:100, 200	建物の外観，普通は東，西，南，北の4面．仕上の区分．
断面図	1:200, 200	建物の垂直断面．GLから断面方向の寸法記入．
短計図	1:20, 30, 50	建物と地盤，垂直方向の各部納まりおよび寸法の基準図．
詳細図	1:5, 10, 20, 30	出入口，窓，階段，便所，その他の主要部分の平面，断面，展開，部位の詳細．
展開図	1:20, 30, 50	各室の内部の展開，北から時計まわりにかく．設計関係の取付けも一緒に示す．仕上記入．
天井伏図	1:100, 200	天井面の仕上材，割付，証明の位置など記入．
屋根伏図	1:100, 200	屋根面の見おろし図，形状，仕上，勾配，雨樋など．
建具表	1:50	建具の意匠，構造，仕上材，付属金物，個数を示す
現寸図	1:1	実物大の各部取合い，仕上げの詳細を示す．
外構図	──	外構の平面，玄面図，各部の詳細図．
透視図	──	雰囲気や空間の構成を理解しやすいように透視図法により表現したもの．
日影図	1:100, 200	冬至における日照状況をかく．
積算書	──	コストプランニングや工事概算など．
構造図面		
仕様書	──	工法，材料，メーカーなどの指定．
杭伏図	1:100, 200	位置，大きさなどを示す．
基礎伏図	1:100, 200	基礎の形状などを示す．
床伏図	1:100, 200	床材の位置，大きさ，形状などを示す．
梁伏図	1:100, 200	梁材の位置，大きさ，形状などを示す．
小屋伏図	1:100, 200	小屋梁，材料の大きさ，位置，構法などを示す．
軸組図	1:100, 200	柱，間柱等の垂架構造材を主に示す．
断面リスト	1:20	柱，梁，床，階段等の断面リスト，詳細を示す．
矩計図	1:20, 50	柱，梁の垂直方向の架構詳細図．
詳細図	1:5, 10, 20	梁構部分の詳細のほかに階段の手すりなど．
構造計算書	──	構造設計図の根拠となるもの，強度の計算．

b. 設計の諸分野

住居をつくるには，材料・設備・構造・環境工学および各種の工事施工技術などさまざまな技術が必要である．快適で安全な生活を実現するためには，これらの技術を設計者が適切に選択し，建築物として統合していく必要がある．それらの技術から空間的に要請される事項はばらばらである．たとえば，必要な天井高をとるためには構造体の寸法を決定するだけでは不十分であり，空調機や設備のための空間を含めて考えなくてはならない．近年，住居にかかわる技術は進歩すると同時に多様化している．設計者はそうした多様な要素をデザインの中で1つの建築として統合させなくてはならない．また，建築の規模が大きくなったり，機能が複雑なものに関しては，それぞれの専門分野の技術者の協力も不可欠である．

1) 意匠設計

建築主から設計依頼を受けて要求事項をまとめ，間取りや立体的形態・材料や色彩・意匠的な納まりを決定する．ただし，それらの決定は設備や構造のあり方と密接にかかわってくる．したがって，意匠設計の担当者は各専門分野の調整役を務めるとともに，その建築にかかわる全体の予算を把握し，コストコントロールを行う．

2) 構造設計

意図する生活空間を実現するためには，基本プランに対して，合理的で経済的な構造の材料と架構のシステムが提案されなければならない．

木，コンクリート，鉄のいずれの材料を構造体として使うのか，軸組構造にするのか，壁構造にするのか，あるいはドームやシェルなどの特殊な構造にするのかは，計画の初期の段階で決定される必要がある．どんな構造体を採用するのかによって空間の質は大きく変化する．鉄筋コンクリートの壁構造では比較的内部と外部をはっきりと分けるような囲い度の高い空間が構成されるし，鉄骨の軸組構造であれば，外部に対して開放的な空間がつくりやすい．

構造の選択はまた，予算や耐久性とも大きなかかわりがあり，求められる空間の質と合わせて総合的に選択される．しかし，土地の法的規制，周辺環境，予算などから，あるいは造形的イメージから，最初に構造システムが設定され，そのシステムに生活空間を織り込んでいくというプロセスをとる場合もある．

また，建築を構造躯体（スケルトン）と内装や設備の部分（インフィル）とに分けて，住生活の可変的なファクターに対して建築が適応できるようにし，建築

の長寿命化を図ろうという考え方もある．その場合，構造躯体は高い耐久性と時間に耐える空間のフレームとしての普遍性の高い設計が求められる．

3) 設備設計

生活の支持系統として設備設計の重要性も見逃せない．基本的には，給排水衛生，給湯，換気，冷暖房などの機械設備，照明，電灯コンセント，通信などにかかわる電気設備である．また通信情報システムの進展は住居のあり方にも大きな変化を与えると予測される．防犯装置や各種機器の自動制御などに始まり，IT関連の技術の進歩は住居と仕事場という分化をあいまいにする可能性があるし，高齢者の生活をそうした技術でサポートすることもすでに行われている．設備関連の技術は日々進歩している．建築の躯体も変化する設備機器への対応をあらかじめ配慮し，十分な階高や余裕を見込んだ配管スペースなどが確保されていることが望ましい．また，設備機器や配管は通常，建築の躯体に比べて寿命の短いものがほとんどであるから，その更新についての配慮も必要である．

住居の建設コストの中で，近年設備関連のコストは増大の一途にある．また，それにともなって設備が占めるスペースも増大の傾向にある．生活の利便性を求める欲求は尽きないが，限られたコストや空間の中で，居住者のライフスタイルに即した設備が選択されるべきであろう．

4) 外構設計

建築はほとんどの場合，その周辺に外構をもち，その外構を介して道路や街並みと接している．したがって，その計画は住居のプライバシーを確保するためにも重要であるし，また街並みの一部としての公的な意味合いもある．

外構設計は，駐車場の位置や排水などを考慮しながら敷地の造成を決定し，その植栽や舗床をデザインする．外部の照明計画や門扉，塀など文字通り公的な空間と接する部分のデザインも含まれる．また，それらは建築本体，特に外壁の意匠と協調したものでなくてはならない．小規模の住宅の場合には意匠の設計者が同時に行うのがほとんどであるが，大規模な集合住宅などでは専門のランドスケープデザイナーが担当する場合もある．

3.3 住居の意匠

a. 空間の造形

「意匠」とは，形や色を工夫することで，今日ではそれに相当する言葉として「デザイン」が用いられている．また，あらゆるものがデザインの対象になっている時代であり，世界中に多彩なデザインが展開している．デザインとは具体的な「用」から始まって，その目的に応じたものを制作することである．制作においては，機能，素材，技術，造形などの総合的な思考が要求されることになる．この制作物は視覚化されることで，美的効果も生じている．制作物に対して美的側面を重視して探求する，それが「意匠」の意義である．

住居の営みは人類の歴史と重なっている．その意匠に注目しても，住居に対する工夫には膨大な蓄積がある．古今東西の住居の優れた意匠から多くを学ぶことができる．ここでは住居の意匠として，空間造形を基本的な課題にしておきたい．

1) 空間体験

われわれは常に空間の中に身をおいている．街を歩いていても，意識的ないし無意識的に，空間は体験されているのである．体験では，形や色などに加えて，さまざまな情報が認識される．空間では距離や方向も関係する．これらは光によって視覚化された現象によるところが大きい．形，色，距離などは長さ，大きさ，重さなどによって物理的に示すことができる．一方，人間の知覚からすれば，刺激に対する順応性，錯視や，形と色の恒常性，色の対比と同化のように，必ずしも物理的性質に対応しない現象が認められる．形や色を感知する人間の側の生理的反応や，心理的反応によるからである．

住居や，建築の空間は，材料，構造といった実体をもって構築される．また，それは用途や機能といった目的に適い，人体寸法に即したものでなければならない．前者を物理的空間，後者を事物的空間と称したりするが，その思考は合理性に向けられている．しかし，空間体験には，感覚的な反応や非合理的な思考が喚起され，感覚的な快・不快にみられるような反応を生じる．このような生理的・心理的な現象によって空間が示されたとき，それを現象的空間と呼ぶが，それがしばしば美的体験をもたらすことになる．特殊な場合，神秘的な啓示を体験することもあり，それを超越的空間と呼んでいる．

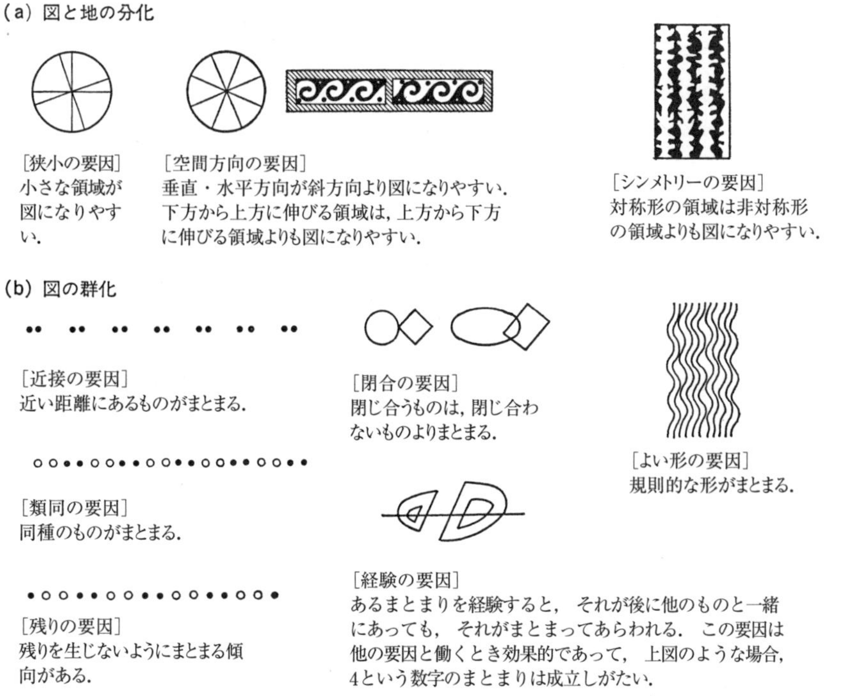

(a) 図と地の分化

［狭小の要因］
小さな領域が図になりやすい.

［空間方向の要因］
垂直・水平方向が斜方向より図になりやすい.下方から上方に伸びる領域は,上方から下方に伸びる領域よりも図になりやすい.

［シンメトリーの要因］
対称形の領域は非対称形の領域よりも図になりやすい.

(b) 図の群化

［近接の要因］
近い距離にあるものがまとまる.

［閉合の要因］
閉じ合うものは,閉じ合わないものよりまとまる.

［よい形の要因］
規則的な形がまとまる.

［類同の要因］
同種のものがまとまる.

［残りの要因］
残りを生じないようにまとまる傾向がある.

［経験の要因］
あるまとまりを経験すると,それが後に他のものと一緒にあっても,それがまとまってあらわれる.この要因は他の要因と働くとき効果的であって,上図のような場合,4という数字のまとまりは成立しがたい.

図 3.20　形態の法則性（ゲシュタルトの要因）

2) 形態と空間

　形では，直線・平面・直方体・円・球などの幾何学的形態に対して，動・植物の自然の形状を有機的形態というように類別する．しかし，それがどれほど複雑な様相を呈していようとも，その表面は点・線・面に還元され，立体であればそれらが3次元で構成されている．形態の要素をこのように単純にすることで，造形の原理的な仕組みについての理解が行われてきた（図 3.20）.

　住居や，建築の形態は多様な造形要素

統　一 (unity) と　変　化 (variety)

調　和 (harmony) ─┬─ 類　似 (similarity)
　　　　　　　　　└─ 対　比 (contrast)

均　整 (balance) ─┬─ 対　称 (symmetry)
　　　　　　　　　├─ 非対称 (asymmetry)
　　　　　　　　　├─ 比　例 (proportion)
　　　　　　　　　├─ 主　導 (dominance)
　　　　　　　　　│　　と
　　　　　　　　　└─ 従　属 (subordination)

律　動 (rhythm) ─┬─ 漸　増 (gradation)
　　　　　　　　　├─ 反　復 (repetition)
　　　　　　　　　└─ 抑　揚 (accent)

図 3.21　形式美の構成原理

による複雑な組み合わせから成り立っている．外観で屋根，壁，窓など，より外部に及べば，庭，塀，さらに道路，街へ．また内部では床，壁，天井，家具などの諸要素の集積である．形態の構築性からみれば，各構成要素すなわち部分を統合して，集合的かつ包括的な全体の形態に至る．他方，造形における創作や鑑賞では，部分と全体が可逆的，反復的，循環的に展望されうるであろう．形式美の「多様における統一」は，このような部分と全体の関係からもたらされる（図3.21）．

　形式美は造形全般に認められるものであるが，空間造形の場合は，それ自体を一望するような単一の視線のみでは，形式美をとらえきれない点に特色がある．外壁を境に外側と内側とで外部空間と内部空間に分かれる．外部空間の広がりを延長すれば都市空間，内部空間を区切ることによって室内空間といったように各種の空間が自在に設定される．また，各空間が閉ざされずに連続するような開放性も設定できる．

　住居や，建築の造形では，一個の単独で完結した形態になるとともに，街の中に建つような場合，周囲の景観との関係は避けられない．空間造形の観点からは，それらが集合した街並みとしての形態や空間が考慮される必要がある．

3）造形美

　美とは何かという命題は，古来より哲学的に論じられてきた．また洋の東西を問わず，美的対象は豊富である．美の思索は活動形式からみて，享受（観照）の美と創作の美に大別されるが，おおむね前者によって深められてきたといえる．

　西洋社会では，15世紀，ルネッサンスによって宗教的世界観から離脱して，古代ギリシア，ローマに目が向けられた．この変革は，科学精神を基調にするデカルトの合理主義思想に結実している．それは今日の科学文明を築き上げた近代精神の礎でもある．当時，美は，人間性，あるいは個性の表現としてその独創性が称揚され，天才や霊感が論じられ，情念によって感情的な面にまで及んだ．また，従来の有用性や善の概念から美を切り離した．バウムガルテンは美学を「感性的認識の学」として誕生させ，以来，美を認識論的な視座で直感的な快感情にみることになる．

　カントは最高の美を「目的なき美」の自然美としたが，完璧性による理想的な「美」，巨大・超越的な「崇高」，小さくてかわいい「優美」といった分類を行っている．ドイツ観念論の巨頭，ヘーゲルは従来の美学を総合し，美を「理念の感

覚的現象」と述べて，芸術美を弁証法的に把握している．

19世紀，芸術は古代ギリシア・ローマの美を理想とする古典主義と，中世キリスト教世界での北方民族意識を反映したロマン主義の思潮に大別された．近代の芸術では，それまでの様式や装飾が否定されて，合理性や抽象化が探求され，近代人の自我の問題も表現

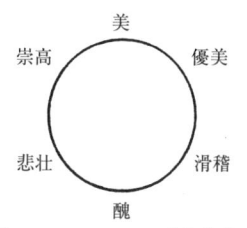

図 3.22 デッソウの美的範疇

の前面に出てきた．美の範疇は近代の表現によって拡大することになるが，ディルタイやデッソウはその関係を，理想美を中心にして図式化している（図 3.22）．

b. 近代デザイン
1) 近代の始まり

造形における近代の歴史区分は，さしあたって手工業が高度に発達した段階と，機械工業が勃興した時期が交錯した19世紀に求められよう．19世紀の建築では，種々の復古的な様式が選択，折衷的に用いられ，歴史主義にもとづいた造形が行われた．前近代の造形では装飾が不可欠な要素であり，装飾を付加することで，独自の美的効果や象徴的効果を生成した．造形は表面を絵画や彫刻で飾り，豊穣な細部で満たされていたのである．

2) 近代美の成立

ⅰ) **技術と機械美**　産業革命のもたらした機械生産によって，かつての貴重な素材が安価で大量に供給された．ビルディング・エンジニアは，科学的・工学的な思考をもとに，鉄，コンクリート，ガラスなどの近代材料を効果的に使用した．彼らの設計は，橋梁，工場，駅舎などの新しい種類の構築物から始まり，大スパンの架溝，光の溢れた屋内など，新しい空間が追及された．

ⅱ) **中世主義**　機械生産の初期の段階では，装飾として手仕事の表現を模したものを付加していた．そこでは，手による精緻さと人間的なぬくもりにはとうてい及ばない俗悪な類似品もつくり出されたのである．機械での造形に批判的な思潮は，工業化が早かったイギリスにおいてあらわれ，ウィリアム・モリスによってアーツ・アンド・クラフト運動が起こされた．手仕事による工芸美の追及から民衆の素朴な造形へと関心の幅が広がり，中世の職人社会を理想化したような工房で，生活に身近な作品がつくられた．

iii) **アール・ヌーボー**　アーツ・アンド・クラフト運動は，世紀末，フランスを中心としたヨーロッパ大陸に影響を与え，それはアール・ヌーボーと呼ばれた．その造形は，流麗，不定，渦巻くような種々の曲線によって有機的な形態を呈した．感情のゆれを表出し，軽妙で柔和な雰囲気，さらには情念や官能性の世界に誘うのである．この新しい表現は装飾性の強いものであったが，近代材料，とくに鉄の造形に生かされた．当時，盛んにつくられた鋳鉄には，鋳型から自由な形状に加工できるという特性があったためである．

　ドイツではユーゲント・シュティルという運動になった．オーストリアではウィーンにおいてゼツェッシォン（分離派）が結成され，オルブリッヒ，ホフマンによって新しい造形が生み出された．この運動にかかわった人々の指導的立場にいたのが，建築家のオットー・ワグナーであった．彼は『近代建築』という著書によって，「① 目的を正確にとらえて，これを完全に満足させる．② 材料の適当な選択．③ 簡単にして経済的な構造．④ 以上を考慮した上で，きわめて自然に成立する形態．」という近代建築の4原則を示した．

　一方，スペインではアール・ヌーボーの風潮，ゴシック建築，イスラム建築の伝統の中から，曲線や曲面を全体から細部に至るまで有機的に用いた造形がガウディによって創造されている．これはガウディ独自のものであり，他に類のない表現となっている．

iv) **前衛的表現**　第1次世界大戦後，各国で新しい表現をもった造形運動が展開された．イタリアの未来派，ドイツの表現主義，ロシアのシュプレマティズム，構成主義（フォルマリズム），オランダの新造形主義，デ・スティル，フランスのエスプリ・ヌーボーなどである．これらの運動は理想主義，芸術至上主義的な性格が強く，個性的表現を模索したものであった．近代絵画におけるキュービズムなどの前衛的な芸術創造に啓発，刺激され，ときには志向や歩調を同じくしていた．

　ロシア・フォルマリズムは，社会主義思想，ロシア革命の思潮の中で，工業化社会を理想化した．機械生産を前提にした幾何学的な形態が組み合わされて，前衛的な抽

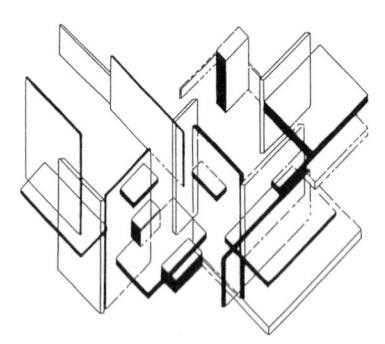

図 3.23　建築の構成（新造形主義のドースブルグによる）

象形態が表現された．新造形主義およびデ・スティルは直線や平面を水平・垂直に組み合わせて，変化のある空間をつくり出した．ここで示された立体構成，空間構成の原理は，近代美の確立に大きな影響を与えている（図3.23）．

　機械生産が進むにしたがって，付加的な装飾は合理性・経済性からみて意義を見出せなくなった．装飾を野蛮，非文明的とみなし，装飾は罪悪であるといったのはアドフ・ロースであった．美的理念の面からも装飾は否定されたのである．

3）　モダニズム・デザイン

　ⅰ）　バウハウス　　造形教育の革新を目指した学校がドイツで設立された．バウハウスと呼ばれ，建築家グロピウスが初代校長になった．その造形は表現主義的性格から構成主義的性格に移行し，校長がハンス・マイヤーの代に機能主義の造形へと収斂していった．機能主義による造形は，機械生産を積極的に評価することによって，工学的表現に接近した．その建築表現の特徴を簡潔に述べれば，

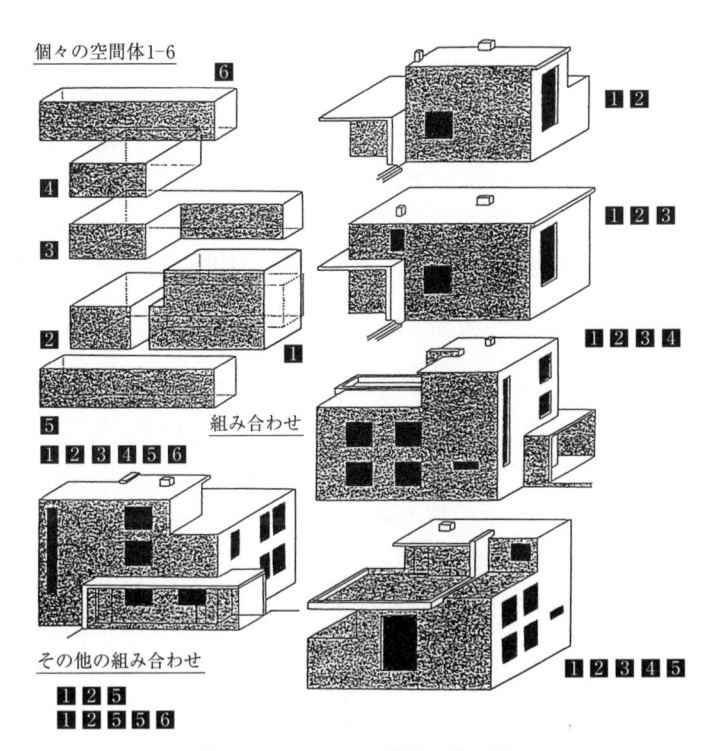

図 3.24　バウハウスの建築造形の方法

箱型の建築として表現されたことである（図3.24）．

ii) 機能主義　工業化資本主義社会の中で，機能主義の造形は功利的，禁欲的倫理の面から理解されることによって，世界的に普遍な，いわゆるインターナショナル・スタイルを確立した．そして工業生産の進展とともに国際的に波及し，モダニズム・デザインとして定着するのである．このデザインは，幾何学的なプラトン立体の分割・結合などによって生じる構成美を基本にしている．さらに，生産性と禁欲的倫理を反映し，工業化，規格化，標準化が推進され，装飾は排除された．モダニズム・デザインによる近代美を合理主義思想で純粋化させると，機能美という言葉で示されよう．

近代建築家の国際会議（CIAM）の第4回（1933）では，「建築および都市計画における社会的，科学的，倫理的，および美学的概念と一致する環境の創造と，それによる人間の精神的，物理的満足．またコミュニティの生活と統一された個性の発達，ならびに人間の活動と自然環境の調和の育成」とされ，ヒューマニズムによるユートピアの実現を謳歌している．ここでは，モダニズム・デザインが科学と個性の弁証法的展開であることが示され，機能主義が理想化されている．

iii) アール・デコ　モダニズム・デザインが成立する過程には，他方で近代的な装飾をつくり出そうとする動きがあった．1920～1930年代，それはアール・デコと呼ばれた．ここでは，直線，ないし幾何学的な形態や模様，異民族特有の造形，さらに金属的な光沢，ネオン管による照明が装飾として用いられた．禁欲的倫理観を払拭した近代的感覚，高級イメージ，エキゾティズムなどが巧妙に表現されたのである．

iv) 3人の巨匠　モダニズム建築は，3人の巨匠によって造形的な高峰がきわめられた．ル・コルビジェは，コンクリートの可塑的性質を巧みに使い，ピロティ，屋上庭園，自由な平面，横長の窓，自由なファサードを提唱し，光と影の対比的な造形表現を行った（図3.25）．ミース・ファン・デル・ローエは，鉄とガラスによって直線と平面の構成による美的表現をきわめた．彼はユニバーサル・スペースという概念をもたらし，複雑な造形要素を単純化し，全体を統一された秩序で表現している．箱型の建築にとらわれなかったフランク・ロイド・ライトは，平面的な広がりと軒を出すことによって水平線を強調し，その伸びやかな水平線に対して垂直性を交錯させて造形表現の可能性を拡大し，さらに有機的建築へと発展させている（図3.26）．

図 3.25　サヴォア邸（ル・コルビジェ）　　　図 3.26　落水荘（フランク・ロイド・ライト）

　巨匠達は，近代材料の特性を表現するデザインを開拓するとともに，洗練された造形にまで押し進めた．近代精神はこのような合理的思考とともに，個性的な自我や情念にも意識を注いできた．巨匠の作品が独創的なのは，それが先見性を示しているだけでなく，偉大な個性の表現があったからである．第 2 次世界大戦後は，国際的にもその影響力は多大なものがあり，このため彼らの作品をもってモダニズム建築の古典とすることができるのである．

4）　美の生産と消費

　モダニズム・デザインは機械生産における合理性を重視し，技術革新の成果を表現することになった．大量生産は製品を安価に供給するためには不可欠なことであったが，共通なものが出回ることで没個性の傾向も生じた．この過程で，生産が消費を上回る事態も派生してきた．生産過剰な時代に消費を高めようとすれば，製品に新たな魅力をつくり出すことが必要である．

　デザインを享受する人達を視野に入れれば，消費の動向は無視できない．消費性向を高めるために，見た目の変化から新たな魅力を実現することになる．歴史的形態に依存したり，付加的な装飾を重視し，造形表面の転換が図られる．プロダクト・デザインの分野では，この現象は一過性のものでなく，流行的にくり返されてきた．商品化の進展においてもデザインが活用されてきたといえよう．

5）　近代美の展開と変容

　ⅰ）　技術革新の表現　　モダニズム・デザインは，技術革新がもたらした鉄とコンクリートとガラスによる近代的表現を確立した．今日の建築では，その顕著な成果として超高層建築をみることができる．外壁のカーテンウォールは工場生産され，現場生産にない精度で，皮膜的な外観を表現している．建築の工業化

が進み，工場製品を多量に使うことから，職人達の手による表現は消失している．

ⅱ) **多様な表現**　モダニズム・デザインの主流は，技術革新や生産性の向上を反映した表現から外れることはなかった．これに対し，工場生産による高度な技術革新の方向とは異なった視座から，新傾向の造形も開花した．ポスト・モダンと呼ばれた現象では，歴史的な意匠や，地域個有の意匠，さまざまな文化，風俗現象にみられる造形から，全体的，部分的な引用を造形表面に披瀝し，装飾も復活させた．広域化した多元的な価値観が，そのような表現の背景にあるといえよう．

デザインの潮流は，造形の最先端のみでなく，街の中へ，大衆へと拡散してきた．利用者・消費者との対話へと進むようなデザインもひとつの方向となった．

c. 伝統的デザイン
1) 近代と伝統
現在，わが国のデザインは国際的にも高い評価が与えられ，モダニズム・デザインの先を歩んでいる．一方，これまでのわが国の近代化においては，伝統がくり返し問題とされてきた．伝統的表現を和風として近代的表現に対置したり，両者の造形の中に同種の特質を見出したりしてきたのである．

2) 和風の意匠
わが国の伝統的な木造建築は柱・梁架構が基本形である．立ち上る柱，水平に伸びる梁，桁，そして斜めに上昇する屋根など，直線的，平面的な部材構成に特徴がある．また，柱・梁架構では構造的な壁を必要としないので，外周，内部とも開放的にすることができた．居室は「間」と呼ばれ，襖，障子などの建具による間仕切は開閉自在である．建具を開放することによって「間」は連続し，拡大する．さらに，「間」は縁，軒下，庭園へと外に開かれる．

繁華な都の宅地にもかかわらず，自然を身近なものとするために庭園がつくられた．自然を観賞する工夫も，意匠的に凝れば「風流」ということになる．それに深く心を寄せれば「数奇」ということになる．住居と庭園を一体にするような自然観は，日本人の美意識において長く受け継がれてきた伝統的主題であった．

風流の趣向は，市中の山居として簡素で自然な草庵風の茶室の成立をみている（図 3.27）．草庵風茶室は数奇屋とも称せられるように，「数奇」の精神が成立せ

図 3.27　数奇屋造（桂離宮松琴亭）　　　　　　図 3.28　民家の内部

しめたものである．千利休はこの美意識を徹底して，「侘び」の美的理念を確立した．2畳の茶室をつくり，その造形には簡素な構成に緊張した関係が表現されている．

材料の素朴さ，構造の単純な力強さ，生活の郷愁といった観点から，民芸，民家の美も注目される（図3.28）．単純な秩序といった面ではモダニズム・デザインに共通する点もあるが，木・竹・土などの自然な素材，曲がった柱・梁，手跡が残るような荒い仕上げなどは，それとは異質な表現である．

d.　色彩の効果
1)　色はなぜ見えるか

われわれは，赤い花や青い花が存在しているように思っている．しかし，実際は赤や青を感じさせる光線をよく反射する花があるにすぎないのである．光自体には色がなく，太陽光が地球に到達すると，そこに存在するすべての物体に光があたり，光が反射したり，吸収されたり，透過して屈折することによって人間の視覚領域がいろいろな色を認識し，色や形や材質の違いを識別するにすぎないのである．

地球上にとどく白色の太陽光をプリズムに通すと虹色の赤橙黄緑青藍紫に分光されることを発見し，「光線には色がついていない」といったのはニュートンである．光は波長の異なる電磁波の集合で，虹色の光の波の範囲だけが人間の眼に見える可視光であり，380〜780 nmまでの範囲の電磁波である．その可視光が地球上の物体にあたり，すべての色光を反射すると白に見え，すべての色光を吸収すると黒く見える．簡単にいうと，外界にはいろいろの波長をもった可視光線

と，波長に応じ反射率が異なる種々の物体が存在するにすぎない．そして，眼の網膜に達した光線の波長に応じて，網膜の一番奥にある光感細胞の色を感じる錐体(すいたい)と明暗を感じる桿体(かんたい)が働いて，さまざまな色を感知するのである．日常的によく聞く赤外線や紫外線は可視光線ではなく，可視光の範囲外にあり，人間には見えない電磁波である．また，健康診断でお世話になっているレントゲンのX線も電磁波の1つである．

2) 色の必要性

日中は太陽光によって色がある世界に暮らし，夜は人工照明に照らされた昼間と多少違う色の世界で暮らしているわれわれの眼は，場所や形や色を識別しており，それによって，安全・快適に生活ができるのである．夜，完全に明かりがない場所に立つと暗闇の世界があるだけで，その広がりも形も色も存在しない．何も見えない状態では心が不安になり，恐怖心で一杯になる．われわれは生活の中に色があるのが当たり前で，周囲にある色に対していつも，この色は何色で，この色の組み合わせは感じよいとか悪いとか，ほとんど意識せずに生活している．しかし，衣服に関しては出かける場所の目的，また，その日の天候や季節の変化で色を意識している人はかなり多いが，身近なインテリア空間の色から心や身体が知らぬ間に影響を受けていることに気づいている人はそう多くないであろう．

3) 色の分類

色には赤橙黄緑青藍紫などの有彩色と，黒から灰色，白の無彩色がある．それぞれの有彩色には明色，中間色，暗色があり，無彩色には黒から白に至る無数の灰色が加わるため，人間が識別できる色の数は10万色以上にもなる．それらの多数の色を共通の色として認識し合い，分類し，理解し，伝達する手段として，いろいろなシステムがあり，なかでもわが国のJIS規格で採用されているマンセル（アメリカの画家，1858～1918）のシステムが一般的である．

4) マンセルの色の分類法（図3.29，図3.30）

ⅰ) **有彩色** 色は，色相と明度と彩度の3つの性質をもつ．それを「色の3属性」という．

ⅱ) **無彩色** 黒から灰色，白に変化する明暗の加減のみを示す性質をもつ．色相も彩度ももっていない．

ⅲ) **色相**（hue） 赤橙黄緑青藍紫などと呼ばれている色それぞれがもっている固有な色合いをいう．マンセルは10の色相をそれぞれ10等分し，100の色

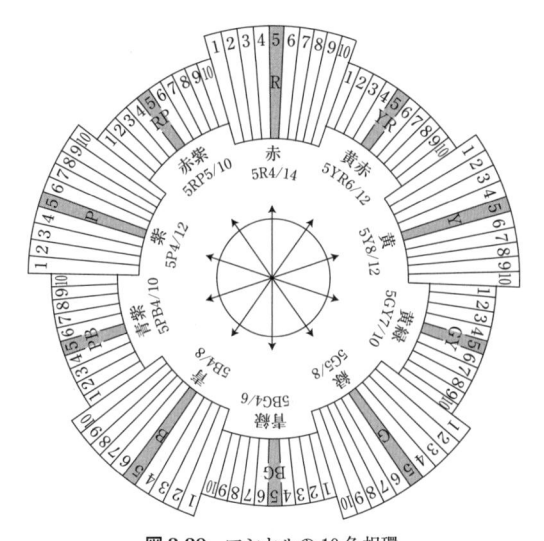

図3.29 マンセルの10色相環
10色相環 = 5(主要色相) + 5(中間色相). 矢印(180°)方向の色は補色.

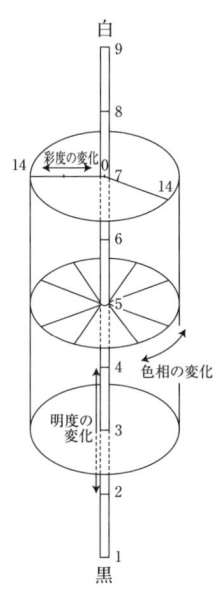

図3.30 色の三属性による色立体
1～9：明度スケール（グレースケール）
0～14：彩度スケール

相に分割している．10等分に分割された代表色の色相番号を5で示している．赤の1は限りなく赤紫色になり，赤の5は純色の赤，赤の10は限りなく黄赤色（橙色）になる．これらの10分割された色を並べていくと環になり，それを色相環という．この色相環にはそれぞれの代表色「純色」が並んで環となる．

iv) 明度（value） 黒から白へ変化する中間の灰色を含んだ明暗のグラデーションを9段階に分けて示している．有彩色の明度では色相を示す赤が，どんどん明るくなるとピンクになり，暗さが増すと栗色になる．明暗のスケールは無彩色の光に対する反射率を基準にしている．光をすべて吸収する，反射率が0%の理想的な黒（0），光をすべて反射する，反射率100%の理想的な白（10）という完璧な黒と白は色票では表現できない．そこで，黒（1）（反射率1.210%）から白（9）（反射率90.01%）までの間に灰色の濃淡を入れて9段階の等間隔に分割すると灰色のグラデーションになる．これを「グレースケール」といい，明度を計る基準にしている．

v) 彩度（chroma） 色みの強弱の度合いを示す．色がにごらず一番冴えて

見える強い色は彩度が高い色である．色みが，くすみやにごりで弱く見える色などは彩度が低い色である．赤などの一番彩度の高い冴えた有彩色（純色）に無彩色の灰色や黒を混ぜていくと，だんだん輝きが消えて，くすみが増したにぶい赤になる．色みに灰色が混じることで，冴えた赤の色みが消えて暗さが強くなることによって彩度が低くなる．彩度のスケールは，無彩色の軸を0として色みの冴えが高くなればなるほど無彩色の軸から離れて数字が大きくなる．一番色みが高く冴えた赤の色は，色相5の赤で14の位置にあり，明度の位置は4になる．一番色みが高い色相5の黄色は，彩度は12の位置で，明度は8の位置にある．このように，色の彩度は色相によって明度，彩度の位置が異なってくる．

5) マンセルによる色の表示方法と読み方

色相・明度・彩度の順で表示する．たとえば，色相5R（赤），明度5，彩度14なら「5R5/14」と表記し，「5アール，5の14」と読むことで，室内の色決めなどをする場合，建築主と設計者と業者の相互間の伝達や認識に間違いが起こらないのである．

6) PCCS（practical color co-ordinate system）の概念（色調・トーン）

（財）日本色彩研究所が色彩調和を主な目的として1964年に発表した，わが国の代表的なカラーシステムである．

色相が同じ系列であっても，色には重い・軽い，強い・弱い，濃い・淡い，派手・地味といった調子の違いを感じることがある．この色調「トーン」は明度と彩度の組み合わせによって生まれる．たとえば，パステル調というのは明度が比較的高く，彩度が中程度の柔らかい色調のものであるが，どの色相にも存在している．衣服やインテリアの色使い（配色）に，このトーンが重要な働きをする．したがって，マンセルの3属性，色相，明度，彩度に加えて，このトーンも基本的な特性として覚えておくと便利である．

7) 色の対比

日常的に色を見るときには1色だけでみることはごくまれで，他のさまざまな色と一緒に見ているのが普通である．そのために，他の色に影響されて，単独で見たときの色より暗くなったり，明るく見えたりする．また錯視現象が起こることで，対比が強くなり，広告を目立たせるための色の組み合わせに利用される．それは人間の眼の生理現象で，赤をしばらく見つめ，白い紙の上に目を移すと，その紙の上には色相環の赤とは反対の位置にある青緑がぼんやりと光って見え

る．これは赤の残像で，逆に青緑を見て白い紙に目を移すと，そこに赤が見える．これを「補色残像」または「負の残像」という．補色の関係を組み合わせた対比効果では，もとの色の彩度より，さらに高い彩度に見え，目立つため広告やパッケージによく使われる．つまり，対比とはある色が他の色に影響されて，その色を単独で見る場合と異なり明度や彩度の高低が変化して見える現象である．

　ⅰ）**継続対比・継時対比**　　補色残像を利用した方法で，たとえば赤をしばらく見た後，黄色を見ると，赤の補色残像の青緑が黄色に重なり，その黄色が緑みを帯びて見える現象である．

　ⅱ）**同時対比**　　補色関係の色が直接接したときに，その境界線に近い部分のそれぞれの色の彩度が強く感じられる．これを「縁辺効果」という．

　ⅲ）**色相対比**　　違った色相の色を同時に見ると，その色みが背景の色の影響を受け，本来の色より違った色に見える．たとえば赤を背景にして，青紫を見ると，青紫の青みが強くなったように感じる．

　ⅳ）**明度対比**　　周囲の色によって，本来の色の明るさが影響を受け，さらに明るく見えたり，暗く見えたりする．

　ⅴ）**彩度対比**　　周囲の色によって，本来の色の彩度が影響を受け，さらに色みが高くなったり，低くなったりする．これらの対比は2色以上の色を同時に見た場合に感じる．

　ⅵ）**面積対比**　　面積の大小によって色の見え方が変わる．明度の高い明るい色は，小さい面積より大きい面積の方が，さらに明るく，冴えて見える．明度が低く暗い色は，面積が広くなると，いっそう暗く感じられる．面積の大小によって明度や彩度の見え方が違ってくる．さらに部屋の色決めの際は小さな色見本に頼らない方がよい．

8）色の性質

　われわれは，色がもっている性質によって，物理的，生理的，心理的にさまざまな影響を受けている．

　ⅰ）**色の温度感**（暖色と寒色）　　色には，暖かみを感じさせる赤系の色と，寒さや冷たさを感じさせる青系の色がある．室温を同じ高さに設定し，暖色系でまとめた部屋と寒色系でまとめた部屋にはいった人の体感温度を比較すると，暖色系の部屋では3℃ほど高めに感じ，寒色系の部屋では3℃ほど低めに室温を感じるという．このことは比較的誰でも体感することで，色が暖房やクーラーの節

約につながる．

　色相で心理的に暖かさを感じるのは，有彩色では赤・橙・黄，無彩色では黒．寒さを感じるのは，有彩色では青・緑青・青緑，無彩色では白．色の暖寒を感じるのには色相と明度が関係し，明色は涼しく，暗色は暖かいと感じる．緑系と紫系は暖色にも寒色にもはいらない中性色である．夏になると白を中心に明度の高い夏服を着る．白は見た目にも涼しさを感じる．白は物理的にも放射熱を反射し，黒は吸収する．黒い服を着ると布に熱がこもり，暑さが強くなる．心理的にも見た目が暑苦しい感じになり，二重に暑さを増す．室内の白いレースのカーテンは，夏の暑さを心理的にも，物理的にも涼しくする働きがあり，省エネに役立つ．

　ii）色の重量感　大きさも重さも同じ黒と白の箱を用意して，別の場所に運んでもらうと，ほとんどの人が白い箱を軽く，黒い箱を重いと感じる．この重さの感覚の違いは明度によって影響を受けるのである．

　iii）色の距離感　色には進出色（膨張色）と後退色（収縮色）がある．進出色は赤・橙などの暖色系と明度の低い濃い色，後退色は青・青緑・青紫などの寒色系と明度の高い淡い色である．後退色は広さを感じさせ，進出色は狭さを感じさせる．この距離感を使う場合，色の対比で影響されることが多く，背景の色によって見え方が逆転することもある．室内では空間を広く見せるために明度の高い色を使うのがよい．

e.　インテリアの色彩構成

　われわれは朝，めざめると天井，カーテン，家具などの色を目にする．同系の色でまとめた寝室であっても，それぞれがもっている材質感の違いによって表情が違った色に見える．また，季節，天候，朝，昼，夕方，夜などの時間帯で色の印象が違う．特に，夜になると照明光による色の表情は，昼間の太陽光の色の表情と全く違って見える．人間として誰もがもっている視覚についての生理的現象や，そのときの健康状態や心理的な気分によっても，いつも見慣れた色が別の表情を醸し出すことがある．毎日，注意深く室内の色を観察していると，色によって，そこに住む人間がさまざまな影響を受けていることを知ることができるようになる．

　筆者はかつて，窓から木々の緑の見えないマンションに住んだことがある．いつのまにか，室内に緑色の小物が増え，グリーンの鉢植えが増えた．人間が生き

るためには，緑の野菜を食べて健康を保ち，身近な草や木々を眺めることで疲れた眼を休め，同時にストレスを解消している．地球上の生物のほとんどは緑によって生かされているのである．

健康を色によってコントロールする試みや，やる気のない性格を積極的な性格に変える試みなども，色の知識を増やすことで可能になる．

1) 室内の色の決め方

ⅰ) 生物としての人間 人間は地球上の命ある生物と同じようにこの地球上に生かされている動物の一種類であり，紛れもなく他の生き物達と自然界を共有しながら生存している．ことに森林の緑が空気を浄化してくれる点から考えても，自然の色が人間の視覚にも感覚にも優しく馴染むことをいつも念頭において，色と材質感を決定することが重要になる．

ⅱ) 地球の明暗 われわれが住んでいる地球の床，地面は，暗めの茶色，壁は緑の木々，天井は透けるような青空である．この明暗の関係を室内に置き換えると，床は少し濃いめの落ち着いた色，壁は中間の明るめの色，天井は明るく軽やかな色というように，自然の中の明暗の組み合わせを室内にも取り入れると安心感をもった，落ち着いた室内空間にまとめることができる．

ⅲ) 人間の皮膚の色 人間の皮膚の色の反射率は50%である．それを考慮しながら，室内の色も反射率50%前後の明度をもった色を基準にする．たとえば，桧や杉などの木材や畳の色などは反射率が50%前後である．これらは主に和室で使われているベージュ系の色合いで，日本人にとっては馴染みの色である．皮膚の色を基準にまとめるよう心掛ければ，明暗の対比が強くならず，目に優しく映る落ち着いた色合いの室内になる．

ⅳ) 室内を使う人の年齢・健康・性格 高齢者になると紫外線の影響からメラニン色素が沈着して，眼の水晶体が厚みをまし，黄変する．質の悪いサングラスをかけているような状態になり，色の見え方が変化する．そのせいで，危険防止のために使われている黄色がぼやけて見えにくくなる．また，黄色の補色である青色系が黒ずんで見え，色の判別がつきにくくなる．眼や身体のおとろえから危険な場所ともなりうる階段・浴室・洗面・トイレ・玄関などに明るい照明や赤系の明るい色を使ったり，段差があるような場所では高齢者にもよく見える赤系の色で部分的に区別する，などの工夫が必要である．

ⅴ) 室内を占める床・壁・天井の色の割合 インテリア空間では床・壁・

天井が大部分の面積を占め，ベーシックカラーとしての割合はほぼ70％を占めている．その材質と色決めは，面積が多い分，非常に重要である．残りの30％のうち，25％がサブカラーとしてドアや建具や枠などの色で，5％はアクセントカラーでまとめるのが，一番無難で落ち着いた部屋になるといわれている．

2) 材料の色

ある時代まで，わが国の住宅はすべて目に馴染む自然素材を使ってつくられていた．しかし現在は，ほとんどの住宅では経済的観点から工期短縮や熟練を要する職人を使わなくてもできる住宅を生産するようになった．それらの材料は自然素材をまねた合成建材であったり，石油を原料としてできた化学建材である．特に，接着剤に関してはすぐ乾くといった即効性が求められ，強力な化学物質を使っている．そのため，自然人としての人間の体に影響してアレルギー反応を起こす原因になっている．このシックハウスという問題によって，自然の材料が見直されている．

自然材料の色に関しても，材料がもっている色をできるだけ生かして使うことで，目にも気持ちにも優しく馴染むはずである．数年前にアースカラー（地球色）という色が流行したことがあるが，これなど，自然の色が気持ちよいと先取りされて使われていたのである．

3) 照明の色

人工照明の光によって夜の生活時間が長くなり，照明と色の関係を考える必要性が増した．照明の種類も増え，太陽光に近い光を求めて研究が進んでいる．家庭で一般的に使われる白熱電球も蛍光灯も，太陽光と同じように虹色をもっている．しかし，赤から青紫の波長までのスペクトルをもった光源はない．家庭で使われる白熱電球の光は赤系の長波長側にエネルギー比がかたよっているため，暖色光の暖かな光を感じさせる．また，蛍光灯のように青系の短波長側にかたよると光は青白く冷たく感じる．そのため，室内の使用目的によって光源を変えていく必要がある．

ⅰ）**色温度** 照明の光源の光色は色温度をもっている．色温度は光源の質の違いで表現され，色温度が低いと赤みを帯び，高くなるにしたがって白から青へ変化する．色温度の単位はK（ケルビン）であらわす．白熱灯の色温度は2856 K前後で，物体にあてると赤みがかった黄色みを帯びて見える．昼白色蛍光灯は5000 Kで，長波長域の光が少なく，赤やオレンジ系の色がややくすんで

見える．そのため，ステーキやマグロの刺し身などが黒ずんで見える．家庭の食卓やレストランなどでは暖かみのある白熱灯を使って食欲が増すようにする．

　ii) **演色性**　　家具やカーテンを買い，自宅に運んで配置すると，色の感じが違って見えることがよくある．それは売り場の照明と使う部屋の照明光源が違うことと，売り場と部屋の配色の違いによって買ったものの色の見え方が違ってくるためである．場所によってものの色に違いが生じるのは，主として光源の性質の違いによる．この光源の性質の違いで色が変化して見えることを演色性という．

4) 各部屋別の色彩計画

　わが国の場合，住宅は南向きに建てることを重視する．いかに昼間の太陽光を取り入れるかによって住宅の設計の善し悪しが判断される．都会の住宅密集地の狭い敷地に太陽光をしっかり取り入れ，気候のよい季節には窓を開けて風を入れることのできる住宅を建てるのは大変である．しかし，設計の仕方によっては上から光を入れたり，外部からの視線を気にせずに風を入れることも可能である．これからのわが国では，人工的冷暖房に頼るのを軽減して，季節が直接感じられるような住宅が求められる．室内の色彩ばかりでなく，1つ1つの住宅が美しい町並みをつくるために，どのような形にし，どのような材料と色を使えばよいのか，真剣に問われる時代がきている．

　i) **家族が集まる居間**　　和室の色は，明るい自然素材の醸し出す色合いの組み合わせである．それらの色は気持ちを落ち着かせ，安らぎを感じさせる．ことに，座った位置に障子の色や襖のオフホワイト的な色合いがあると，目に優しく映ると同時に外光をやわらげてくれる．畳に座ることで，目の位置が低くなり，天井の高さが高くなり，室内の広がりが感じられる．

　洋間の床はカーペット，フローリング，コルクタイルなどを使う．家族に高齢者がいれば滑りにくいカーペットにするなど，年齢によって素材を選び，色も明るめにまとめる．壁は，色も質感も最高のものは漆喰と考えるが，最近では，自然素材の壁紙が多くなり，色も暖かみがあり，害がない接着剤を使っている．洋室の窓は必ずカーテンを掛けるが，洋室でもカーテンのかわりに障子を薦めたい．

　部屋に濃い色の家具が入ると，どうしても重苦しい感じになり，家族が和む雰囲気にならなくなる．家族団らんを心掛けるためにはぜひ明るく暖かみを感じさせるような色合いを心掛け，楽しげな絵やエスニック調の布やラグなどをアクセントとして壁に飾ると気持ちが優しくなる．

照明は，白熱灯のスタンドなどを所々におくと，その周囲が暖かく照らされ，気持ちも豊かになる．夏は涼しげな照明を考えたり，暗くすることで涼しさが増す．

　ii) 寝　室　　眠りを促す色は青である．青は沈静効果があり，青色光は血圧を下げる効果もある．冷え症の高齢者は眠りが浅くなるので，身のまわりに明るめの青系の色の目覚ましなどの小物をおくだけでも効果がある．低血圧で朝起きにくい人には，赤を身のまわりにおいて，それを見ることで血流を促して，目覚めを促すことができる．

　iii) 食事室　　食欲を増進させ，家族そろって楽しく食事をしたいと考える．テーブルと椅子を使って食事をする家庭が多くなり，目線が高くなるため，壁とテーブルの色が大事である．テーブルクロスやランチョンマットや小物類は暖色系でまとめる．視覚の助けによって気持ちがうきうきして楽しく食べられることが大切である．壁は明るい板の横張り，明度の高いサーモンピンク系など．明るい木製のテーブルでカジュアルな食事室にして，家族が集まってくる場所にしたい．

　iv) 台　所　　清潔を維持し，汚れを落としやすい材料を考えると，どうしても色はアイボリーや明るい暖色系がよい．彩度の高い赤・オレンジ・黄色・青などの1つを選んで，アクセントカラーとしてお鍋などの小物類で楽しく作業をしたい．

　v) 浴　室　　清潔，安全，掃除のしやすさが，まずあげられる．裸になる場所なので，冷たさを感じさせない色や材料を選ぶ．滑って転んだりすることも考え，固い材料を避けたい．乾燥が容易なら，床・壁・浴槽を桧でまとめれば最高である．浴槽は掃除しやすい材料で，明るく肌に近い色がよい．濃い色の浴槽はしゃれていて豪華に見えるが，垢が目立つのが難点である．ステンレスは色も感触も冷たく感じられ，避けたほうが無難である．

　vi) トイレ・洗面　　便器や洗面器はアイボリーなどの明るい色がよい．それは朝に排泄したものの健康チェックをしやすいからである．また汚れやすいので，汚れが目立ち，掃除がしやすいことが重要である．トイレが2カ所設置できるのであれば，濃い色の便器を使うのも生活を楽しくする．

4

住居の環境と設備

4.1 環境を構成する要素

　住居にかかわる環境は，大きく建物の外部と内部の環境とに分けられる．建物外部の環境は，さらに人々が生活する社会の環境と自然の環境に分けて考えることができる．社会環境は，その場所の立地性，利便性，文化性，安全性，健康性，快適性，経済性などである．住居の生活環境はこれらの社会環境と気候・気象条件などの自然環境を総合したものといえる．

　建物内部の環境に関しては，面積，容積，高さ，形状などの建物の空間的要素と，熱・空気・音・光・水などの物理的・化学的な環境要素があげられる．

　本章では，住居の環境と設備に関係してくる要素として，建物外部の自然環境と，建物内部の物理・化学的環境について述べる．

4.2 自 然 の 環 境

a. わが国の気候・気象

　わが国はおおよそ東経 123 ～ 146 度，北緯 24 ～ 46 度あたりに位置し，偏西風帯であり，大陸と海洋の影響からモンスーン（季節風）気候が発達する．一般に，夏は南，南東，冬は北，北西の季節風が多い．南の海洋側では湿潤で温暖な気団，大陸側では乾燥した寒冷な気団が生じる．夏は亜熱帯高圧帯の影響下に，冬は高緯度地方で形成された寒気が到達する．秋，冬のこれらが入れ替わる時期には寒帯前線が暖かい海洋側からの水蒸気により降水をもたらす．南北に細長く，中央を山脈が貫いているため，北部の都市と南部の都市，また山脈の東側と西側で気候特性はかなり異なっている．

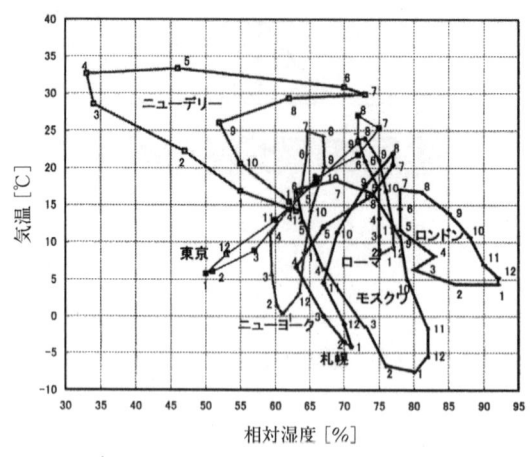

図 4.1 気候図（クリモグラフ）

　図 4.1 に東京，札幌と世界主要都市の各月の平均気温と平均相対湿度をあらわした気候図（クリモグラフ）を示す．札幌は湿度変化が少ない大陸的な気候であるが，冬の寒さが際立ち，東京は，夏は高温高湿，冬は低温低湿で年間の変動が大きく，夏，冬どちらも快適範囲から外れている．

b. 太陽の光
1) 太陽光の効用

　太陽の光は，熱，光，紫外線作用など，保健，健康，室内気候調整などにとって重要な役割を果たしている．電磁波の波長が $380 \sim 780$ nm（nm：ナノメータ，10^{-9} m）の範囲が可視域であり，眼にはいると明るさや色，ものの形などを感じることができる．可視光線は，最も波長の短い青紫から波長の長い赤まで，波長により色が分かれている．可視域から外れた部分に赤外線と紫外線があり，赤外線は加熱・乾燥などの熱作用の働きをする．紫外線は消毒（殺菌）作用，光化学作用があり，特に 300 nm 前後の紫外線はドルノ線または健康線と呼ばれ，血液中の血色素，カルシウム，リンなどの増加，骨の発育に必要なビタミン D の形成に不可欠である．わが国の夏の高温多湿気候はカビの生育にも適しており，日当たりは冬の暖かさの他に，夏期の日射による乾燥や殺菌という保健・衛生上の役割も大きい．

2) 太陽位置

太陽の光は，緯度により受ける角度と時間が異なる．また，地球の公転軸と地軸が約 23.3 度傾いていることから，年間を通して変化する．北半球では太陽高度は冬至の日が最も低く，夏至が最も高い．それぞれの場所において太陽が真南に位置（南中）したときを正午としてあらわす時刻をその場所の真太陽時という．次の日の南中時までの時間を1日とするが，この長さは季節により異なっている．実用上は1年間平均した平均太陽時を用いている．この平均太陽時と真太陽時との差を均時差と呼んでいる．

3) 日照と日射

日照の問題は，太陽高度が最も低い冬至の日について検討することが多い．高緯度の地域は太陽高度が低いため，低緯度地域より隣棟間隔をあける必要がある．

図 4.2 に各壁面が1日に受ける日射量の年間変動を示す．夏季は，水平面の受熱量が最も多く，次いで西・東面が多い．南面は北面に次いで少ないことがわかる．一方，冬季は南面の日射量が最も多くなり，西・東面は非常に少ない．日当たりの点からみると南面の窓の有効性は明らかであり，逆に東西の窓の条件は日射量からみるとあまり好ましくないといえる．

実際に日が照っている日照時間は天候により左右される．過去 30 年間の平均値で示すと，東京の1月の日照時間 180.5 時間に対し，秋田 44.6 時間，新潟 56.1 時間，福岡 99.9 時間と，冬期の日本海側の都市の日照時間は非常に少ない．

4) 日　影

中心点に立てた棒（単位長さ1m）の先端の影の位置を季節別，時刻別に示した日影曲線があり，これにより建物の影がどのようにできるか作図し，その建物の影が周囲の建物に与える影響を検討することができる．

図 4.2　全日直達日射量の年変化．$\varphi = 35°$，$P = 0.7$
（日本建築学会編：「建築設計資料集成2」による）

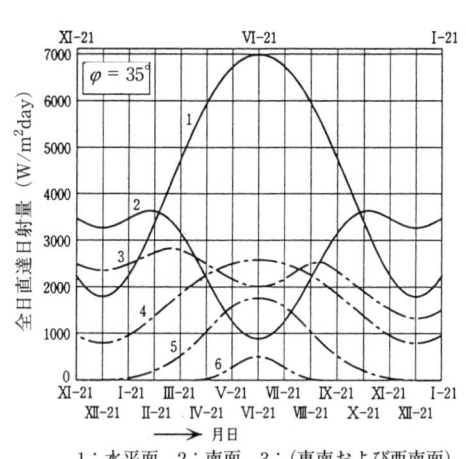

1：水平面　2：南面　3：(東南および西南面)
4：東面および西面　5：(北東および北西面)
6：北面

4.3 熱の環境と設備

a. 温熱感覚

熱と湿気の環境は人々の暑さや寒さの感覚（温熱感）に関係するものである．この温熱感に影響する要素は，温度，湿度，気流と放射（輻射）の環境の4要素と，着衣量，代謝率の人体側2要素があげられる．

人体はその活動状況に応じて体内で熱を生産するとともに，体表面からや呼気により熱を放出し，熱収支バランスを保っている．産熱量が放熱量を上回ったときには暑く感じ，下回ったときには寒く感じる．この両者の値が近いほど快適に感じる．

快適状態の設計目標範囲としては，夏期温度 26～28℃，冬期温度 20～22℃ 程度，相対湿度はそれぞれ 50% 程度とする場合が多い．しかし，温熱感覚は前述の6要素の組み合わせにより決まってくるため，必ずしも各指標が快適範囲にはいっていなくても快適な状態にすることは可能である．そのため各要素を組み合わせた温熱感覚の指標が検討されている．代表的なものとして，新有効温度（ET*：new effective temperature），標準新有効温度（SET*：standard new effective temperature），PMV（予測平均申告：predicted mean vote），PPD（予測不満足率：predicted percentage of dissatisfied）などがある．その他，高温多湿のわが国の夏には，温度と湿度を総合して算出する不快指数（DI：discomfort index）がよく使われる．80以上で半数が不快，85以上で全員不快をあらわす．

b. 伝　　熱

熱は温度の高い方から低い方へ移動する．熱の伝わり方には，放射，対流，伝導の3形態がある．壁体を伝わる熱移動は図4.3に示すように考えられている．空気から壁体表面へは対流と放射が複合された伝熱形態で伝わり，一般には熱伝達と呼ぶ．そして壁体の内部を伝導により伝わり，反対側の壁体表面から空気へと熱が伝達される．壁体で遮断されている一方の空気から壁体を通して反対側の空気に熱が移動することを熱貫流という．その壁面の熱の伝わりやすさは熱貫流率で示される．これは表面の熱伝達率および各材料の熱伝導率と，その材料の厚

さの比などを総合して算出する．一般的な壁面のおおよその熱貫流率の値としては，コンクリートスラブの外壁は3.2～3.5 W/(m²·K) 程度，窓ガラスは 6.5 W/(m²·K) 程度，また屋根・天井などのように空気層がある場合や木造壁などは1.8～2.0 W/(m²·K) 程度である．これに断熱材を入れた場合，熱貫流率はおおよそ，0.8～0.9 W/(m²·K) 程度とかなり小さくなる．

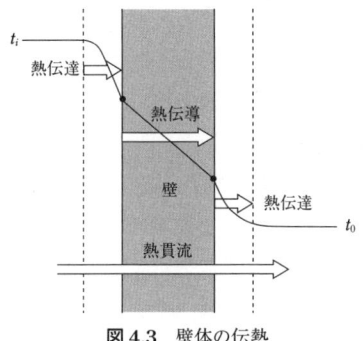

図 4.3 壁体の伝熱

壁体を透過し，温度差により伝わる熱量を Q [W/m²·K]，その壁体の熱貫流率 K [W/m²·K]，壁体の両側の空気温度をそれぞれ θ_i，θ_o [K]，壁体の面積を A [m²] とすると，$Q = K \cdot A \cdot (\theta_i - \theta_o)$ となる．すなわち，伝熱量は熱貫流率と温度差と面積の積で求められる．そのため，K の値を小さくすることは伝熱量を減じるためには効果的である．夏の日射があたる壁面からの伝熱に関しては，外壁表面温度が外気温度より高くなることがあることと，その熱量が室内に伝わってくるには時間的な遅れが生じるということから，実際に室内に伝わってくる時間にその熱量に見合った外壁表面温度になっていると見なせるように算出した実効温度差（ETD）の値を室内外気温の差 Δt のかわりに用いて伝熱量を計算する．

c. 建物の熱的性能

室内の熱環境調整を考える場合，建物の熱的性能の向上や，日当たり・通風などの自然エネルギー利用を基本として考えなければならない．

壁面の断熱性能は熱貫流率が小さいほど，すなわち，その逆数の熱貫流抵抗が大きいほどよい．前述のように，伝熱量を減少させるには熱貫流率を小さくしてやる，つまり熱貫流抵抗（断熱性）を大きくしてやるとよい．断熱性能の悪い窓ガラスは，ペアガラスや二重サッシにすると熱貫流率を1/2程度にすることができる．

建物の気密性能はサッシの性能とともに向上してきた．気密性能がよいと隙間風による熱損失は減少するが，換気量が不足してくるので注意を要する．結露やシックハウスなどの問題は換気不足も一因である．

壁体が熱を貯える能力を熱容量といい，単位体積あたりの熱容量は構造体の比

熱と密度の積であらわされる．熱容量が大きいとそれだけ外部環境の影響を緩和することができる．断熱がよいと暖房開始・停止後の温度変化は早くなり，熱容量が大きいと緩やかになるとともに影響は減衰する．

d. 室温と負荷

室内の快適な熱環境調整に対し，余分な熱量や足りない熱量を熱負荷といい，機器能力の決定や，年間の運転状況把握などのために算出する．

冷房負荷には，壁面を伝わって温度差により侵入してくる伝熱負荷のほか，換気負荷，日射負荷，室内発生熱負荷などの種類がある．暖房負荷は，室内外温度差が大きいため伝熱負荷が大きくなる．これに換気負荷が加わる．

熱には，物質の温度変化にかかわる顕熱と，状態変化にかかわる潜熱とがある．空気のもっている熱に関しては，空気そのものが温度としてもっている熱を顕熱，空気中に含まれている水蒸気がもっている熱を潜熱としてあつかい，その空気の全熱量はこの顕熱と潜熱を合計したものである．

床面積に対し外壁面積の割合が小さいほど負荷は少なくなるため，戸建住宅より集合住宅の方が負荷は少ない．また同じ集合住宅でも住戸の位置でその負荷はかなり異なる．負荷が大きいとそれだけ快適な環境に調整するために多くのエネルギーが必要となる．

負荷の値は種々の条件により異なるため一概にはいえないが，比較的熱性能のよい住宅で1面が外壁に面している居室の最大負荷は，東京地区でおおよそ暖房負荷60〜70 W/m^2，冷房負荷は85〜95 W/m^2 程度である．年間を通した負荷の積算値は，住宅の場合，一般に暖房負荷の方が冷房負荷より多い．

住宅の伝熱および隙間風などによる熱損失の合計を床面積と室内外の温度差で割った値を熱損失係数という．すなわち，床面積1 m^2 あたり，室内外温度差1℃あたりの熱損失量（W/m^2・K）である．これは住宅の断熱性・気密性の判断基準として用いられており，寒冷地ほど，また戸建住宅より集合住宅の方が基準は厳しくなっている．

e. 熱・湿気環境の調整

住宅において熱・湿気を調節する設備，いわゆる冷房設備・暖房設備の検討項目は，熱源の種類，各部屋個別式か中央式かということの他，暖房と冷房それぞ

れ専用にするか，暖房と給湯兼用にするか，冷暖房兼用にするかなど各設備の組み合わせをどう考えるかということなどである．

1) 暖房設備

住宅の個別暖房は，エネルギーの種類，放熱形態（強制対流・自然対流・輻射），給排気方式（密閉式・半密閉式・開放式）などにより分類できる．

開放式ストーブは安価で手軽なため，いまだに多く使用されている．これにファンが装備された開放式温風ファンヒーターは，制御性や安全性は向上しているが，石油，ガスを熱源とするものは燃焼に室内空気中の酸素を消費し，排気ガスも室内に排出するため，室内空気が汚染される．燃焼時の水蒸気発生は結露の原因ともなり，換気負荷も増大するなど，特に気密性のよい建物では好ましくない．

燃焼に必要な外気を取り入れ，排気を外へ排出するFF（強制給排気）式の温風暖房機は安全性・制御性も高く望ましい器具であるが，サイズが大きく設置個所が固定されるというスペース面の欠点がある．最近では，冷暖房兼用で制御性・設置性，また安全性などの利点から，ヒートポンプ式のエアコンがよく用いられているが，暖房時に室温分布が不均一，乾燥するなど快適性では劣る．

中央式暖房方式は，エネルギー種類，放熱形態のほかに，熱媒（熱を運ぶもの）の種類で分類することが多い．熱媒には温水，温風，蒸気などがあるが，蒸気は住宅ではほとんど用いられない．また温風を使用するものは，放熱部がかなり限られることと，取り扱い，温度調節がしにくいなどの欠点がある．制御性，放熱部の融通性，操作性などの点から，住宅では温水方式が最も多く使われている．熱源機器としては，給湯機と兼用するガス給湯機が多く使われている．

強制対流式放熱器は室内の上下温度に差が生じやすい．気密・断熱が悪い場合は特に設置位置や吹出し方向に気をつける必要がある．放射による床暖房方式は，室温が均一であり，足下から暖めるため，室温が多少低くても不快感はなく，快適性に優れている．安全性も高く，高齢者には適した方式である．しかし，設備工事費が高く，運転開始から暖まるまでに時間がかかるなどの問題もある．また，床面を暖めすぎると（30℃以上）不快になることがある．

2) 冷房設備

住宅の冷房方式では各部屋個別に器具を設置する個別式が多く使われている．その場合，ヒートポンプ式の冷凍機を使用した冷暖房器が多い．一般の冷凍機（圧縮式）は，冷媒ガスが圧縮，凝縮，膨張，蒸発という冷凍サイクルを循環し，

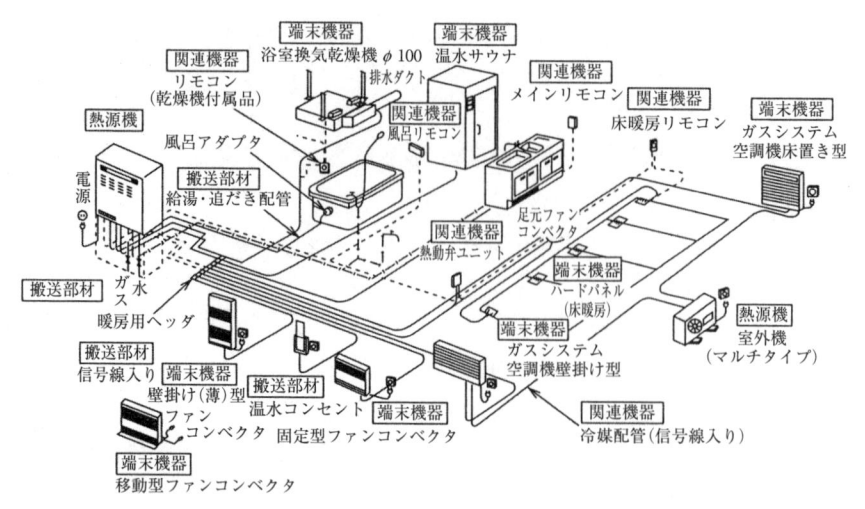

図4.4　住戸中央方式暖房（給湯付き）＋個別冷房の事例

気体と液体という状態変化をくり返している．この状態変化時の熱の移動を利用するものである．つまり，凝縮時は凝縮熱を外部に放出し，蒸発時は蒸発熱を外部から奪う．冷房運転時，室内側の器具は蒸発器として働き，室内空気から熱を奪い，屋外ユニットから外部に熱を放出する．ヒートポンプとは，夏と冬で回路を切り替え，冬は屋内ユニットが凝縮器の働きをするようにして冷暖房を可能としたものである．冷凍機の成績係数では，暖房時は圧縮機の仕事量を熱量として利用できるため，冷房時の成績係数に1を加えた値となり，効率のよい点が注目されている．図4.4に住戸中央式暖房給湯と個別冷房の例を示す．

3）湿気環境

i）湿度の単位　空気中には水蒸気が含まれている．含まれる水蒸気量には限界があり，その限界量は空気の温度に比例する．水蒸気量が飽和の状態を100％とし，現在含まれている水蒸気量の飽和状態に対しての割合を示したものが相対湿度である．一方，空気中に含まれている水蒸気の絶対量を示したものが絶対湿度であり，一般に乾燥空気に対する水蒸気の重量比であらわす．人間の湿気に対する感覚は相対湿度に近く，50％前後が快適である．湿度が高いとカビや結露の問題が生じやすく，また，低いと細菌に対する呼吸器系器官の防御能力が落ち，静電気が起きやすくなる．

図4.5 湿り空気線図

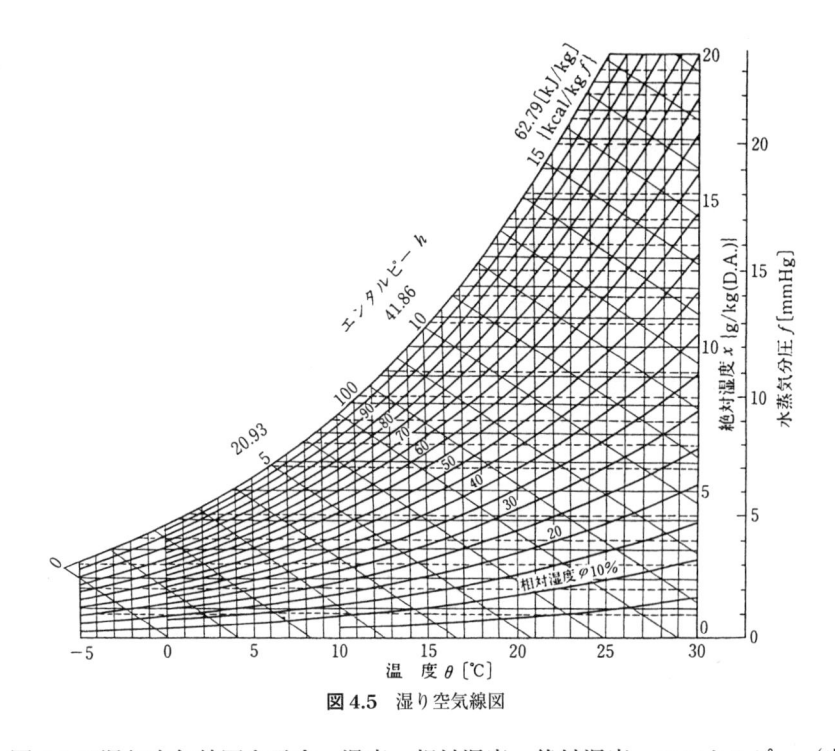

図4.5に湿り空気線図を示す．温度，相対湿度，絶対湿度，エンタルピー（空気のもっている熱量）などの空気状態を示す各指標を読みとることができる．

ⅱ）結露 水蒸気量が飽和となるときの温度を，絶対湿度における露点温度という．空気がその露点温度より低い温度のものに接すると，空気中の水分の一部が凝縮して水滴となる．この現象を結露という．近年，住宅の気密性がよくなり，換気量が減少し，室内で発生した水蒸気が室内にこもる．室内の絶対湿度が上昇し，室内空気の露点温度が高くなると，結露が生じやすくなる．

結露の防止は露点温度以下のものをなくすことと，室内での蒸気発生を極力少なくすることが基本である．室内の水蒸気発生源としては，人体，観葉植物，室内に干した洗濯物，開放型ストーブ，炊事・洗濯・入浴行為などがあげられる．これらの水蒸気発生を抑える．また換気を行い，発生した蒸気はすぐに外に排出する．押入など湿気がこもりやすいところはまめに空気を入れ替えるように注意する．絶対湿度を下げるための除湿器や除湿剤の使用も有効である．建築的には，壁面・窓面の断熱性を高め，内表面温度が露点温度以下にならないようにする．

内装材に調湿性のある材料を使用する．蒸気発生室の蒸気が他の部屋に侵入しないように，また外壁面に押入を設置しないなど間取り上の配慮も重要である．

結露には表面結露と内部結露がある．内部結露は内断熱の場合に発生しやすい．この対策としては，断熱材の室内側に防湿層を設ける．壁体内に侵入した湿気を排除するようにする．また，外断熱仕様にするなどの方法がある．

4.4 光の環境とその調整

a. 光の性質と単位

光と色，ものの形や位置など視覚に関連した環境を視環境という．人間が得る外部からの情報は，視覚によるものがおおよそ85%を占めるといわれている．

図4.6に波長による光の分類を示す．人間の眼は約555 nm前後（黄緑色）の波長の光に対しての視感度が最も高い．また，暗いところでは比視感度は波長の短い方へずれるため（プルキンエ現象），青色の方が赤色より明るく見える．

ある面にどのくらいの光があたっているか（単位面積あたりの入射光束：$1\,m/m^2$）を示すものが照度であり，一般的にものの見やすさに関する明るさの基準として用いられる．単位は「lx」（ルクス）である．また，見ている方向へどのくらいの光が出ているか（ある方向への投影面積・単位立体角あたりの光束：$1\,m/m^2\cdot sr$）をあらわすものが輝度である．住宅における照度の基準として，一般的な読書では500〜750 lx程度，細かな作業を行うためにはより明るくする必要があり，製図や手芸などでは1000〜1500 lx程度，逆に団らんなどでは200 lx程度である．また，高齢者は水晶体が黄濁し透過率が落ちるため，若者より明るくする必要がある．60歳の者は20歳の者に比べ2〜2.5倍の明るさが必要とされている．

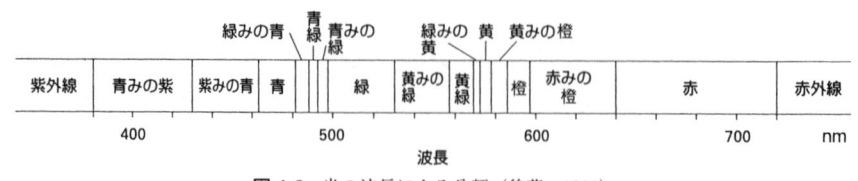

図4.6　光の波長による分類（後藤，1998）

b. 光環境の調整

一般に,光源として太陽の光(昼光)を利用する場合は採光といい,人工光を利用する場合は照明という場合が多い.

1) 採光計画

部屋の中のある点に,全天空照度(直射光を除いた空全体の明るさ)のうち,どのくらいの割合の光が到達するかを示したものを昼光率という.昼光率はその点と窓の大きさや位置関係などにより決まってくる.この値に全天空照度を乗じれば,採光によるその点の照度が求まる.全天空照度は天候によりかなり異なる.明るい日は30000 lx,普通の日は15000 lx,暗い日は5000 lx 程度である.

また建築基準法では,部屋の床面積に対し 1/7 以上の大きさの窓を設置するように規定されている.天窓(トップライト)は,明るさの点では側窓の3倍の効果があると認められている.

2) 照明計画

ⅰ) **明るさの分布** 快適な光環境には明るさだけでなく光の分布も重要であり,最高照度と最低照度との比(均斉度)は3:1以下(昼光のとき10:1以下)にすることが望ましい.作業面を明るくする場合,部屋全体を明るくするのではなく,作業面に対する局部照明(タスクライティング)と部屋の全体照明を併用する方法がよい.

ⅱ) **グレアの防止** 視野内に著しく高い輝度の部分が存在し対象物が見にくくなる現象をグレアという.グレアには,光源からの光が直接眼にはいる場合(直接グレア)と,面に反射した光が眼にはいる場合(間接グレア)とがある.また,眩しさは少ないが光の反射で面(黒板・本・画面など)が見にくくなる現象を光幕グレアという.直接的また間接(反射)的に光が眼にはいらないように,光源の位置に注意する必要がある.

ⅲ) **照明・光源の種類** 照明の光源としては白熱電球と蛍光灯が一般的である.白熱電球は安価でデザイン性,演色性(物体の色の見え方)に優れているが,効率が悪く(蛍光灯の 1/3 ~ 1/4),寿命も短い(蛍光灯の 1/4 ~ 1/5).また,発熱量も明るさの割には大きい.一方,蛍光灯器具には,近年インバーター式(周波数制御)や電球型器具,さらに赤みを帯びた色など,蛍光灯の欠点を補う製品が出てきていることもあり,多く使われてきている.光源の色は,その色と同じ色を出す黒体の温度(色温度)であらわす.白熱電球の色温度は 2800°K,

昼光色蛍光灯 6500°K 程度である．

4.5　音の環境とその調整

a.　音の性質と単位

　音とは，音源から発したエネルギーが媒質内を振動として伝わる波動（音波）である．音波が人間の耳にはいり，鼓膜が振動し，脳に通じて知覚される．1秒間の音波の周波数（振動数）の単位はヘルツ（Hz）であらわす．人間の耳に聞こえる周波数範囲は大体 20～20000 Hz であり，周波数が少ない方が低音である．人間の声の基本周波数は，男性は 100 Hz 程度，女性は 200～300 Hz 程度である．また，周波数が2倍になると1オクターブ高い音となる．

　音の強さ，大きさは圧力変動の振幅に関係する．エネルギーの大きさと振幅の大きさは物理的な量で把握し，音の強さと呼ぶ．一般に音の大きさを示す場合，人間の感覚として感じられる量を示すことが多い．エネルギー量と感覚量は対数的関係があり，ウェーバー・フェヒナーの法則と呼ばれる．音の強さをあらわす場合，基準値（音響パワーでは 10^{-12} W）との比をとり，これの常用対数値を10倍して音の強さのレベルとしてあらわす．単位はデシベル（dB）が使われる．

　人間の音の聞こえ方は周波数によって異なる．図4.7は同じ大きさに聞こえる音のレベルを周波数ごとに結んだものである．3000～5000 Hz の周波数範囲が最も感度が高く聞こえやすい．低音は同じエネルギーであっても小さく聞こえる特徴がある．そのため，騒音の測定には低音の値を聴感に合わせて減じる補正回路を組み込んだ回路（A特性）で測定することが多い．

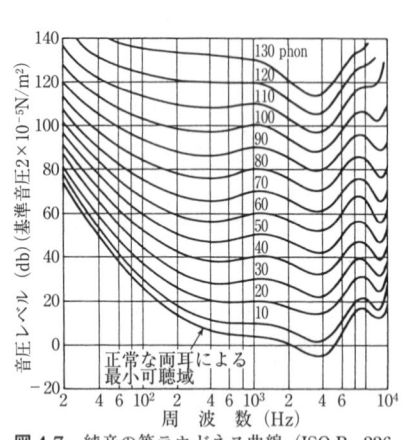

図 4.7　純音の等ラウドネス曲線（ISO R-226 による）

b.　吸音と反射

　室内の音源から発した音は，直接伝わる直接音と，壁面などにあたり一部吸収された残りの反射音とに分かれる．その部屋の音響の特性は，使用する内装材の

吸音特性とそれらの構成割合により決まってくる．音響特性を示す値に残響時間がある．これは，音が停止してからその部屋の音のエネルギーが 100 万分の 1 になるまでの時間を秒であらわしたものである．最適残響時間は部屋の容積に比例する．また用途に応じて異なり，音楽鑑賞には比較的長い方が好ましいが，会話が主体の場合には残響時間が長いと言葉が聞きとりにくくなる．

その他音響計画には，直接音と反射音との時間差が 1/20 秒以上ある場合に音が分離して聞こえるエコー現象にも注意する必要がある．

c. 騒音と騒音防止

一般に望ましくない音を騒音という．居住環境問題の中では，騒音の問題が最も多く発生している．音の感じ方は，そのときの生理・心理状態などによっても異なり，ある人にとってよい音楽であったとしても聞きたくない人にとっては騒音でしかない．また，小さな音でも気になると我慢できなくなるなど，音の問題は非常にデリケートである．

1) 騒音の基準

騒音源は建物外部のものと内部のものがある．生活環境における騒音の基準値は，住居地域を対象とした場合，昼間 50 dB(A)，夜間 40 dB(A) となっている．

2) 騒音防止方法

騒音防止方法は，音源自体に対してと，伝搬経路に対するものが考えられる．伝搬経路は空気伝搬と固体伝搬に分けられる．音源と伝搬経路を明らかにし，音源と居室を離すように配置し，建物外部には遮音塀や植樹など，内部では廊下などのように緩衝部を設け，音を伝えにくくするような計画的配慮も重要である．

騒音が発生する部屋に対しては，音の漏れを防ぐため開口部などは気密性をよくし，遮音性の高い壁体で覆う．遮音性能が劣る窓ガラスは，防音サッシや二重窓にするなどして遮音性を高める．さらに，吸音率を高くし，音のエネルギーを減衰させる方法もあるが，コストの割にはそれほどの効果は得られない．

固体伝搬音対策として，重量床衝撃音には床スラブ厚を 180 mm 以上にするとか，二重床構造にするなどの方法がある．軽量床衝撃音に対しては，床表面仕上げ材に，じゅうたんやゴムシートなどのような衝撃を吸収するものを使うとよい．

3) 壁面の遮音性能

壁面の遮音の程度をあらわすものとして透過損失がある．透過損失はその壁面

の面密度に比例する性質（質量則）があり，重い材料ほど遮音性能が高くなる．この遮音性能は周波数ごとに異なるため，周波数特性を明らかにしておく必要がある．一般に高音は遮音しやすい．

　壁面の遮音等級はD等級で示し，床面はL等級で示す．壁面は数値の大きいものほど遮音性能がよく，床面は数値が小さいものほど性能がよいことを示す．集合住宅の遮音等級として望ましい等級は，界壁はD-50，床はL-45である．

4.6　空気の環境とその調整

　室内空気と外の新鮮な空気が入れ替わることを換気という．室内空気は種々の原因で汚れることがある．換気することにより室内の空気を清浄に保つ．近年の住宅は気密性がよくなった結果，換気量が少なくなり，汚染物質による空気環境の問題がより多く生じるようになってきている．前述の結露の問題もその1つといえる．またシックハウス問題は，室内で発生した微量なホルムアルデヒドや不揮発性ガス（VOC）などの有害化学物質を，微量ではあるが長期間吸い込むことが原因であり，換気不足によるところも多い．

a.　室内空気の汚染物質と環境基準

　人間は呼吸をすることにより酸素を消費し，二酸化炭素を排出している．大気中の主な成分の構成割合は，窒素約78％，酸素約21％，アルゴンガス約1％，炭酸ガス0.03～0.04％などである．人の呼気は，酸素14.5～18.5％，二酸化炭素3.5～5％程度である．その他，人の活動，内装材類，器具類などからさまざまな汚染物質が発生している．表4.1に主な空気の汚染物質と発生源を示す．このうちCO_2（二酸化炭素）は強い毒性はないが，この濃度が高くなることは換気が十分行われていないことを意味するため，各種の汚染物質の代表として扱われている．一般的なCO_2の許容濃度は0.1％（1000 ppm）である．

b.　空気環境の調整

　室内空気の環境を最適に保つためには，汚染物質の発生を抑え，発生した汚染物質は速やかに外に排出し，新鮮な外気を取り入れる必要がある．

表 4.1 室内汚染物質と発生源

汚染物質	発生場所	症状	備考
レジオネラ属菌	冷却塔の水中や土壌，滞留する50℃以下の湯	劇症肺炎を起こし，死亡することもある	
アスベスト（石綿）	断熱材料・防火材料・吸音材料	空中に浮遊し，塵肺や肺ガンを起こす	
ホルムアルデヒド（HCOH）	合板，接着剤，仕上げ加工剤	目がチカチカする，めまいなどのアレルギー的炎症	わが国のガイドライン（1997年）：0.08 ppm（30分平均）
V.O.C（揮発性有機化合物）	ワックス，塗料，洗剤，開放型燃焼器具	気分悪，無気力，アレルギー的症状	volatile organic compound の略
ラドン	放射性物質．土壌・骨材・石炭などに存在	肺ガンを誘発	
オゾン	乾式コピー機など	目・鼻・のどに炎症	

1) 換気方式

換気の方法は，機械換気と自然換気とに分けられる．

機械換気方式では，給気，排気ともに機械力を利用した第1種換気方式が最も確実な方式である．住宅では，台所，浴室，トイレのように汚染ガス，蒸気，臭気など汚染物質が発生するところで，発生した汚染物質をすぐに排出するように，機械による排気（給気は自然式）を行う第3種換気方式が用いられる．給気のみ機械により新鮮空気を供給するものを第2種換気方式という．換気により温度・湿度の異なる室内空気と外気が入れ替わることは冷暖房の負荷となるため，省エネルギー的には全熱（顕熱と潜熱）交換式の換気扇を用いることが望ましい．

自然換気方式は，風力や温度差による圧力差を利用するものである．風力換気は，風の強さ，風向き，窓の形状，さらに窓の位置関係が関係する．風力による換気量は風速に比例し，風圧係数の差の平方根に比例する．風の流入口から流出口へと有効な通風経路が得られる開口部があることが望ましい．流入口が風上側にない場合は袖壁を利用し，風を導くなどの配慮も必要となる．

温度差換気は空気の温度差による密度差から生じる対流によるものであり，上下方向に窓があると有効である．換気量は上下の窓の距離に比例し，内外温度差の平方根に比例する．片面しか開口部がとれない場合，上下に開口部を設置し，温度差換気を利用することも有効である．

2) 必要換気量

それぞれの汚染物質に対し，その発生量，許容濃度，そして外気に含まれるその汚染物質の濃度などにより必要換気量を算出することができる．一般に呼吸による CO_2 発生に対しては，在室者1人あたり1時間に約 30 m^3 の換気量が必要とされる．タバコに対しては粉塵発生を対象として考え，基準値（浮遊粉塵 0.15 mg/m^3）以内に抑えるとすると，1本に対しおよそ 100 m^3 の換気量が必要となる．その他，燃焼器具を使用する場合は換気に十分注意する必要がある．

4.7 水の環境とその調整

a. 水の役割と水利用

人体の 50～60% は水であり，生命維持のために，栄養素の吸収，老廃物の排泄，消化液などの分泌，恒常性調節のための溶媒，酸素の運搬，体温調節などさまざまな働きをしている．人間が生きるためには，尿により排出される量と不感蒸泄により放出される量の1日約 2～2.5 l の水が必要である．また，われわれは快適な生活をするためにさまざまな目的で水を利用しており，家庭においては1人1日 250～300 l の水が必要とされる．その他，都市活動用や産業用にも水が使われている．

b. 水利用の器具

水は，飲用，洗浄用，搬送用，加熱・冷却用，加湿用，宗教用など種々の目的と用途で使われている．各水使用個所に，目的・用途に合った器具を設置し，適正な水量，水質，水圧，さらに給湯の場合は適正な水温の水を供給する．そして，使用した水の排出を安全，確実，衛生的に行う必要がある．

水利用の器具は一般に衛生器具と呼ばれ，水栓類，水受け容器，排水器具などからなっている．水栓部に水や湯を供給する場合，握力の弱い高齢者などは微妙な調節がしにくいため，シングルレバー式の混合水栓が望ましい．さらにサーモスタット式で温度を設定できるものは安全性にも有利である．

大便器は住宅においては洗浄タンク式が一般的であり，従来型は1回の洗浄に 10～15 l の水が使用されるが，近年では 8 l 程度の水量で機能する節水型が普及してきている．また，さらに 6 l 程度の器具も開発されている．

器具の排水設備には，下水からの悪臭や害虫などの侵入を防ぐため，器具からの排水管をP字型やS字・U字型に折り曲げ，水（封水）を溜めておく管トラップと呼ばれる器具がついている．ときどき，サイフォン作用や蒸発，毛細管現象などの原因でこの封水が失われ，下水からの悪臭が室内に侵入してくることがある．この場合，水を出し封水を補充してやるとトラップの機能は回復する．

c. 使用水量と圧力

家庭で使用する水量とその用途別割合は，各家庭の人数やライフスタイルなどで異なる．一般的構成割合は，入浴用，台所用，洗濯用はそれぞれ27〜28%程度，トイレ洗浄用16%程度である．各器具がその機能を果たすためには水圧も必要である．シャワー，瞬間湯沸器，フラッシュバルブなど，最も圧力を必要とする器具は70 kPa程度，一般水栓は30 kPa程度の圧力を必要とする．圧力を水の高さで示すことがあり，1 mの高さの水は10 kPa（0.1 kgf/cm^2）に相当する．

d. 給水方式

住宅における給水方式は，戸建住宅の場合は水道本管の圧力を利用した直結給水方式が使われる．しかし，水を高い位置に押し上げるにはそれだけ圧力が必要であり，この高さに相当する圧力に配管抵抗と各器具で必要とする圧力を合計した圧力が必要となる．3階以上の建物では本管圧力だけでは圧力が足りなくなることがある．圧力が足りないときは，ポンプにより圧力を補充するポンプ直送式，ブースターポンプ方式などが使われる．また高層建物では，ポンプの力を利用し，屋上の高い位置に設置した水槽にあらかじめ水を押し上げておき，あとは重力による圧力を利用する高置水槽方式が使われる．

e. 給湯方式

最近の住宅では住戸セントラル給湯方式が多く用いられ，熱源機は大きくガス瞬間式給湯機と深夜電力貯湯式温水器に分けられる．ガス給湯機は，自動風呂給湯，風呂の追いだき機能，また温水回路を組み込んで暖房や浴室乾燥機なども利用できるなど，種々の機能が組み込まれたものがあり，小型で高性能である．しかし，水温が低い冬の同時使用時には能力が足りなくなることがある．ガス給湯機は1分間に1 l の水の温度を25℃上昇させる能力を1号として，号数であらわ

表 4.2 食品廃棄の水環境への影響（後藤，1998）

食品種類と捨てる量		食品の汚れ BOD（mg/l）	魚が住める水質[1]まで 薄めるための水量[2]
天ぷら油	（500 ml）	1000000	330 杯
おでん	（500 ml）	74000	25 杯
牛乳	（200 ml）	78000	10 杯
みそ汁	（200 ml）	35000	4.7 杯
米とぎ汁	（2000 ml）	3000	4 杯
ラーメンスープ	（200 ml）	25000	3.3 杯
日本酒	（20 ml）	200000	2.7 杯

注 1) BOD 5 mg/l 程度.
2) 風呂おけ 1 杯 300 l として薄める杯数.
（環境庁「環境にやさしい暮らしの工夫」による）

すことがある．数ヵ所の同時使用を考えるなら 24 号程度の能力が好ましい．
　一方，深夜電力温水器は，深夜の契約時間にのみタイマーによりヒーターの電源がはいり，設定温度に沸き上げた湯を貯めておくものである．貯湯槽が大きく，スペースや構造上の問題はあるが，湯量が多く，数個所同時に使用しても問題ない．しかし，湯を使いきってしまった場合に湯が出なくなることがある．そのため，過大な貯湯容量のものを選定するという無駄が多かった．しかし，近年では，昼間に追いだきできる契約も選べる．最近，電気ヒーターではなく，冷媒に CO_2 を使用したヒートポンプ式の給湯機（エコ給湯）が注目されている．電気ヒーター式の通常の電気温水器に比べ 1/3 程度のエネルギー消費量である．

f. 水利用と水質

　給水，排水，再利用水など利用している水それぞれに，水質基準が定められている．また，表 4.2 は主な食品の環境汚染への影響程度の例である．排水口に流してしまう食品はかなりの環境負荷となっていることを認識する必要がある．

4.8 これからの住宅の設備

　これからの住宅設備は，高度情報化，少子・高齢化，ライフスタイルの多様化など住宅をとりまく問題，地球温暖化，環境汚染，廃棄物処理などの地球環境問題などに対する考慮が必要である．そして，高性能・高耐久性，健康性や安全性

4.8 これからの住宅の設備

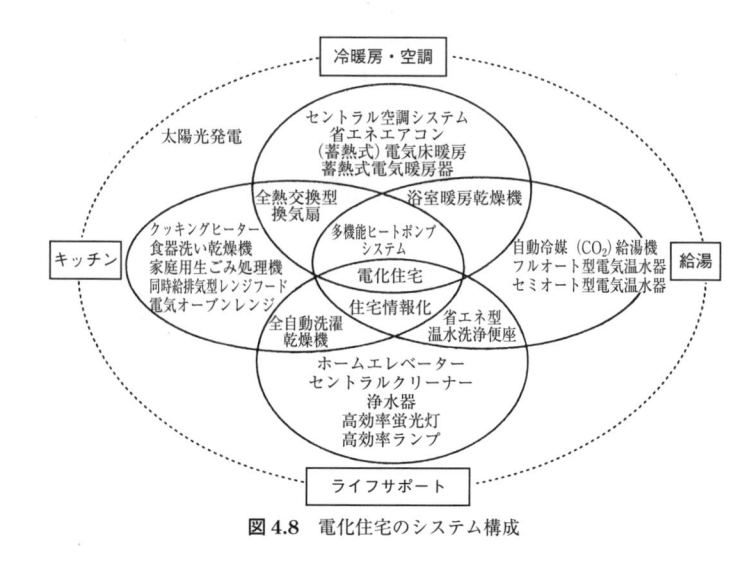

図4.8 電化住宅のシステム構成

（冷暖房・空調）
- セントラル空調システム
- 省エネエアコン
- （蓄熱式）電気床暖房
- 蓄熱式電気暖房器
- 全熱交換型換気扇
- 浴室暖房乾燥機
- 多機能ヒートポンプシステム
- 電化住宅
- 住宅情報化

太陽光発電

（キッチン）
- クッキングヒーター
- 食器洗い乾燥機
- 家庭用生ごみ処理機
- 同時給排気型レンジフード
- 電気オーブンレンジ

（給湯）
- 自動冷媒（CO_2）給湯機
- フルオート型電気温水器
- セミオート型電気温水器

- 全自動洗濯乾燥機
- 省エネ型温水洗浄便座

（ライフサポート）
- ホームエレベーター
- セントラルクリーナー
- 浄水器
- 高効率蛍光灯
- 高効率ランプ

などの性能要求はますます高くなる．また，建物に比べ短い耐用年数であるため，更新性にも配慮しておく必要がある．

　住宅設備に要求される性能の中では特に省エネルギー性が重要である．自然環境・自然エネルギー利用を心がけるとともに，システム全体で地球環境に配慮するよう検討する必要がある．今後のシステムとしては，太陽熱利用，ガスエンジンによる発電とその廃熱を利用したコ・ジェネレーションシステム，ヒートポンプ多機能エアコンなどのシステムが検討されていくと思われる．

　全電化住宅も注目されている．図4.8にそのシステム構成を示す．キッチンにはIH（電磁調理器），そして多機能エアコンにより冷暖房・給湯を行う．燃焼によるCO_2や水蒸気の発生がなく，効率もよい．そのため換気量も少なくてすみ，また安全性も高い．前述の自然冷媒（CO_2）を使用するヒートポンプは，オゾン層の破壊や地球温暖化などの問題に対しても優れている．

5

構 造 安 全

5.1 安全に住まうために

a. 構造安全とは

　住まいは，われわれの命や財産を守るためのシェルターとしての意味をもっている．この住まいの安全性を確保することは重要であるが，時にはその安全性が損なわれ，大惨事となることがある．特に，古来より地震が多発しているわが国では，大地震が住まいに及ぼす影響を無視できない．近年では1995年の阪神・淡路大震災による被害が建築物に対する構造安全性の重要性を再認識させた．また，20世紀後半から高さ100 mを超える超高層ビルも多数建てられているが，地震時はもちろん，台風時の大きな風圧力にも耐えなければならない．作用するさまざまな力に対して建物は安全であることが求められる．表5.1および図5.1，5.2に各種荷重・外力による被害例を示した．
　建物の安全性にかかわる要因を分類すると，気象によるもの(雪・暴風雨・ひょう・洪水・凍結・雷)，地盤によるもの(地震・沈下・土圧・水圧・崖崩れ・津

表5.1　各種荷重・外力による被害例

荷重外力	被害例	原因
積載荷重	・木造住宅2階床の落下（死者有） ・コンサートホールの床落下（重傷者有）	大量の本やビデオ 人間が飛び跳ねて増加した衝撃荷重
雪荷重	・屋根の落下（死者有） ・除雪時に屋根から落下，雪に埋没し窒息死	雪の重量 除雪作業にともなう危険性
風荷重	・躯体のひび割れや一部の破壊（塔状建物） ・船酔い現象 ・2次部材の落下事故	共振による揺れ増幅 暴風による揺れ
地震荷重	・阪神・淡路大震災（死者・重軽傷者多数）	大きな地震力他

図5.1 積載物による床落下の事故例
（2001年1月19日スポーツ報知新聞朝刊掲載, 共同通信配信）

図5.2 阪神・淡路大震災の被害例
（1階が潰れた全壊の木造住宅）

波・高潮・山津波），人為的現象によるもの（固定・積載・衝撃・振動・火災），その他の要因（シロアリ・腐朽・風化・変質・腐食）があげられる．これらの要因に対して被害を起こさないよう，安全かつ耐久的な建物をつくることが重要である．

また，建物に対する要求が多様化している傾向がある．よって構造計画の際には安全性能のみでなく，住まい手の住み心地や快適性などの居住性能，さらには省エネルギーや高齢者への対応などに対する性能への要求にも配慮することが求められる．住宅品質確保促進法などの法制度が施行されている現在，ユーザーと設計者とで目標とする性能レベルについて話し合い，合意する必要がある．

b. 住まいの計画と構造安全性

地震の多いわが国で建物を建てるには，地震外力に対する安全性を確認することが必要である．地震の動きには「横揺れ」と「縦揺れ」があるが，「縦揺れ」と呼ばれる上下動による地震力は水平動のそれに比べて小さいことが多く，また鉛直方向の力に対する安全率が高いことが多いため，柱が土台や梁にきちんと固定されていれば直下型地震以外ではそれほど問題にならない．通常の耐震設計では「横揺れ」と呼ばれる水平方向の地震力を主に対象とする．

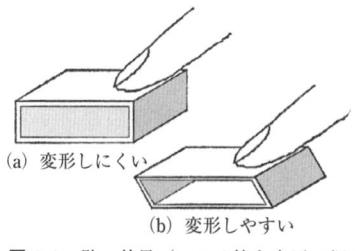

(a) 変形しにくい
(b) 変形しやすい

図5.3 壁の効果（マッチ箱を水平に押してみる）

a) 壁量の多い住宅（耐震性がよい）

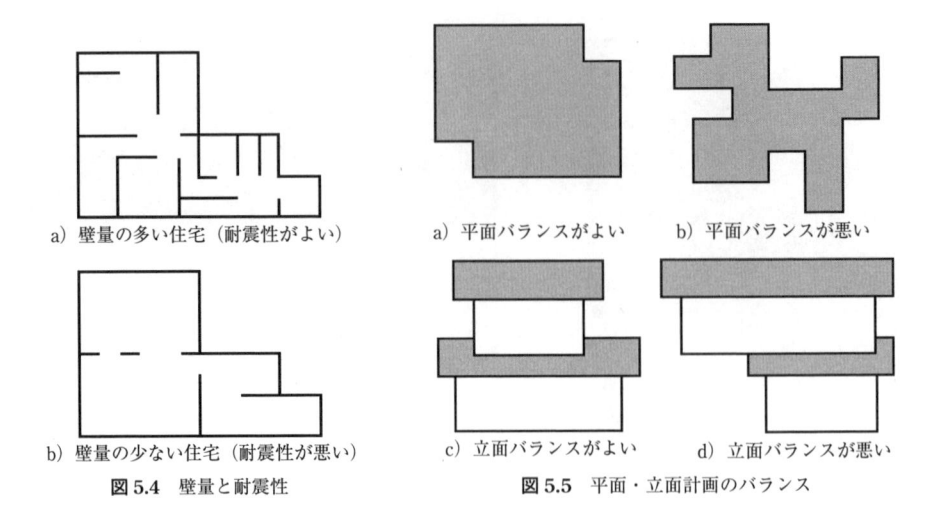

b) 壁量の少ない住宅（耐震性が悪い）

図 5.4 壁量と耐震性

a) 平面バランスがよい　　b) 平面バランスが悪い

c) 立面バランスがよい　　d) 立面バランスが悪い

図 5.5 平面・立面計画のバランス

　図 5.3 のように，マッチ箱の中箱があるものとないものを水平に押してみる．水平力が作用した場合，中箱（壁に相当）のあるものは，ないものに比べ，変形しにくくなり，さらには建物の耐力も大きくなることがわかる．壁は重要な耐震要素であり，図 5.4 に示すように，耐震壁あるいはそれに匹敵する筋違いなどの耐震要素の量を確保することと，それをバランスよく配置させることが大地震に対して有効な方法になる．

　過去の震害分析データによると，耐震要素が全体的にバランスよく配置されている建物は地震の被害を受けにくいことがわかっている．このバランスとは，建物の平面計画的バランス（偏心率）と，立面計画上でのバランス（剛性率）を兼ねそなえることであり，図 5.5 に示すように，凸凹の少ない単純な構造の方が耐震性は高くなる．特に 2 階建の木質構造の住宅では，1 階から 2 階まで四隅を通し柱にして，筋違いの入った壁をバランスよく配置する必要がある．

　平面計画上，壁や筋違いの配置バランスが悪いと，その階の抵抗力がアンバランスになり，地震時に建物自体がねじれて変形が大きくなり，建物に被害を与える大きな原因になる．また地震や風などによる水平力を受けた建物は，立面的には図 5.6 のように各階で変形を生じる．この変形角を「層間変形角」といい，耐震性能の重要な指標となる．層間変形角の大きさは耐震要素の量に左右され，壁量が多ければその階は「剛い階」で変形角は小さくなり，少なければ「柔らかい

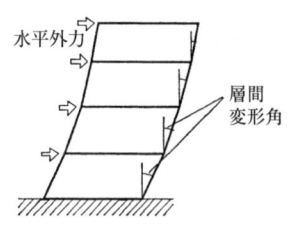

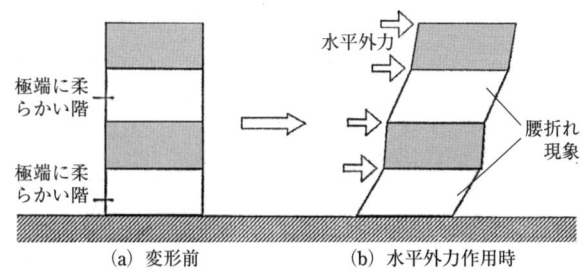

図 5.6 水平外力による立面的な変形

図 5.7 各階の剛性率が不均一な建物の水平外力による変形

(a) 変形前　　(b) 水平外力作用時

階」で変形角が大きくなる．耐震上特に問題になるのは，図 5.7 のように，部分的に「極端に柔らかい階」をもつ建物であり，地震エネルギーがこの階に集中すると，腰折れ現象を起こし，そこから建物が崩壊することもある．このように立面的バランスも重要である．最近の戸建住宅では 1 階の一部を駐車場にする計画も多いが，この場合には上階との剛性率を考慮する必要がある．

このように建物を安全に計画する場合は，建物形状のバランスもねじれや力の局部集中が起こらないようなプランを考え，耐震壁をバランスよく配置し，適切な構造部材で構成する必要がある．構造計画においては，強度と剛性の両面から構造安全性を確保することが重要である．

5.2 荷重・外力の種類

住まいの使命の基本はまず人命の安全確保であり，そのためには建物がさまざまな外力に対して安全であるか否かを確認する必要がある．これを計算で確かめるための手段が，いわゆる「構造力学」であり，「力のつりあい」と「変形の適合」から構造物の安全を保証する．住まいを安全に設計するには，上部構造に作用する荷重・外力を，いかにつりあうように柱や梁，壁・床などの主構造体を経由して地盤に伝達するかという構造計画が重要になる．建物に作用する荷重・外力の種類を表 5.2 および図 5.8 に示す．

固定荷重とは建物の自重であり，柱・梁・床・耐力壁などの構造躯体や，窓・外壁などの 2 次部材，つくりつけられた設備などを含むものである．また，積載荷重は居住空間内に存在する家具や人間などの重量を示している．固定荷重と積

表5.2 荷重・外力の分類

作用方向	荷重・外力の種類	作用期間
鉛直荷重（引力による力）	固定荷重(自重) 積載荷重 雪荷重*	常時荷重 （長期）
水平外力（空気・地盤などの作用による力）	風荷重 地震荷重 土圧・水圧	非常時荷重 （短期） 常時荷重

* 多雪地域では常時荷重としてあつかう．

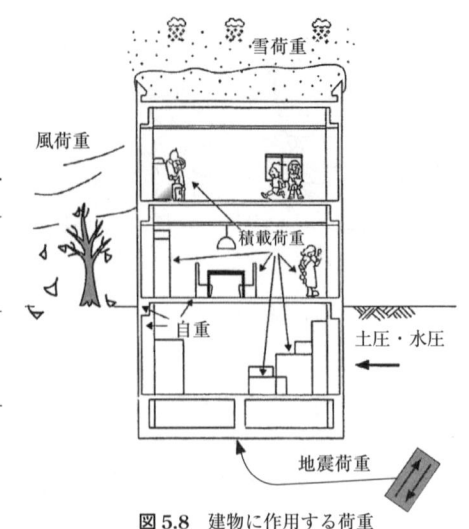

図5.8 建物に作用する荷重
（日本建築学会編：「建築設計資料集成　総合編」より）

載荷重は力の作用方向が鉛直方向なので鉛直荷重に分類され，常時作用していることから常時（長期）荷重ともいう．また雪荷重も鉛直荷重であるが，非常時（短期）荷重としてあつかわれることが多い．ただし，多雪地域では長期間屋根面に積もるため常時荷重としてあつかう．また，風荷重・地震荷重は主に水平方向の力に対する安全の確認が必要となるため水平荷重としてあつかわれるが，継続時間が比較的短時間のため，非常時荷重としてあつかう．その他，交通振動，温度，地盤面下の土圧・水圧など，さまざまな種類の荷重・外力が存在する．

建物に鉛直荷重および水平外力が作用すると，各部材の応力は基本的に床から梁・柱へ流れ，徐々に下階へ伝達され，最終的には地盤に到達する．したがって，下階ほど柱の応力が大きくなるので，建物を崩壊させないためには下階の柱断面を大きくする必要がある．

5.3 基礎と地盤

a. 地盤の種類

地盤の種類には硬い地盤と軟弱地盤がある．軟弱地盤上の建物は一部が沈下す

る恐れがあるため，構造安全の上では硬い地盤がよいとされる．また，敷地が硬い地盤と軟弱地盤の両方に接する場合には，建物が図 5.9 のように不同沈下を生ずることがあるため注意が必要である．軟弱地盤では地震時の揺れ自体も大きくなるため，建物躯体には厳しい環境となる．さらに地震時は揺れによる液状化現象を生じ，沈下や建物転倒の危険性も高いため，敷地の選定にあたっては，地盤について十分な調査を行い，必要に応じて地盤改良を行うなどの工夫が重要になる．

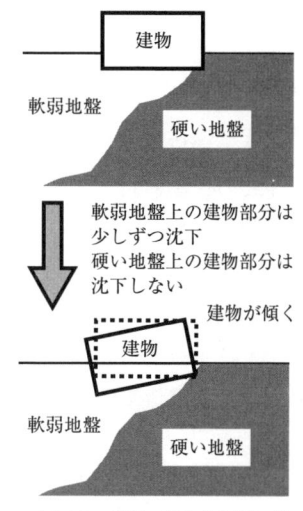

図 5.9 地盤の硬さと建物の沈下

b. 基礎の種類

建物躯体を支え，また荷重・外力によって生じた力を地盤に伝達するためには，基礎の安全性を確保することが大切である．建物の上部構造が安全で，さらに地盤がよくても，基礎構造の安全性が確保されなければ，建物は安全であるとはいえない．直接基礎の種類には，図 5.10 に示すように，独立フーチング基礎，布基礎，べた基礎の 3 種類がある．独立フーチング基礎は柱下のフーチングにより建物重量を地盤に伝えるもので，布基礎は基礎梁に取り合うフーチングにより建物重量を地盤に伝え，べた基礎は床面積全体で建物重量を地盤に伝えるものである．

一般的には，地耐力（地盤の強さ）が小さい場合は「べた基礎」を使用する場合が多いが，建物のバランスや地盤の状態を無視すると不同沈下の原因になる可能性もあるため，軟弱地盤などの場合は特に注意が必要になる．

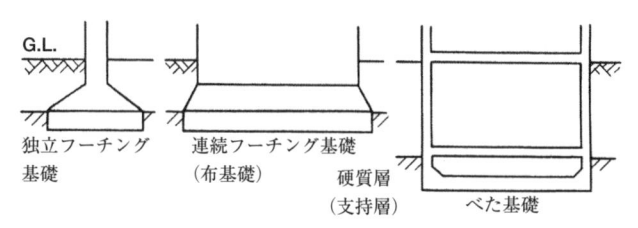

図 5.10 直接基礎の種類（日本建築学会編：「構造用教材」より）

5.4 構造システムの種類

住まいの構造システムにはさまざまな種類がある．図 5.11 に示すように，主に住宅の骨組として使われている材料によって，木質構造，鉄筋コンクリート構造，鉄骨（鋼）構造，その他に分類できる．建物が戸建住宅なのか集合住宅なのか，あるいは規模の程度などによっても構造システムに違いが生まれるが，構法・工法の選択は耐久性，耐火性，耐震性などの性能や工期，コストなどにも影響を及ぼす．それぞれの特徴を知って適切な選択をすることが望ましい．ここでは代表的な構造や構法・工法の特徴についてまとめた．

a. 木質構造の特徴

木質構造は建物の主体となる構造部材に木材を使用した構造である．木材は鉄やコンクリートなどに比べて軽いため，建物全体の重量が軽くなり，部材寸法を小さくすることができる．加工が容易で，運搬や組立が比較的簡易であるなどの長所がある一方，湿気に弱く，虫害や腐朽の害を受けやすいこと，また可燃性であることが短所としてあげられる．木質構造は，高さや階数の制限があり，規模が限られていることや，都市部における防火上の規制による影響などにより，近年では戸建住宅以外に用いられることは比較的少ない．

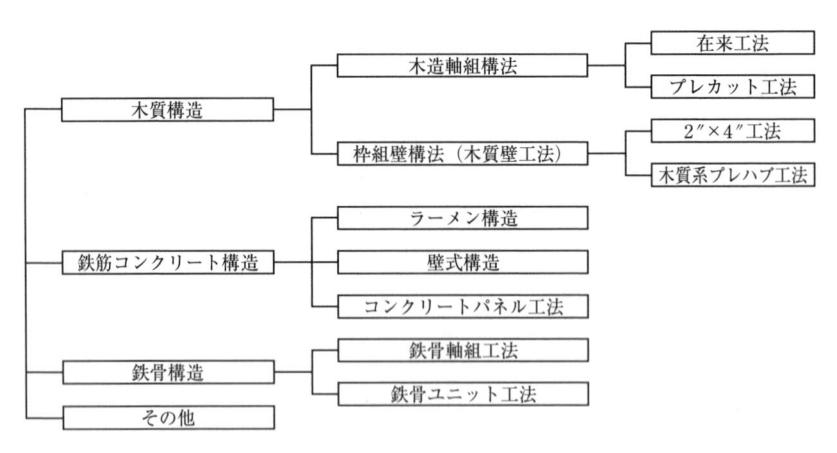

図 5.11 構造・構法の大まかな分類

1) 在来軸組構法

在来工法ともいわれ，図 5.12 に示すように柱や梁などの軸部材で構造体を構成して外力に抵抗する構造である．これは長い間の経験と実績に支えられた工法で，わが国の気候，風土にも合う構造である．

この工法は，通常，コンクリート基礎の上に土台をおき，その上に柱を立て，梁や桁を渡し，その上に小屋組と呼ばれる屋根をかける．通常は現場で施工するため，品質にばらつきがあり，工期も比較的長くかかる．強度確保のため，筋違いや火打ちといった斜め材を使用することや，柱・梁の接合部分に，継手・仕口といったわが国独得の伝統的手法が用いられるのが特徴である．従来は，柱と梁を外にあらわしたまま柱と柱の間に壁を設ける「真壁づくり」であったが，耐震性に難があるとされたため，最近は板壁や塗り壁などの仕上材で柱や梁を覆う，いわゆる「大壁づくり」が多い．構造接合部には各種金物を使用し，プレカットによる部材加工が主流になってきた．近年，技量のある大工の減少あるいは良質な木材の不足などの問題が顕在化している．

2) 枠組壁構法（木質壁工法）

ⅰ） **ツーバイフォー工法（2″×4″住宅）**　約 200 年ほど前に北アメリカで生まれた工法で，わが国では 1974（昭和 49）年に一般住宅の工法として構造，施工基準が定まった．床，壁，天井からなる箱型の枠組工法であり，各種外力を

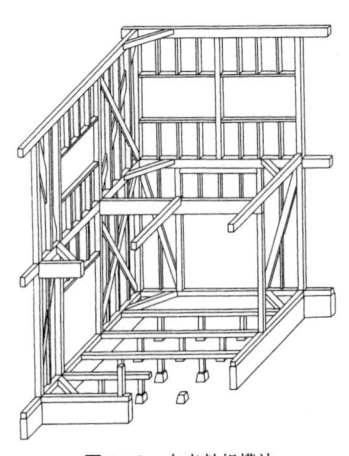

図 5.12 在来軸組構法
（「構造用教材」より）

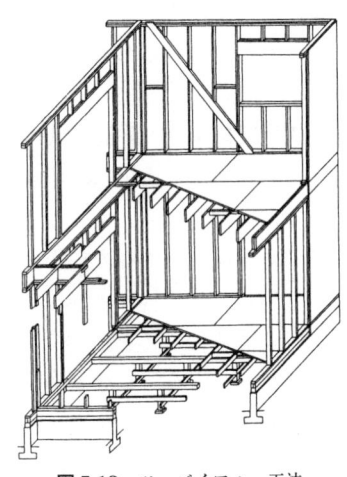

図 5.13 ツーバイフォー工法
（「構造用教材」より）

バランスよく吸収・分散できるため，構造的に優れた耐震性，耐風性をそなえている（図 5.13）．また，一般に木造住宅は火に弱いことが欠点であるが，この工法は各室がパネル壁で分離されるため，ある程度防火的にも優れている．ただし，シロアリの食害については在来工法と同様，注意が必要である．

この工法は，まず基礎の上に 1 階の床を組み，続いて床板を張り，それをベースにして壁を組み，東西南北の壁パネルを建て起こし，釘や補強用金物でつなぎ合わせる．1 階ができあがったら，同様の手順で 2 階以上をつくり，最上階ができあがった後，その上に小屋組をのせる．これをプラットホーム工法ともいい，枠組壁構造（パネル工法）とも呼ばれている．壁自体が主構造体のため，間取り，開口部の位置や大きさに多少制約があり，強度を確保するためには，1 階と 2 階の壁位置がずれないよう配慮すべきである．

ⅱ） **木質系プレハブ工法（工業化住宅）**　　プレハブ工法とは，事前に工場生産された木質のパネルを現場で組み立てる工法である．結果的には均一で安定した高品質の部材が得られ，工期の短縮，人件費の節約ができ，大量生産によるコストダウンのメリットがある．

構造体がパネルになっている枠組壁構法の場合は，外力に対して面で抵抗するため耐震性が高い．また断熱性，気密性に富むことから，省エネルギー性能，防火性能も高くなる．さらに柱・梁がないため，室内を広々と演出することも可能である．工場生産のメリットを生かすために外観や間取りの自由度が制限される点が短所としてあげられる．

b. 鉄筋コンクリート構造（RC 造）の特徴

鉄筋コンクリート構造は，圧縮力に強いコンクリートと引張力に強い鉄筋を組み合わせた構造である．鋼とコンクリートの熱による線膨張係数が等しいため，直射日光に照らされても内部応力が生ずることはない．また，鉄材は高温下で強度低下を生じる可能性があるが，RC 造では鉄筋をコンクリートで被覆しているため，耐火構造になると同時に，鉄筋のさび（酸化）を防ぐ効果もある．さらに，鉄筋は細長いため座屈しやすいが，コンクリートが補剛効果を助長し，座屈を防止して圧縮強度を高めている．このように鉄筋コンクリート構造は，耐震性に富み，耐火性も優れ，耐久性に富んで寿命が長く，遮音性も高いため，集合住宅あるいは高層住宅など規模の大きい建物にも適している．しかし，コンクリートの

熱伝導率が高いことから，夏は暑く，冬は底冷えするなど断熱処理が大切になる．また，コンクリート表面にクラック（ひび割れ）がはいりやすいのが難点である．

ラーメン構造，壁式構造，コンクリートパネル工法の他，比較的大規模な空間の建物において，コンクリートの可塑性を巧みに利用したアーチ構造，折版・シェル構造など各種構造が自由に選択できる．

1) ラーメン構造

柱・梁・床板を剛接合で固定し，強度を保つ構造である（図5.14 (a)）．適切な位置に耐震壁を配置して耐震性と経済性を高め，平面的な建物のねじれも防止する必要がある．耐震壁は平面的にも立面的にも均整のとれた配置にすれば，地震力に対して効果的な抵抗が可能である．また耐震壁が地震力を吸収することにより，ラーメン部材の曲げ応力，せん断応力を小さくすることができ，骨組部材を経済的に設計することができる．

この構造は中低層の集合住宅に比較的多く用いられており，間仕切りや開口部の大きさ・位置が自由に設定できるため，間取りのバリエーションを多くすることができる．リフォームの際の自由度も比較的高い．短所は，柱・梁などの部材寸法が壁や床・天井の厚さを超えることがあり，室内に凹凸部分として露出することである．柱形により家具レイアウトの自由度が制限される場合もある．

2) 壁式構造

鉄筋コンクリートの壁自体を構造体として，地震などの外力に対して壁で抵抗

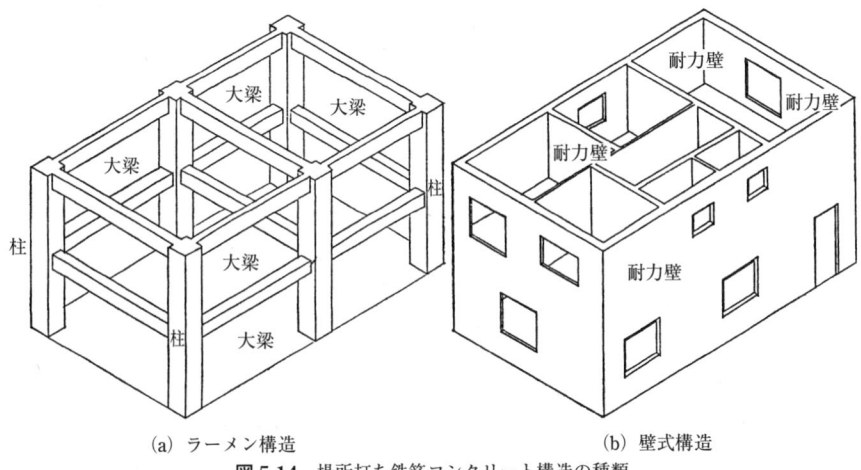

(a) ラーメン構造　　　　　　　　　　(b) 壁式構造
図 5.14　場所打ち鉄筋コンクリート構造の種類

する構造である（図 5.14 (b)）．戸建住宅などの比較的小規模な建物では，柱のかわりに耐力壁によって荷重を支持するこの構造が用いられる．建物の高さ，階数などに制限があるため，集合住宅に用いる場合は中低層建物になる．また上下階の主要な耐震壁は位置を一致させる必要があり，集合住宅では上下階の間取りが同様になることも多い．また，リフォームを行う場合も，構造体としての壁は外すことができないため，ラーメン構造と比較すると制約が多くなる．

c. 鉄骨構造（S造）の特徴

構造上主要な骨組の部分に，形鋼（H形鋼・I形鋼・L形鋼など）・鋼板・鋼管（鋼製パイプ）などの各種鋼材を用いて，柱と梁を主体とする立体的な骨組を構成する構造で，経済性，施工性，強靱性に優れている．腐食や耐火性能に劣るなどの短所を補うため，表面に塗装をしたり耐火被覆を施す．鋼材は木材に比べ強度が大きく，またコンクリートより重量あたりの強度比が大きいため，軽量で粘り強い（靱性）構造が可能である．ラーメン構造・トラス構造・アーチ構造など多くの構造形式に適用されており，高層建築や大スパン構造が可能である．

d. その他の構造

1） 鉄骨鉄筋コンクリート構造（SRC造）

鉄骨のまわりに鉄筋を配してコンクリートを打ち込み，鉄骨と鉄筋コンクリートとを一体化した構造である（図 5.15）．鉄骨構造より耐火的で，鉄筋コンクリート構造よりさらに強さと粘りをもつ耐震構造となるため，大規模な建築物や高層建築物に適している．

2） コンクリート充填鋼管構造（CFT構造）

近年，新しい構造形式としてコンクリート充填鋼管構造（CFT構造）が用いられつつある．CFT柱は円形あるいは角形の鋼管中に高強度のコンクリートを充填したものである（図 5.16）．鋼管がコンクリートを拘束することにより，剛性，耐力，変形，耐火，そして施工などのあらゆる面で優れた特性を発揮する．また鉄骨が柱型枠となるため，従来の型枠は不要となる．低層から超高層，住宅から大架構建築物まで，小さな柱断面でより高い階高，より長い柱間隔が可能となる．

3） 制振・免震構造

地震や強風時に作用し，建物に振動を生じさせる外力に抵抗するために，構造

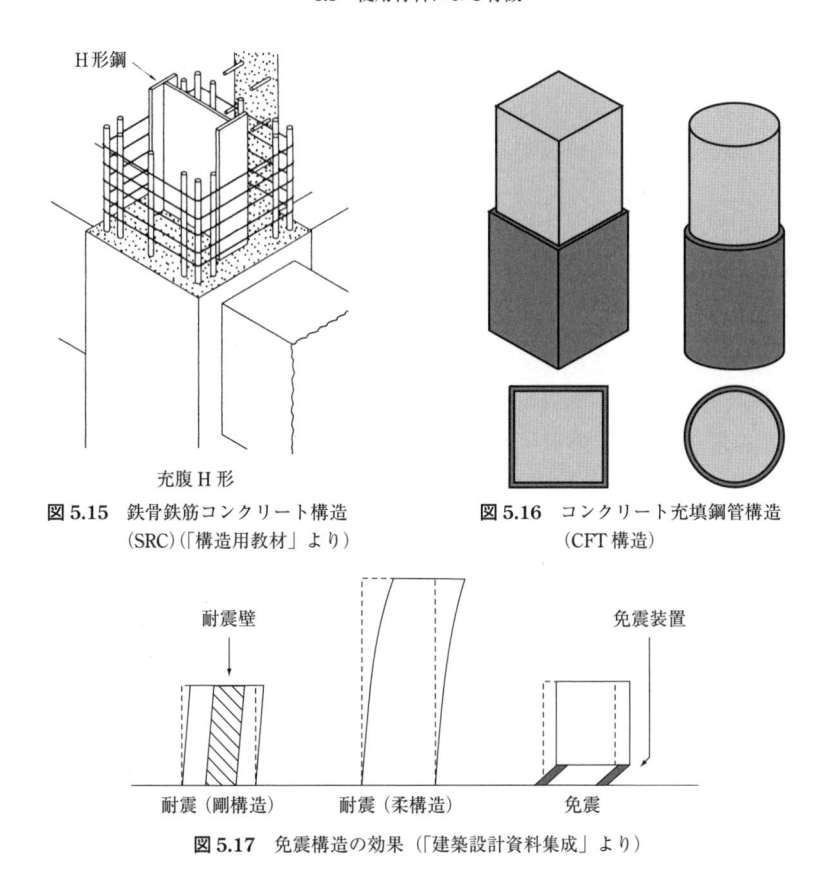

5.5 使用材料による特徴　　　141

H形鋼

充腹H形

図 5.15　鉄骨鉄筋コンクリート構造（SRC）（「構造用教材」より）

図 5.16　コンクリート充填鋼管構造（CFT 構造）

耐震壁　　　　　　　　　　　　　免震装置

耐震（剛構造）　耐震（柔構造）　　免震

図 5.17　免震構造の効果（「建築設計資料集成」より）

物全体または床などの部分に何らかの装置または機構を設けて，構造物に生じる加速度や変形を制御しようとする構造を制振構造という．免震構造は制振構造の1つで，積層ゴムや他の装置を設置することで，地盤から構造物に伝わる振動を絶縁し，または構造物の固有周期を長くすることにより，構造物に生じる応力や変形を小さく抑えて制御する構造である（図5.17）．

5.5　使用材料による特徴

住まいの仕組みを考えるには，構造材料についての知識を得ることも大切である．どの素材を使って構造体を形成するかによって，構造，構法・工法の性質が

異なるとともに，住宅の性能にも影響を与えることになるため，各材料の特性を把握し，確かで精度の高い材料を選ぶことが望ましい．主な構造体に用いられている材料の特徴について概説する．

a. 木材

木は現在使用されている構造材の中で唯一の有機（生物）素材である．伐採され，木材になっても呼吸し，木材自体が湿気を吸収したり，はき出すなどの調湿作用をもつため，高温多湿のわが国の気候に適応する材料として，古くから使用されてきた．その反面，長い間に狂いを生ずる，有機材料のため腐食菌によって腐るなどの欠点もある．木材は虫害も受けやすく，地域によってはシロアリによる大きな被害を受ける．なお，檜やひばは耐腐朽性・耐蟻性が強く，松，米栂，スプールスは腐朽やシロアリに弱いなど，材種によって虫害の受け方が異なるため，建築時には防腐，防蟻処理などを適切に施す必要がある．

なかでも，構造材としての木材における最大の欠点は燃えやすいことである．木材は，160℃で炭化し始め，260℃で可燃性ガスを発生し，燃焼する．この耐火性の低さが構造材としては大きな問題点となり，都心部において木造建物を建築するのがむずかしい原因になっている．

その他の木材の特徴として，軽い，加工性がよい，熱伝導率が低く断熱性がよい，構造材がそのまま化粧材になるなどがあげられる．このため建築の際には，運搬や組立が容易，部分的な交換が可能，軸組構造をそのままデザインとして使えるなどの特質をもつ．価格は材種あるいは時代の変化によって，かなり幅がある．たとえば1971（昭和46）年の大きな下落のあと，1973（昭和48）年の石油ショックの影響を受け高騰し，71年を100としたとき73年は160.3になった．

b. コンクリート

コンクリートは，砂（細骨材）と砂利（粗骨材）とをセメントと水で練り混ぜ，硬化させたものである．したがって，自由な形を構成することができる．ちなみに，砂とセメントと水を練り混ぜたものをモルタルといい，セメントと水を練ったものをセメントペーストという．コンクリートは骨材をこのセメントペーストで接着したものだと考えればよい．コンクリートは，練り上げられ，型枠内に打設されると，水和反応と呼ばれる化学反応によって，時間経過とともに硬化する．

数日すると脱型できるくらい固くなり，普通コンクリートの場合，28日（4週強度）でほぼ最大強度に近づく．しかし，コンクリートは異方性材料とも呼ばれ，圧縮されるときと，引張られるときで強度が異なる．実際には引張強度は圧縮強度の1割程度であるが，設計ではコンクリートの引張強度は無視することになっている．通常，普通コンクリートの密度は 2.3 t/m^3 で，重い材料であるが，軽量骨材を用いた軽量コンクリートも最近多用されている．

コンクリートの特徴は，耐火性能が高いこと，耐久性に優れ，虫害に侵されないこと，腐らないという点である．また，遮音性は素材の重量に比例することから，コンクリートは高い遮音性をもつ．

コンクリートは長持ちする（60年程度）というのがこれまでの定説であったが，最近では，鉄道の高架やビルの一部のコンクリートが落下して，けが人を出す騒ぎもあり，コンクリートの寿命について危ぶむ意見も出ている．これは，コンクリートに使用されている骨材自体の強度が弱かったり，セメントに不純物が混じっていたり，あるいは海砂の海水を十分に除去していなかったりなど，素材の品質管理上の問題に起因していることが多い．また，コンクリートの躯体に対する保護がされていない場合，あるいは施工精度が悪い場合などの原因も考えられ，品質管理や素材の欠点を補う配慮が必要である．

また，コンクリートにつきまとう問題点として，コンクリートに含まれている水分が時間の経過とともに抜け出すために生ずる，収縮亀裂（クラック）の発生と結露の助長がある．この欠点を改良するために工場で製造されているのがプレキャストコンクリート（PC）で，集合住宅などに使われる．

c. 鋼材（鉄筋・鉄骨）

構造用鋼材は，加工上の条件や用途上の条件によって分類されることが多く，日本工業規格（JIS規格）で化学的組成や機械的性質などが規定されている．建築構造では，接合方法に応じて品種を選定する．引張強度は材料によって異なり，SR235，SS400で400 N/mm^2 以上，高張力鋼とは一般に引張強度 490 N/mm^2 以上のものをいう．ただし，SS系などでは高強度になるほど溶接性が悪くなるので注意が必要である．地震国日本でも，鉄がもつ剛性・強度などの力学的特性を生かせば，合理的な耐震構造をつくることが可能である．

鋼材は，木材と違って虫の食害の心配はなく，粘り強い，強度が大きい，燃え

ない，耐久性があるなどの特徴がある反面，高温多湿のわが国ではさびあるいは耐火の問題をかかえている．これについては，防錆塗装，耐火被覆などという処置を行うのが普通である．

5.6 ユーザーが構造を選択するには

a. 建物躯体の住宅性能

現代は質を求める時代である．一般住民が住宅内の生活を快適にすごすためには，建物を構築するつくり手としての知識はさほど必要でなくとも，住まい手としての知識は必要になる．構造，構法・工法の知識は，住まいを経済的かつ安全に保ち，より快適な，住み心地のよい生活を保障することにつながる．住まい手の安全はもちろん，器の構築の仕方で，生活者（居住者）の快適性を追求しようとするのが構造安全の目標である．

構造種別を選択する場合，住まいをとりまく環境（住環境）を見きわめ，どのような材料を使った，どのような構造，構法・工法にするべきかを判断することになる．住環境の中でも，自然環境は，敷地の広さ，形状，地盤の種類などに関して構造に影響を与える場合がある．また，建築基準法，都市計画法，消防法などの社会的環境の規制についてもしたがう必要がある．さらに，構造は予算の制約を受けるため，経済環境も重要な決定要素になる．また住まい方などの人間の環境条件も選択要因の1つである．たとえば，ある構造を選んだとき，間取りづくりにはどんな条件があり，敷地に対する対応はどうか，外観はどうか，ライフスタイルの変化に対応できるか，将来の増築改築に対してどうか，建て替えについてはどうか，維持管理に対して楽か等々，多くの点に関して検討する必要がある．

各荷重・外力などに対する構造安全の性能レベルは，ユーザー側にとって「むずかしくてわからない」ととらえる向きもあるが，構造の決定は住まい勝手に影響することが多分にあるため，構造の検討時には住宅性能を考える必要がある．何を重要視して構造を選ぶか，その条件に優先順位をつけ，それにふさわしい構造を選ぶことが肝要である．そのためには，ユーザーも各種情報や知識を習得する必要がある．2000年に住宅品質確保促進法が制定され，ユーザーも自己責任のもとに住宅の質に直接かかわる時代になってきている．

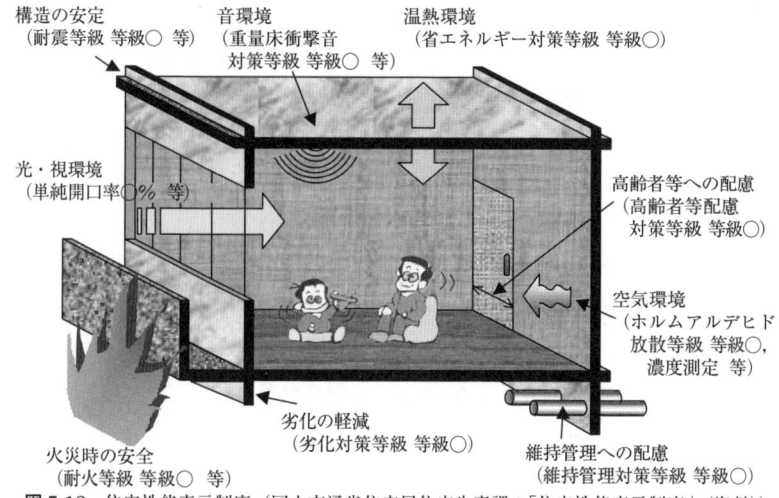

図5.18 住宅性能表示制度（国土交通省住宅局住宅生産課：「住宅性能表示制度」（資料））

住宅品質確保促進法（品確法）

建築基準法の改正にかかわる諸制度の1つとして，2000年6月より住宅品質確保促進制度（通称，品確法）が施行された．住宅品質確保促進制度は消費者（建築主や購入者）の保護を推進するためのものであり，新築住宅の「瑕疵保証制度の充実」と「住宅性能表示制度の新設」と「紛争処理機関の新設」の3つが大きな柱である．

・「瑕疵補償制度の充実」：新築住宅における住宅の構造部，雨漏りによる不具合は，竣工引き渡し後10年間にわたって無償の修理が義務づけられている．

・「住宅性能表示制度の新設」：この制度は新築住宅における9分類21項目の住宅性能（図5.18）を共通の基準によって各項目ごとに等級分けして表示する制度である．一定の基準で評価するため，ユーザーは値段や間取り以外にも，住宅のもつ大切な機能を容易に把握でき，各社比較も可能であるが，「性能表示」は"任意"の制度である．ユーザーが安心して家づくりに取り組めること，将来の転売を考えた場合にも性能の開示がスムーズにできることなどのいくつかのメリットが考えられる．

b. 住宅の構造安全性

住まいを選ぶとき，極端にいえば，外観あるいは間取りよりも「構造」の方が重要だといっても過言ではない．構造設計は，「住まう人の命および財産の確保」を使命の第一としている．しかし，残念なことに，構造体は直接一般の人達の目にふれることがあまりないので，その重要性を認識している人は少ない．

「建築基準法」の条文に従えば，建物の強度面での安全はいちおう保証されることになる．小規模のものを除いて，確認申請図書の一部として「構造計算書」と呼ばれる書類を役所に提出し，確認作業を受けることになっている．構造計算書は，構造力学をベースにして計算し，建物の構造物としての安全を保証するものである．それならば，どうして欠陥住宅が生まれるのだろうか．柱や梁，壁・床など，荷重・外力に対して主に抵抗しているものを主構造体というが，それらの断面の大きさや量が多くなれば，材料費が大きくなり，建築単価が高くなる．反対に，建築単価を下げようとすれば，柱や梁の太さを細くしたりするのが手っ取り早いが，これによって強度あるいは建物の寿命に支障を生ずることもある．したがって，構造体については人まかせにせず，いちおうの知識を身につけ，適切な判断をくだす必要がある．

ユーザーが住宅の構造安全性をどのようにとらえているのか調査した結果についていくつか紹介する．「自宅にどの程度の安全レベルを期待するか」という質問を行った結果が図5.19である．調査は東京近県と九州各県の一般居住者を対象にしたものであるが，東京では約8割が「震度6の地震で被害を受けることは許容できない」と回答した．なお，ここにあげた震度は旧震度階による．しかし，地震経験があまりない九州では震度5～6となっているように，要求レベルには地域差もある．また，構造安全性と広さの優先度合を比較した結果が図5.20である．多くの人は「標準」を期待しているが，「安全性より広さを優先する」という回答も2割程度ある．また約6割が「最終的には安全性の度合より経済性を優先する」と回答しており，構造安全性を重要だと認識しつつも，実際には経済性が優先される傾向が強い．また「安全である」という状態のとらえ方や認識にも個人差が大きい．確保したい安全性レベルの具体的な状態として，「全く被害のない状態」を期待する人から，「崩壊しても内部の人間が死なない状態」を最低限期待するという人もいる．なお，安全意識は時代によって変動する．図5.21は「自宅が地震に対して安全だと思う人」の割合を調査年代順にプロットした結

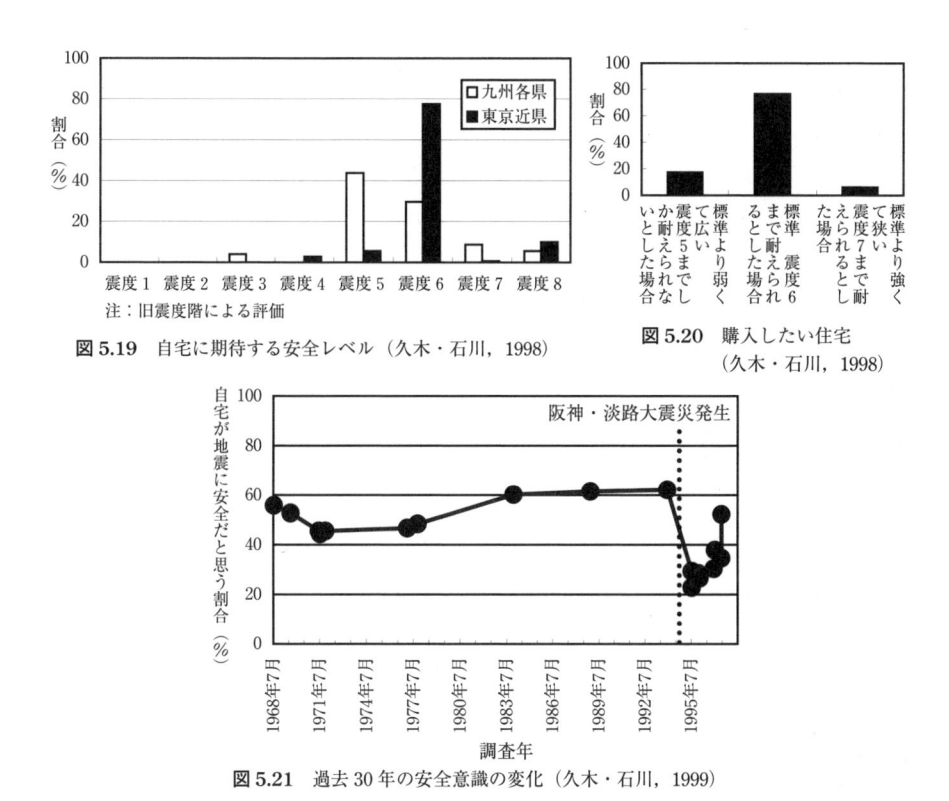

図 5.19 自宅に期待する安全レベル（久木・石川，1998）

図 5.20 購入したい住宅（久木・石川，1998）

図 5.21 過去 30 年の安全意識の変化（久木・石川，1999）

果である．阪神・淡路大震災以前は 60％以上が安全だと評価していたにもかかわらず，震災後はその割合が 20％と急激に下がり，また時間の経過とともに徐々に安全だと思う人の割合が増加している．このことから，人々の災害に対する警戒心が時間の経過とともに変化し，最近また風化していることがわかる．

c. 構造・工法種別の性能比較

各種構造・工法に関する内容については 5.4 節で述べた．一見同じように見える住まいも，実際のつくり方はさまざまである．それぞれの条件に最適でふさわしい構造を選ぶには，それぞれの構造・工法の特徴や持ち味を知る必要がある．それぞれの構造・工法とも一長一短がある．特徴を比較した結果を表 5.3 に示す．

住まいの計画として具体像を明らかにした時点で，その住まいを実現するに足る構造はどれなのか，といった検討が不可欠である．構造をどうするかという問

表5.3 構造別住宅性能一覧

性能 \ 構造・工法	木質構造 在来軸組工法	木質構造 パネル工法	場所打ち鉄筋コンクリート構造 (RC造) 壁式構造	場所打ち鉄筋コンクリート構造 (RC造) ラーメン構造	鉄骨構造 重量鉄骨	鉄骨構造 軽量鉄骨	コンクリートブロック造
耐震性	△ 筋違いや火打ちなどの斜め材の配置に影響される	◎ 壁面で地震力を吸収する耐震的工法で信頼性が大きい	◎ 壁量計算をしており、耐震的で、変形も小さい	◎ 主に骨組で応力を負担し、信頼性の高い構造である	◎ 主に骨組による応力負担で、信頼性が高く靱性もある	◎ 骨組とブレースで抵抗しているが、耐力的にはやや弱い	◯ 構造計算で確認しているが、耐震性としては若干低い
耐風性	△ つくり方によっては屋根を飛ばされることもある	◯ 構造体は軽いが、一体的であるためかなり信頼できる	◎ 構造体自体が重いため強風や台風に対して安全である	◎ 構造体自体が重いため強風や台風に対して安全である	◯ 自重が軽く、吹き上げ風に対しても設計の必要がある	◯ 自重が軽いため吹き上げる強風に対して配慮が必要	◎ 自重が重く安定しているが、雨がしみこむことがある
耐火性	× 準防火建築にはできるが、耐火性能は低い	◯ 在来軸組木造と比較して、耐火性能はかなりよい	◎ 構造自体が耐火建築であり、火災に対して性能がよい	◎ 構造自体が耐火建築であり、火災に対して性能がよい	◯ 鉄骨自体は耐火材でなく、耐火被覆が必要である	◯ 耐火建築はよいが、簡易耐火建築の場合はやや劣る	◯ 耐火的ではあるが、簡易耐火建築の場合やや劣る
防水性	◎ ほとんどの場合屋根勾配があり、雨漏りの心配がほとんどない	◎ 屋根勾配がある場合には雨が漏ることはほとんどない	◯ 防水工事をするが陸屋根の場合にはやや心配が残る	◯ 防水工事をするが陸屋根の場合にはやや心配が残る	◯ 屋根勾配が小さい場合は入念な防水工事が必要である	◯ 陸屋根は心配だが勾配のある屋根はほとんど心配ない	◯ 屋根勾配がある場合は入念な防水工事が必要である
耐湿性	◎ 高温多湿のわが国の気候・風土に適している	△ パネルが構造体であり、開口部がとりにくれずに湿気やすい	△ 壁に開口部がとりにくく、家の中が湿気ることがある	◯ 開口部を自由に設定でき開放的で湿気を気にすることが少ない	◯ 開放的であり、家のなかが湿気ることはない	◯ ブレースを多用するので壁面が多く湿気る場合もある	△ 壁構造なので開口部が少なく家のなかが湿気やすい

5.6 ユーザーが構造を選択するには

項目							
経年性	× 虫害、腐りの恐れがあるため防蟻、防腐処理が必要	× 虫害、腐りの恐れがあるため防蟻、防腐処理が必要	◎ 虫害、腐りがなくコンクリートのため鉄筋もさびない	◎ 虫害、腐りがなくコンクリートのため鉄筋もさびない	○ 虫害はないが、鉄材のさびの問題があり防錆処理が必要	○ 虫害はないが、鉄材のさびの問題があり防錆処理が必要	◎ 虫害、腐りがなくブロック被覆のため補強筋もさびない
可変性	△ 大規模な間取り変更はできないが増改築は容易	△ パネルが構造体であるため間取りの変更がむずかしい	× 壁で耐力を負担するため間取り変更や増築はできない	○ 間取りは自由に変えられるが、増築はややむずかしい	◎ 間取りの変更は可能、増築もできないことはない	△ ブレース使用のため、間取り変更もややむずかしい	△ 間取りの変更はむずかしいが、増築の可能性はある
耐久性	× 法定耐用年限24年、手入れをすれば50年位はもつ	× 木造であるため耐久性には難がある	◎ 法定耐用年限60年、材料の品質管理に影響される	◎ 法定耐用年限60年、材料の品質管理に影響される	○ 法定耐用年限40年 (4mm超)、メンテナンスの善し悪し次第	○ 重量鉄骨より早くさびるので若干短いが、手入れ次第	○ 法定耐用年限45年、メンテナンスに影響される
経済性	○ 坪単価50万円位からできるが、普通は60万円位で幅もある	◎ 規格材を使用することが多く、安くなるので、普通は坪60万円程度	△ 坪単価70万円位からできるが、普通は80万円である	△ 坪単価70万円位からできるが、普通は80万円である	△ 坪単価60万円位からできるが、普通は70万円位で幅がある	△ 坪単価60万円位からできるが、普通は70万円位で幅がある	△ 坪単価60万円位からできるが、普通は70万円位で幅がある
解体性(再利用)	◎ 仕口・継手部が工夫されており、再利用も容易である	○ 接合に釘や接着剤を用いているので、かなり容易である	× 柱・梁・床・壁がすべて打ち一体になっており、むずかしい	× 柱・梁・床・壁がすべて打ち一体になっており、むずかしい	○ 仕口部の接合方法や床・壁の取り付け方に左右される	○ 仕口部の接合方法や床・壁の取り付け方に左右される	△ モルタル接合の組石造の一種であり、施工することが容易で、工期もかからない
その他	○ 敷地条件に合わせ間取りが自由になるが、工期も比較的短い、機密性の高い工法や国の伝統的技術、現場施工で精度がばらつきがある	◎ 規格材を使用することが多く、工期も比較的短い、機密性も高く、条件に合わせ間取りが自由にはできる	◎ 遮音性がよく敷地条件に合わせ間取りも自由にとれるが、間取りは壁量の制限を受け、工期も比較的長い	◎ 遮音性がよく敷地条件に合わせ間取りも自由だが、壁式構造にとどまり、中層住宅を建てられるが、工期も比較的長い	○ 少し大きい空間を必要とする場合に用いられ、壁面で特に威力を発揮する	○ 住宅の接合などは規模の小さい構造物に用いられ、プレハブ住宅に使われることも多い	× 組石造の一種であり、狭い敷地にも容易にすることが多く、プレハブ住宅にそれほど使われない

凡例 ◎：大変優れている、○：優れている、△：ややや劣る、×：劣る

いに対して，一般の人は，木造が好きだ，いやコンクリートが心強い，そうではなく鉄骨がよい，といった程度に大ざっぱな検討しか行わない例が少なくない．

確かに，構造に関しては住まい手の知識が十分でなく，外観をみただけでは，木造なのか，鉄骨なのかさえ判断しにくいことがしばしばある．だから，大方の場合，構造に対する評価は，木，コンクリート，鉄骨といった材料への情緒的反応がそのまま構造評価につながってしまうということが多い．しかし，住まいの構造を情緒的にとらえ，判断するだけでは，もちろん十分でない．最近の技術革新は住宅建築全般にわたっており，よほどの手抜き工事でもない限り，安全面や耐久性の面における構造間格差は少なくなってきた．とはいっても，もちろん個別的に安全性・耐久性の検討を行う計算が必要なことに変わりはないが，それはこれを専門とする構造事務所などに依頼するとしても，それよりも構造が住まい勝手にどれほど影響するかという，全体計画にかかわるソフト面からの検討が重要である．建築一般に対して，構造そのものに善し悪しがあるのではなく，それぞれの構造種別ごとに持ち味が違うと考えた方が正しいことを知る必要がある．

具体的な判断項目をいくつかあげてみよう．まず平面計画の上で比較すると，鉄筋コンクリート造や鉄骨造は木造と比べ一般的に大きな空間をつくることが可能となるが，柱が大きく，壁が厚くなる．一方，木造や軽量鉄骨造は施工が容易でフレキシブルな空間をつくることが可能となる．また木造では，構造的な特質から開口部の位置や大きさに制限があり，増改築の際に開口部を変更する際には影響することもある．屋根の勾配や形状は，住宅においてもデザイン上の重要な要素の1つであるが，構造種別による制約を受ける場合もあるため，デザインを優先したい場合には注意する必要がある．「間取りを自由に変えることができる家にしたい」「できるだけ安く建てたい」「工期が短いものにしたい」など，さまざまなユーザーの要求も，構造種別の決定要因のひとつとなろう．

d. 安全性レベル選択の権利と自己責任

これまで住宅の構造安全レベルは，国（法律）と設計者などの専門家が決める風潮にあったが，阪神・淡路大震災や近年の欠陥住宅事情をきっかけとして，自己責任のもとに，ユーザーが確かな目で各種性能レベルを選択し，あるいは確認することが求められる時代になってきた．つまり今後は，「建築主やユーザーが目標とする性能レベルを決定」し，「技術者がそれを実現」し，「別の機関で確認

する」という図式になると考えられる．

　自分の住宅の耐震性レベルなどを決定する際には，設計者や技術者から耐震メニューなどが提示され話し合いにより選択するなど，建築主やユーザーが決定権をもつことになる．このような権利を得たことにより，法律で定める最低水準の構造安全性にすることも可能であるし，また他よりレベルの高い建物にすることもできる．その一方で，自分が判断した結果に対する自己責任を負うことになる．

　たとえば，われわれは日常食料品を購入するときに賞味期限，製造日，製造者，製造工場などを確認し，また洋服を購入する際にも布の種類や手入れ方法などを確認する．もし表示を見落として購入した場合，あるいは理解した上で購入したものが結果的に失敗であった場合は自己責任になる．住宅も同様に性能やそのレベルを購入者・使用者が確認する必要があり，その結果に対して責任が課されることになる．住宅の価格は一般消費財と比べてかなり高額であるため，同等の扱いにならない部分もあるが，自動車などの耐久消費財では詳細に性能比較するユーザーも，住宅になると消極的な対応になることが少なくない．今後は消費者の責任範疇も理解した上で，住宅の購入時や使用時には性能比較および選択の判断などができるような住まいに関する知識をもつことが求められる．

e. 性能レベルを維持するためのメンテナンス

　ユーザーが納得して選択した性能レベルも，その後の維持管理，つまりメンテナンスの状態によっては，レベルが維持できる場合と損なわれる場合があるため，適当な時期に適当な間隔で確認や手入れを行うことが大切である．

　また，今後は地球環境を第一に考える必要性が高まり，長く住まうという要求の中で，良質なストックとなる住宅や多様なライフスタイルに対応する住宅が求められる．その1つとしてスケルトン・インフィル（SI）方式による集合住宅供給がとりあげられている．SI方式とは，集合住宅全体を躯体や共用設備（＝スケルトン）と，内装・専用設備（＝インフィル）に分類し，それぞれの耐久性や更新性，可変性などに対応する技術を確立するシステムである．インフィルの部分は，通常住まい手のニーズに応じつくり替えることが期待されている部分であり，建て替えや買い替えの要因になっている．スケルトン部分のみ長期耐用性のあるものにすることで，これまでのスクラップ・アンド・ビルドから節約ストック型となる．これは21世紀の社会の要望に応えるひとつの提案である．

6

住宅と福祉環境

6.1 住宅問題と住宅政策

a. 住宅問題

　産業革命後，18世紀のイギリスの工業都市に生じた急激な人口増加は，労働者階級の住宅不足を生じ，スラム街を発生させた．そして，そこでの過密居住などによる劣悪な住環境の問題，それらを温床とした伝染病の流行をもたらした．こうした問題に対し，社会的な取り組みが必要とされ，公衆衛生や住宅・住環境の改善のための法制度（公衆衛生法，住居法，都市計画法など）が制定され，実際に上下水道の整備，労働者住宅の建設などの公的介入が行われることになった．

　人口の急激な増加は，その後の多くの大都市でも同様の現象をまねいており，たとえば，わが国でも第2次世界大戦後の住宅数は，当時の住宅を必要としている世帯数より少なく，絶対数が不足した状態であった．そして，絶対数の不足は，狭い住宅に多くの人が住まわざるを得ない状態（過密居住）をまねくとともに，家賃の高騰，安全・衛生上問題のあるような質の低い住宅に住む家族を生み，本格的な住宅政策に取り組む必要が生じた．

　すなわち，住宅問題とは，住宅の量的不足やその質が著しく低いことによって，人間としての基本的な生活空間として不十分な状態にあり，実際に住居に対して何らかの不平不満，あるいは不備がある場合をさす．それは，量的不足問題のみならず，居住の質の問題をもあわせもっており，人間らしく生きるための「居住の質」は社会的に保障すべき課題といえる．

表 6.1 居住の質の構成要素（住田，1986 を参考に作成）

住宅		安全性：構造，防火・耐火，避難路
		保健性：日照，採光，通風，換気，設備
		利便性：住戸規模，居室数，収納
住環境	住戸まわり	相隣環境：空地面積，建ぺい率，容積率，高さ，壁面線（後退），プライバシー
		安全：排水，地盤
		風致：デザイン（街並み），緑化・植樹
	地区環境	施設整備：接道，駐車場，歩道，緑地・公園，コミュニティ施設など
		立地条件：地形，周辺環境，用途地域，治安，生活利便施設，教育施設，人口密度
		社会サービス：福祉，生活関連，医療保健
居住状態		居住密度：1人あたり室数・畳数
		住居費：分譲価格，住宅ローン，家賃
		保障：権利保障，瑕疵担保，保険
		管理：住宅・住宅地の管理

b. 居住の質と住宅難

　居住の質を構成する要素は多様である．その内容は，① 住宅，② 住環境，③ 居住状態の3側面からとらえられ，これらが充足され，バランスがとれていることが必要である（表6.1）．その第1は，住宅の物理的状態に関する要素である．住宅は，住むために必要な一定の広さがあり，構造的にも堅牢で設備が充足していなくてはならず，安全で，衛生的な上に，利便性が高いことなどが求められる．第2の住環境は，自然的立地条件や職場と住居の距離，生活関連施設の整備，公害や災害に対する安全性などが要素である．住戸まわりの安全性や相隣環境，建て込み具合，地区の施設整備状況や住宅としての立地条件が問われる．第3の居住状態に関しては，居住の密度や住居費用，維持管理能力など，すなわち家族人数に見合った広さにあるか，適正な住居費を負担しているか，住宅の維持管理能力があるかという経済条件が満足されなければならない．これらの条件のうち，一部でも一定の水準に達していないと「住宅難」の状態といえる．

c. 住宅政策の原理

　住宅問題とは，地域的に住宅の量的不足や質的低下が生じることをさすが，それは住宅の商品としての特殊性に起因している．住宅は，第1に土地固定性に制

表6.2 住宅政策（公共的介入）の体系

政策目的	政策分野と対策・手法		施策例	備考
社会資本形成（対物面）	新規供給対策（フロー対策）	事業	賃貸住宅 分譲住宅 住宅金融	低家賃住宅の建設・管理 良質住宅の建設・分譲 持家建設資金の低利融資
		規制誘導	建築規制 開発規制 生産工業化	構造・安全・設備の規制 乱開発の防止 材料・工法の合理化
	既存住宅対策（ストック対策）	集団対策	住宅地再開発 地区修復	不良住宅地の更新 住環境変化の防止・改善
		各戸対策	住宅改修	老朽住宅の修繕・増改築
居住権保障（対人面）	借家層対策（低所得層対策） 持家層対策		福祉住宅 家賃補助 消費者保護	社会的弱者の居住権保障 低収入層への補助

約を受けるため，その市場は非流動化，狭域化しやすく，地域的不足現象の原因となる．第2に，市場機構の中では住宅の公共財的側面が欠落し，居住者の集住化や住宅の共同化が必須である都市生活に際して，居住の質，とりわけ住環境の質の低下をもたらす．すなわち，地域的住宅不足や質の低下は，住宅の商品としての特殊性ゆえに市場機構の中で当然起こる現象である．したがって，住宅問題の解決には公共の介入が必要となっており，その第1は市場における住宅の需給を均衡化・活性化させること，第2は市場において欠落しやすい公共財的側面の補強，都市生活のための都市基盤，住環境の整備である．住宅政策とは，こうした2つの原理にもとづいて，民間市場への公共的介入を行うことである．

住宅難解消のための公共的介入は，空間（もの）と世帯（人）に対して行われる．対物的には，住宅供給に直接・間接的に介入すること，住宅の公共財的側面を補強し，社会資本形成を促すことである．一方，対人的には，住宅難世帯に対する対応，ひいては居住権の保障に努めることである（表6.2）．そのために，政策目標としての住宅の質の達成目標が示され，その実現を目指すかたちで進められている．

d. 戦後の住宅事情

1945（昭和20）年8月，第2次世界大戦終結直後のわが国の住宅不足数は，420万戸と推計されている．その内訳は，戦争による住宅不足数（空襲による焼

表6.3 住宅難世帯の推移（住宅統計調査報告による）

単位；1000戸

	昭和33年	昭和38年	昭和43年	昭和48年
住宅難世帯	4757	4309	3596	2477
非住宅居住世帯	100	143	176	181
同居世帯	663	596	313	192
老朽住宅居住世帯	939	434	278	208
狭小過密居住世帯	3055	3133	2829	1896
普通世帯	18172	21111	24686	29103
住宅難世帯率	26.2%	20.4%	14.6%	8.5%

住宅難世帯率(%) = ［住宅難世帯数/普通世帯数］×100

失，強制疎開による除去，海外引き上げによる需要，戦争中の供給不足）と戦災死による需要減とを相殺したものである．その後，1952（昭和27）年に発表された住宅不足数は，実際の住宅の不足数（非住居および同居世帯数）に加え，狭小過密居住や老朽の基準などの一定の基準以下の場合も，不足しているものとして算定している．このときの過密居住の基準は「9畳未満の狭小住宅に1人あたり2.5畳未満の居住をしている世帯」とされ，その不足数は全体でおよそ316万戸となっている．

その後，住宅不足数は，住宅難世帯数として1958（昭和33）年以降の住宅統計調査において住宅事情の把握に用いられている．住宅難世帯は，住宅政策立案上考えられた客観的基準によるもので，① 非住宅居住，② 同居，③ 老朽住宅居住，④ 狭小過密居住の4点の基準に照らして判定される．当時の狭小過密居住の基準は「9畳未満の住居に3人以上，または12畳未満の住居に4人以上で居住している世帯」とされ，老朽住宅の基準も「危険または修理不能の住宅」と明確になっている．住宅難世帯の推移は，表6.3の通り，逐次減少の傾向にある．当時の住宅難世帯の大多数は狭小過密居住であり，その判定基準を考えると，当時の住宅の規模がいかに狭小であったかがわかる．

e. 住宅不足への対応：わが国の住宅政策

昭和20年代の戦後復興から，わが国の住宅政策が本格的に始まる．当初，420万戸の住宅不足に対しての住宅供給が大きな課題となった．1950（昭和25）年に住宅金融公庫法，1951（昭和26）年に公営住宅法，1955（昭和30）年に日本

住宅公団法が制定され，これらの3つの柱を中心に戦後の住宅政策が進められた．

住宅金融公庫は，公共住宅建設（直接供給）には資金面・資材面での限界があったため，公共資金を低利で融資することによって，民間住宅建設を促進すること（間接供給）を目的としていた．当時は，経済復興が中心であったことから，民間金融機関からの個人向け住宅融資は期待できず，公共機関からの融資を望む声は強く，住宅建設資金として個人向けに長期の低利融資を行うこととなった．1999（平成11）年度の新規住宅建設のおよそ5割*が利用し，公庫設立以降の50年余に多くの民間住宅の建設を促進し，景気の下支えとして大きな力となってきたといえる．

公営住宅法による公営住宅は，住宅に困窮する低所得者向けの賃貸住宅を低廉な家賃で供給することを目的としている．その特徴は，① 地方自治体（市町村および都道府県）が事業主体，② 賃貸住宅の供給，③ 国からの国庫補助がある，④ 入居者の資格は，現に住宅に困窮していることが明らかで，一定の基準未満の収入であること，である．1999年度末までに約333万戸**の公営住宅が建設されているが，国庫補助の限界や地方公共団体の負担が大きく，建設戸数は必ずしも多くない．そのため，近年では住宅困窮者である低所得者向け住宅供給とともに，高齢者向け，障害者向けなど福祉目的の住宅供給に力が注がれている．実際，建設される住宅戸数に対し，住宅に困窮する低所得者や高齢者がはるかに多いことから，困窮状態に鑑みた入居者決定方法や収入超過者・高額取得者への措置（入居後の所得増加者に対して住宅明け渡し，割増賃料の徴収を行っている）など，公営住宅の適切な活用とそのための方策が求められている．

日本住宅公団は，地方自治体による公営住宅供給が行政区域に限定されることや，公的資金に依存するため大量供給が困難であること，大都市郊外部の計画的開発による宅地供給の需要増加を背景として，① 大都市地域における広域的住宅供給，② 勤労者向け住宅の大量供給，③ 住宅供給とともに，区画整理事業の実施などによる宅地の大規模開発を目的として設立された．1981（昭和56）年10月に，住宅や宅地供給と都市基盤整備とを総合的に推進していく必要性から，

---

* 建設省「住宅着工統計」によると，平成11年度の新設住宅建設における持家の公庫利用率は37.0%で，分譲住宅の利用率を合わせると48.5%となっている．

** 平成11年度末見込み，改良住宅を含む．公的資金（公庫，公団住宅等を含む）による住宅の総建設戸数は，11年度末見込みで，2629.98万戸（建設省調べ）．

日本住宅公団と宅地開発公団が統合され，住宅・都市整備公団が発足するまでの間，約110万戸の住宅と約26000 haの宅地開発を行った．その後，住宅や宅地供給の需要の減少により，その使命はほぼ終わったとして，2000（平成12）年に設立された都市基盤の整備を主な目的とした都市基盤整備公団に，その業務を引き継いでいる．

これら3つの柱を中心として進められてきた住宅政策は，所得階層別に政策を展開してきたが，直接供給よりも間接供給に力点がおかれ，民間住宅建設の促進，すなわち住宅ローンや住宅建築の助成のための減税などの持家政策を推進してきたといわれている．さらに，内需拡大のためにこうした住宅政策が注目され，わが国の経済成長を下支えする柱となってきた．その結果，国民の持家志向を助長し，持家住宅建設が活発に行われ，持家住宅の水準向上が図られた．一方，民間賃貸住宅への対策は放置され，良好な賃貸住宅ストックの形成が遅れたことも否めない．

さらに，こうした持家志向が「土地神話」を生み出し，土地投機が地価高騰をまねいた．地価の高騰は，土地・住宅の取得難ばかりでなく，地価の安い郊外部などの乱開発や低質な住宅・住宅地の供給につながり，住環境の悪化や生活関連施設をはじめとした都市基盤整備を遅らせる原因となっている．

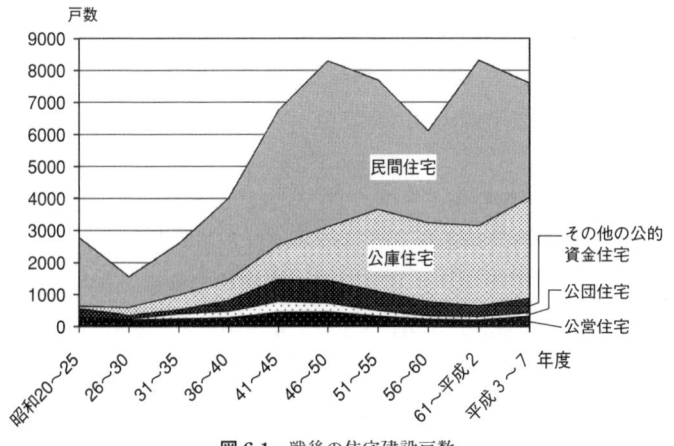

図6.1 戦後の住宅建設戸数

f. 居住水準の向上と住宅建設計画

　戦後の住宅政策は，量的にみると民間建設が多くを占め，公共による供給量は十分な状況であったとはいえない（図6.1）．1965（昭和40）年に建設大臣より住宅対策審議会に「適正な居住水準と住居費負担」についての諮問があり，その後1966（昭和41）年に住宅建設計画法が制定され，昭和41年度より住宅政策に関する5カ年計画を各1期として計画策定することとなった．

　その内容は，表6.4に示す通り，おのおのの時期の住宅政策の課題を反映したものとなっている．住宅不足が解消しつつあった昭和40年代の計画では，「1世帯1住宅」あるいは「1人1室」など，住宅難世帯の解消が基本目標とされている．住宅難世帯の解消が一段落した昭和50年代にはいり，政策目標としての居住水準が設定された．国民が健全な住生活を享受するに足りる住居の最低限の水準を示す「最低居住水準」と，平均的な世帯が確保すべき努力目標である「平均居住水準」である．昭和60年代になると，最低居住水準目標の見直しと，新たに昭和75年を目途に半数の世帯が確保できるようにする「誘導居住水準」を設定している（表6.5）．

　近年，住宅および住環境の「質」の向上が大きな課題となり，ライフステージに合わせた選択肢の多様化など，ゆとりを感じられる住宅事情となるように，とりわけ高齢社会への対応が最重要課題となっている．そこで，最新の第8期住宅建設5カ年計画(平成13～17年度)では，今後の住宅政策の方向として ① ストックの重視，② 市場重視，③ 高齢社会への対応，④ 都市居住・地域活性化への対応をあげている．そして，それは今後の人口および世帯推計をもとにした住宅需要の縮小傾向を背景として，供給中心の政策から既存の住宅ストックの活用へと，住宅政策のあり方を大きく変えるものとなっている．人口の高齢化，少子化対策としての「生活福祉空間づくり」（1994（平成6）年に，建設省（当時）が発表した高齢社会に向けての都市づくりのビジョン）であり，21世紀における住宅政策の基本として，住宅を中心とした住生活の豊かさの獲得，そのための住環境の水準向上が必要とされている．また，住宅事情の地域格差が拡大するにつれ，自治体による住宅事情の把握とそれにもとづく住宅政策が求められ，自治体による住宅基本計画（住宅マスタープラン）の策定と取り組みが進められている．そこでは，地域の実情に適した住宅政策の展開を，自治体と住民との協働（パートナーシップ）によって進めていこうという大きな流れとなっている．

6.1 住宅問題と住宅政策

表 6.4 住宅建設 5 カ年計画の推移

計画期間	第 1 期 1966〜1970		第 2 期 1971〜1975		第 3 期 1976〜1980		第 4 期 1981〜1985		第 5 期 1986〜1990		第 6 期 1991〜1995		第 7 期 1996〜2000		第 8 期 2001〜2005	
	計画	実績	計画	実績	計画	実績	計画	実績	計画	実績	計画	実績	計画	実績	計画	実績
目標	住宅難の解消 人口の都市集中，世帯の細分化にともなう新規需要の充足「1世帯1住宅」の実現 小世帯 9 畳以上，一般世帯 12 畳以上の水準確保		住宅難の解消 新規住宅需要の充足 おおむね「1人1室」の規模住宅の建設 小世帯 9 畳以上，一般世帯 12 畳以上の水準確保		85 年目途の水準確保 最低居住水準未満の 1/2 解消 平均居住水準確保のための質の向上		経済の成長発展，家族構成，世帯成熟の段階，地域特性に応じた質の向上 最低居住水準の半数確保 住環境水準の向上		ライフサイクルの各段階，居住地域の特性に応じ，安定したゆとりある住生活を営むことができるよう良質な住宅ストックおよび良好な住環境の形成 最低居住水準 2000 年目途の誘導居住水準 (都市型・一般型) の半数確保 住環境水準の維持		最低居住水準の確保 2000 年目途の誘導居住水準 (都市型・一般型) の半数確保 住環境水準の維持		国民のニーズに対応した良質な住宅ストックの整備 安全で快適な都市居住の推進 地域活性化に資する住宅・住環境の整備 最低居住水準 2000 年目途の誘導居住水準 (都市型，一般型) の半数確保 住環境水準の維持		最低居住水準の確保 2005 年目途の誘導居住水準 (都市型・一般型) の半数確保 住環境水準の維持	
総建設戸数	6700	6739	9576	8280	8600	7697	7700	6104	6700	8306	7300	7623	7300	6590*	6400	—
公的資金	2700	2565	3838	3108	3500	3648	3500	3232	3300	3138	3700	4017	3525	3573**	3250	—
民間住宅	4000	4174	5738	5172	5100	4049	4200	2872	3400	5168	3600	3606	3775	3017	3150	—

* 建設省「着工統計」(平成 8〜12 年度) より作成.
** 平成 12 年度については実績見込みによる.

表6.5 第8期5カ年計画における居住水準（標準的な世帯構成の場合の住戸規模目標）

1. 誘導居住水準
(a) 一般型誘導居住水準（都市の郊外および都市部以外の一般地域における戸建住宅居住）

世帯人員	居住室面積（内法）	住戸専用面積（壁芯）
1人	27.5 m² (16.5畳)	50 m²
1人（中高齢単身）	30.5 m² (18.5畳)	55 m²
2人	43.0 m² (26.0畳)	72 m²
3人	58.5 m² (35.5畳)	98 m²
4人	77.0 m² (47.0畳)	123 m²
5人	89.5 m² (54.5畳)	141 m²
5人（高齢単身を含む）	99.5 m² (60.5畳)	158 m²
6人	92.5 m² (56.5畳)	147 m²
6人（高齢夫婦を含む）	102.5 m² (62.5畳)	164 m²

(b) 都市居住型誘導居住水準（都市の中心およびその周辺における共同住宅居住）

世帯人員	居住室面積（内法）	住戸専用面積（壁芯）
1人	20.0 m² (12.0畳)	37 m²
1人（中高齢単身）	23.0 m² (14.0畳)	43 m²
2人	33.0 m² (20.0畳)	55 m²
3人	46.0 m² (28.0畳)	75 m²
4人	59.0 m² (36.0畳)	91 m²
5人	69.0 m² (42.0畳)	104 m²
5人（高齢単身を含む）	79.0 m² (48.0畳)	122 m²
6人	74.5 m² (45.5畳)	112 m²
6人（高齢夫婦を含む）	84.5 m² (51.5畳)	129 m²

2. 最低居住水準

世帯人員	居住室面積（内法）	住戸専用面積（壁芯）
1人	7.5 m² (4.5畳)	18 m²
1人（中高齢単身）	15.0 m² (9.0畳)	25 m²
2人	17.5 m² (10.5畳)	29 m²
3人	25.0 m² (15.0畳)	39 m²
4人	32.5 m² (19.5畳)	50 m²
5人	37.5 m² (22.5畳)	56 m²
6人	45.0 m² (27.0畳)	66 m²

注）
1. 標準的な世帯構成とは，世帯人員3人以上の場合，夫婦と分離就寝すべき子どもにより構成される世帯をいう．
2. 居住室面積には，寝室，食事室，台所（または食事室兼台所），居間および余裕室のみを含む．
3. 住戸専用面積には，寝室，食事室，台所（または食事室兼台所），居間，余裕室，便所，浴室，収納スペース等を含むが，バルコニーは含まない．
4. 居住室等の構成および規模については，次の条件を満たすものとする．
   ① 各居住室の構成および規模は，個人のプライバシー，家庭の団らん，接客，余暇活動等に配慮して，適正な水準を確保する．
   ② 専用の台所その他の家事スペース，水洗便所，洗面所および浴室を確保する．
   ③ 高齢者同居世帯については，②に加えて，高齢者専用の水洗便所および洗面所を確保する．
   ④ 世帯構成に対応した適切な収納スペースを確保する．
5. 同住宅における共同施設について
   ① 中高層住宅にあっては，必要に応じてエレベーターを設置する．
   ② バルコニー，玄関まわり，共用廊下等の適正な広さを確保する．
   ③ 集会所，子どもの遊び場等の設置および駐車場の確保に努める．
   ④ 自転車置場，ごみ収集スペース等を確保する．

g. 現代の住宅事情と課題

総務庁「住宅・土地統計調査」による1998（平成10）年現在のわが国の世帯総数は4421万1000世帯で，住宅総数は5024万6000戸となっており，1世帯あたりの住宅戸数は1.14戸に至り，603万5000戸の，空家など，人の居住しない住宅が存在している（表6.6）．持家率はほぼ60％で推移しており，借家40％のうち公営・公団・公社の借家の割合はその1/6程度（全体の7％）である．1住宅あたり延べ床面積は，持家，借家ともおおよそ拡大傾向にあるが，持家の拡大に比べ，借家では拡大傾向が鈍化しており，住宅の規模や居住密度において持家と借家の格差が大きく，借家の規模は小さく居住密度が高い．

近年，共同住宅率が上昇しており，1968（昭和43）年の18.4％から1998（平成10）年では37.8％に至っている．また構造別にみると，木造の割合が低下し

表6.6 住宅数・世帯数等

調査年		実績						
		昭和43年	48年	53年	58年	63年	平成5年	10年
世帯総数（A）	千世帯	25320	29651	32835	35197	37812	41159	44211
住宅総数（B）	千戸	25591	31059	35451	38607	42007	45879	50246
（うち，三大都市圏の割合）	％	44.3	47.1	48.0	48.5	49.0	50.6	51.4
人の居住する住宅	千戸	24198	28731	32189	34705	37413	40773	43922
人の居住しない住宅	千戸	1393	2328	3262	3902	4594	5106	6324
空家（C）	千戸	1034	1720	2679	3302	3940	4476	5764
一時現在者のみの住宅	千戸	186	344	318	447	435	429	394
建築中の住宅	千戸	173	264	264	154	218	201	166
住宅総数（B）－世帯総数（A）	千戸	271	1408	2616	3410	4195	4720	6035
1世帯あたり住宅戸数（B）/（A）	戸	1.01	1.05	1.08	1.10	1.11	1.11	1.14
1世帯あたり人員	人	3.94	3.65	3.50	3.39	3.24	3.03	2.82
空家率（C）/（B）	％	4.0	5.5	7.6	8.6	9.4	9.8	11.5
共同住宅比率	％	18.4	22.5	24.7	26.9	30.5	35.0	37.8
持家率	％	60.3	59.2	60.4	62.4	61.3	59.8	60.3
1住宅あたり延べ床面積	m²	73.9	77.1	80.3	85.9	89.3	91.9	92.4
持家	m²	97.4	103.1	106.2	111.7	116.8	122.1	122.7
借家	m²	38.1	39.5	40.6	42.9	44.3	45.1	44.5

（注）1．空き家―別荘などの二次的住宅，賃貸又は売却用空き家及びそれ以外の人が住んでいない住宅．
2．各年10月1日現在である．
3．昭和43年は沖縄県を含まない．
（資料）総務庁：「住宅・土地統計調査（平成10年）」（平成5年までは「住宅統計調査」）

ており，次第に非木造化が進んでいる．共同住宅率の上昇，非木造化の進行は，マンションの建設が増加していることによるものと推察される．図6.2は建て方別建築後年数を示しているが，共同建の増加が顕著であり，今後，その老朽化が大きな問題となるものと考えられる．

図6.3に示すように，最低居住水準未満の世帯数は減少する傾向がみられ，延べ床面積の増加や居住密度の上昇にみられるように，居住水準の向上が図られている．しかし，誘導居住水準以上の割合は低下しており，全体の水準向上が鈍化しているといえる．また三大都市圏では，その他の地域よりも最低居住水準未満が多く，誘導居住水準以上の世帯の割合が低く，地域格差が大きくなっている．住宅への不満率（図6.4）は依然として高く，住宅難ではないが何らかの不満をもっている居住者（住宅困窮）

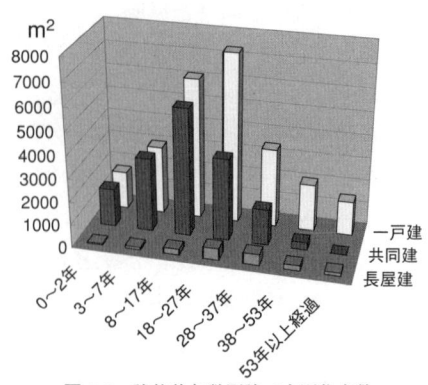

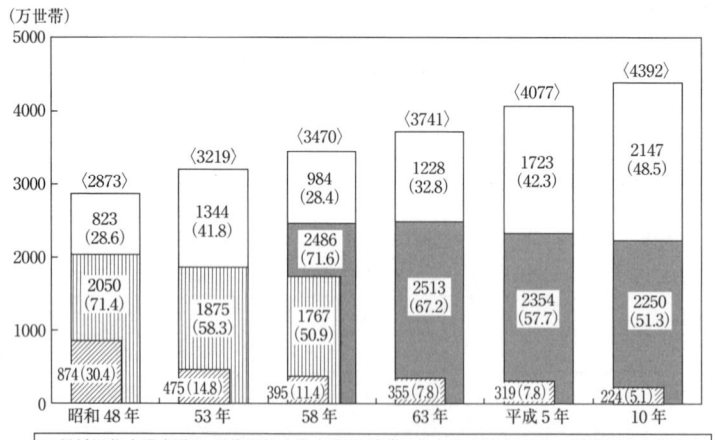

図 6.2 建築後年数別建て方別住宅数

図 6.3 居住水準別世帯数

（注）1. ＜ ＞内は総世帯数，（ ）内は各要素の割合で単位は%
2. 昭和48年の世帯数及び58，63年の誘導居住水準未満世帯数は建設省推計
3. 総世帯数は不詳を含む
（資料） 総務庁「住宅・土地統計調査（平成10年）」（平成5年までは「住宅統計調査」）

6.1 住宅問題と住宅政策　　163

(a) 住宅に対する評価〔全国〕

(b) 住環境に対する評価〔全国〕

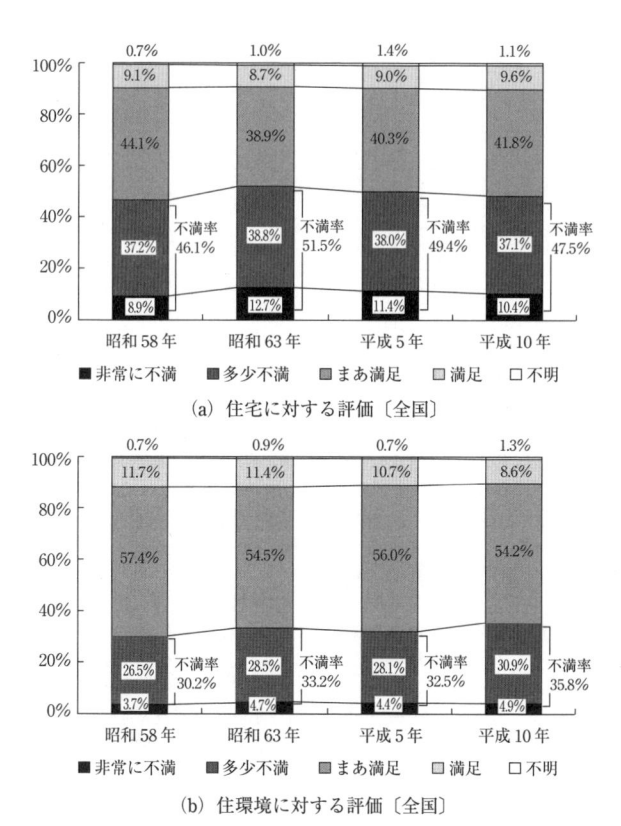

図 6.4　住宅・住環境に対する評価

が少なくないことと無関係ではない．諸外国の居住水準と比較すると，1 住宅あたりの延べ床面積は，持家では欧州諸国とほぼ同等の水準にあるが，借家の狭さが際立っている．さらに，1 人あたりの延べ床面積などをみると，居住密度はまだ同等とはいえない状況にある．

次に，住宅価格の年収倍率（表 6.7）をみると，わが国の住宅価格は高い．勤労者世帯のうち，1980（昭和 55）年に 31.9％，1990（平成 2）年に 37.3％であった住宅ローンを抱える世帯の割合は，1996（平成 8）年には 34.7％となっており（現総務省「家計調査」による），その負担感は小さくない．

以上のように，戦後 50 年余りの間に，確実に居住水準は上昇している．しかし，住宅事情の地域格差や持家と借家の格差は広がり，住宅価格は依然として国

表 6.7 欧米主要国における住宅価格の年収倍率(住宅金融公庫編・「ポケット住宅データ」, 2000)

国　名	年	単位	(新築)住宅価格 (A)	世帯年収 (B)	年収倍率 (A/B)
アメリカ	1996	ドル	140000	42300	3.31
イギリス	1995	ポンド	66700	19584	3.41
フランス	1997	フラン	826000	139430	5.92
ドイツ	1994	マルク	548609	90249	6.08
日本(マンション)	1998	千円	40940	8285	4.94
日本(建売住宅)			59906		7.23

(注) 新築住宅価格および世帯年収の定義は次の通り．
　　アメリカ：新築住宅価格……新築戸建住宅販売価格，中位値（construction review）
　　　　　　 世帯年収………全国世帯年収，中位値（statistical abstract）
　　イギリス：住宅価格………住宅金融組合利用者の住宅価格（housing finance）
　　　　　　 世帯年収………住宅金融組合利用者の平均所得（housing finance）
　　フランス：新築住宅価格……一戸建の新築住宅価格（statistiques de la construction，MEL）
　　　　　　 世帯年収………全国家族年収平均値（tableaux de leconomie francaise）
　　ド イ ツ：新築住宅価格……工事予定額（住宅用）を許可戸数（住宅用）で除した数値
　　　　　　　　　　　　　　　（日本銀行国際局「外国経済統計年報1994年版」）
　　　　　　 世帯年収………家計の受取を世帯数で除した数値
　　　　　　　　　　　　　　　（日本銀行調査統計局「国際比較統計1994年」）
　　日　　本：新築住宅価格……首都圏のマンションおよび建売住宅平均価格
　　　　　　　　　　　　　　　（不動産経済研究所「不動産経済調査月報」）
　　　　　　 世帯年収………京浜地区の勤労者世帯の年間収入の平均（貯蓄動向調査）

際的に比較して高いといえる．そして，国民は「生活に豊かさが感じられない」とし，その理由として住宅問題に加え，住環境の問題をあげている．確かに，表6.8の通り社会資本の整備が遅れており，こうした住環境の改善・整備の遅れが「居住の質」の向上を阻んでいる．

　さらに，人口の高齢化や家族構造の変化とともに，女性の社会進出による共働き家族の増加，余暇時間の増加，就労形態の変化などのライフスタイルの変化は，住生活へのニーズを多様なものとし，住宅需要は大きく変わることが予想されている．こうした変化に対し，居住の質を向上させるために，従来の住宅のみを対象とした住宅問題・その解決のための住宅政策から，住生活や住環境を含んだ「居住の質」をいかに上げる政策への転換を図るかが大きな課題となっている．

表6.8 欧米諸国との比較でみた「生活の豊かさ」と居住関連施設の整備状況

	日本	韓国	アメリカ	イギリス	スウェーデン	ドイツ	フランス
人口推計（万人'99）	12692 ('00)	4690	27310	2429	4500	8210	5910
1人あたり国内総生産（米ドル）	35715 ('99)	8684 ('99)	34047 ('99)	24548 ('95)	26939 ('95)	25727 ('95)	24229 ('95)
労働時間('98 時間/週）製造業	37.5	46.1	41.7	41.8	37.4	37.7	—
1000人あたり乗用車数（台 '98）	394.0	163.3	485.5	392.0	428.0	506.0	442.0
1000人あたり電話加入台数('98)	50.3 37.4（移動）	43.3 30.2（移動）	66.1 26.5（移動）	55.6 25.2（移動）	67.4 46.4（移動）	56.7 17.0（移動）	57.0 18.8（移動）
インターネット利用者数（人/1万人）	1323.4 ('98)	668.3 ('98)	2219.2 ('98)	1357.2 ('98)	3952.9 ('98)	731.4 ('98)	335.1 ('98)
1000人あたり病床数（'90～'98）	16.2	4.6	4.0	4.5	5.6	9.6	8.7
下水道利用人口普及率（％）	60.0 ('00)	52.6	71.5 ('84)	88.0 ('96)	93.0 ('94)	88.6 ('95)	77.0 ('95)
1人あたり都市公園面積（m²/人）	東京23区 3.0('97)	—	ニューヨーク 29.3 ('97)	ロンドン 26.9('97)	ストックホルム 80.3('76)	ハンブルグ 19.1 ('83)	パリ 11.8('94)
道路舗装率（％）	74.9 ('97)	74.5 ('98)	58.8 ('97)	100.0 ('98)	77.5 ('98)	99.1 ('96)	100.0 ('95)
1 km²あたり道路延長（km）	3.05 ('97)	0.88 ('98)	0.65 ('97)	1.62 ('98)	0.52 ('98)	1.77 ('96)	1.62 ('95)
1人あたり発電能力（kw/人）	1.84 ('96)	0.84 ('96)	2.87 ('96)	3.02 ('96)	0.66 ('96)	1.41 ('96)	1.85 ('96)

（資料）国際統計要覧および総務庁統計局統計センター　http://www.stat.go.jp/data/index.htm
　　　　国土交通省　http://www.mlit.go.jp/toukeijouhou/toukei-jouhou.html

6.2 高齢社会と住居

　わが国は，人類がかつて経験したことのないスピードで"高齢化"現象に直面している社会である．わが国の高齢化率，すなわち総人口に占める65歳以上人口の占める割合の推計をみると，1970年には7.1％であったのに対し，2000年

には17.2％まで増加しており，この30年間で急速に高齢化が進んだことがうかがえる．高齢化対策の進んでいるヨーロッパ諸国では，90～100年という時間をかけて高齢化が進行し，その間に住宅政策をはじめとしたさまざまな高齢者福祉施策の整備を図ってきた．わが国では，他の国々が100年かけて行ってきた社会制度の整備を短期間で行わなければならず，その中でも特に高齢対応の住環境整備は，危急の課題として位置づけられる．

a. 高齢者と高齢社会
1) これからの高齢社会

わが国では今後，少子化などの要因による人口減少の一方で，高齢化率はよりいっそう高まっていくことが予想される．国が行った将来推計によると，2015年には高齢化率が25.2％となり，人口の4人に1人が高齢者ということになる．さらに，2020年には26.9％，2050年には32.3％と，上昇の一途をたどる．

一方，これからの高齢社会を考える際には，高齢者の割合の変化と同時に，高齢世代の質の変容にも注目しなければならない．現在65歳以上の者は，大正時代～昭和ひとけた時代（1912～1934年頃）に生まれた者がその大半を占めている．この世代は，第2次世界大戦や戦後の経済復興を経験しており，高度経済成長期には社会の中核を担っていた．一方，今後20年間では，1935（昭和10）年以降に生まれた世代や，人口規模の大きいベビーブーム世代が高齢期を迎える．これらの世代は，戦争を経験しておらず，また青年時代に高度経済成長期を迎えた，いわゆる「豊かな日本」を享受してきた世代である．したがって，その前の世代と比較すると，仕事への姿勢や余暇活動・家庭生活といったライフスタイルや男女の役割分担などに関する価値観は大きく異なっている．このような高齢者の世代交代は徐々に進行するものであり，一言で「高齢社会」といっても，その中には多種多様世代が含まれ，それぞれの世代の生まれ育った時代の社会的・文化的背景や価値観により，高齢社会のダイナミズムは大きく変わってくる．

では，現在の高齢社会はどのような変容に直面しているのであろうか．まず，家族構造の変化にともない一人暮らしの高齢者が増えている．また，寿命の延びによる高齢期の長期化にともない，仕事を続ける者が増加し，高齢者の社会参加も活発化している．さらに，満75歳以上の後期高齢者と呼ばれる世代も増加しており，それにともない，寝たきり高齢者や痴呆性高齢者といった介護を必要と

する者も増えている．すなわち，これからの社会では，多様な高齢者のニーズを把握した上で，住環境整備や福祉施策などにおける高齢対応を，高齢者のみを対象とした特殊解ではなく，社会における一般解として位置づけていく必要がある．

2) 高齢者の心身特性

人間は，高齢期を迎えると心身にさまざまな変化が生じる．その変化を，身体機能，感覚機能，生理機能，心理特性の4つの側面からみていくことにする．

身体機能における変化では，身体寸法が小さくなり，運動能力が低下する現象があらわれる．また，それに合わせて敏捷性や持久力も低下する．特に，下肢の筋力の低下や関節可動域の狭小化により歩行に問題が生じたり，上肢や指先の力がおとろえることにより，上肢の巧緻能力が低下していく．次に，感覚機能では，視力，聴力，臭覚，触覚，温熱感覚などすべての機能が低下する．また，同時に平衡感覚も低下し，バランスを崩し，転倒などの事故が起こりやすくなる．生理機能も総合的に低下し，特に中枢神経がおとろえ，眠りが浅く短くなったり，排泄の回数が増えるなどの現象が起こる．そして心理特性においては，過去の人間関係や出来事への愛着が強くなったり，興味が身近なものに限られてくる一方で，新しい環境への適応が困難になってくる．

高齢期の心身特性については，以上のような傾向が顕著であるが，それと同時に，これらの変化は個人差が大きいものであり，生活環境を整備する際には個々の高齢者の心身状況を把握する必要があることも忘れてはならない．

3) 高齢者の生活特性

高齢期になると，退職や子どもの独立により余暇の時間が多くなり，住宅内ですごす時間も長くなる．また，前述した心理特性により，過去とのつながりを重視する一方，新しい近隣交流の拡大が困難になる．

住宅内滞在時間が長くなる高齢期においては，家族との住まい方の形態がその生活に多くの影響を及ぼす．高齢者と家族の住まい方は，親世帯と子世帯の生活の独立および重なりの程度により，同居，準同居，近居，別居に分けられる．

同居とは，親世帯と子世帯が同じ住宅に住むことである．この住まい方の利点は，親世代から子世代への家族の文化伝承が行いやすいことや，高齢者が要介護状態になった場合，家族が介護にあたれることなどがあげられる．一方で，食生活嗜好や1日の生活のリズムが世代間で異なり，それを理由に，高齢者が孤独感を強めたり，親世帯と子世帯とで葛藤が生じる場合もある．同居では，親世帯と

子世帯とで話し合いを進めながら，ともに心地よく暮らしていく方法を検討する必要がある．準同居とは，同一家屋や同一敷地内に住むことであり，玄関や台所などをおのおのの世帯に配置する2世帯住宅などが該当する．親世帯と子世帯が近くに住みながら，それぞれのライフスタイルは守っていけるという利点がある．近居とは，親世帯と子世帯が，いわゆる「スープの冷めない距離」程度の近隣地域内に住むことであり，準同居同様，互いの生活を守りながら助け合いも行える．そして，別居とは，親世帯と子世帯が独立して生活を営むことであり，世帯間の距離が遠い場合もある．近年では，単身で暮らす高齢者の数が増えていること，またさまざまな住宅事情から子世帯との別居が増えているが，別居では，親世帯と子世帯との交流が希薄化したり，助け合いが困難になる場合がある．特に高齢者の心身機能が低下し，要介護状態になった場合，家事や介護の担い手をどうするかといった問題が生じる．これらの問題に対処するには家族はさまざまなサービスを利用しながら高齢者の生活を支える方策を考えていく必要がある．

b. 高齢者の生活と住環境
1) 住まいの選択肢

人は高齢期を迎えると，身体機能の低下や，配偶者との死別による家族構成の変化などの事態を経験することになるが，それにともない，これまでの住まいに住み続けられるか，どこに住むか，誰と住むか，どのような住まいが必要か，などの問題に直面することになる．では，われわれの社会には，高齢期の生活の場として，どのような選択肢が用意されているのだろうか．ここでは，居住の場を住宅および施設の両面からとらえ，高齢期にはどのような住まいの選択肢が存在するかについて考えていく（図6.5）．

住宅への居住では大きく次の選択肢が考えられる．① 持家，② 公的賃貸住宅，③ 民間賃貸住宅，である．① 持家では，居住者の老化にともなう身体機能の低下に応じて住宅の建て替えや改築・改修が必要になる．新たに住宅を建てる場合では，住宅金融公庫や年金福祉事業団により，それぞれ設定されたバリアフリー基準を満たした住宅に限り，割増融資が受けられる．改築・改修では，地方自治体ごとに改造費の補助や給付の制度が用意されており，また，2000年4月より開始した介護保険制度においても住宅改修費が給付対象となっている．② 公的賃貸住宅では，高齢者向けサービス付き住宅が供給されている．その大きな柱は，

6.2 高齢社会と住居

```
住宅 ─┬─ ① 持　家 ──┬─ ・新築
　　　│　　　　　　　└─ ・改築・改修
　　　├─ ② 公的賃貸住宅 ─┬─ ・シルバーハウジング
　　　│　　　　　　　　　├─ ・シニア住宅
　　　│　　　　　　　　　├─ ・シルバーピア
　　　│　　　　　　　　　└─ ・高齢者向け借り上げアパート
　　　└─ ③ 民間賃貸住宅 ── ・優良賃貸住宅制度

施設 ─┬─ 福祉施設 ─┬─ ① 特別養護老人ホーム
　　　│　　　　　　├─ ② 養護老人ホーム
　　　│　　　　　　├─ ③ 軽費老人ホームA型B型
　　　│　　　　　　├─ ④ ケアハウス
　　　│　　　　　　├─ ⑤ グループホーム
　　　│　　　　　　└─ ⑥ 有料老人ホーム
　　　└─ 医療施設 ─┬─ ① 老人保健施設
　　　　　　　　　　├─ ② 介護療養型医療施設
　　　　　　　　　　└─ ③ 療養型病床群
```

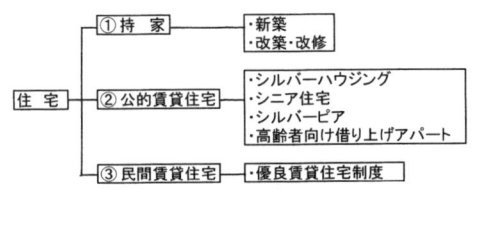

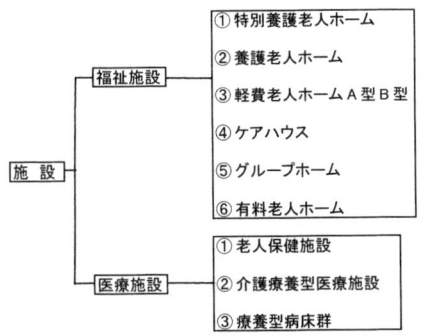

図 6.5　高齢期の住まいの選択肢

1987年，当時の建設省により開始されたシルバーハウジングである．この施策では，公営・公団・公社住宅において，高齢者を配慮した住宅の設計，緊急通報システムの設置，緊急対応と相談・見守りの役割を果たす生活援助員の配置，などの条件をそなえた高齢者向け集合住宅を供給している．この国の計画を受け独自に施策を展開したのが東京都によるシルバーピアであり，高齢者住宅の建設実績は国をはるかに上回っている．その他にも，住宅・都市整備公団（現：都市基盤整備公団）や地方住宅供給公社などが行っているシニア住宅や地方自治体による借り上げアパートなどの制度がある．なお，これらの住宅への入居に際し，これまでは「身のまわりのことを自分でできる」といった入居要件があったが，1996年の公営住宅法改正および介護保険の開始にともない，2000年に入居資格の変更が行われ，介護が必要でも意思の疎通が可能で，在宅サービスを利用しながら居宅で生活できる状態であれば入居できることになった．③ 民間賃貸住宅では，現状下では，身体機能の低下に即した住宅改造は困難であり，加えて家賃の過剰負担や，更新時に年齢を理由とした立ち退き要求などの問題があり，居住が不安定になる場合が多い．このような状況に対し，国では1998年に優良賃貸

表6.9 福祉・医療施設の居室面積水準と入所者の心身状態

	施設名	居室面積	入所者の心身状態 自立　　　　　　　　　　　　要介護
福祉系	特別養護老人ホーム	10.65 m²/人	
	養護老人ホーム	3.3 m²/人 + 収納	
	軽費老人ホームA型	6.6 m²/人 + 収納	
	軽費老人ホームB型	16.5 m²/人	
	ケアハウス	21.6 m²/人	
	グループホーム	7.43 m²/人	
	有料老人ホーム	—	
医療系	老人保健施設	8.0 m²/人	
	介護療養型医療施設	6.4 m²/人	
	療養型病床群	6.4 m²/人	

住宅制度を創設し，高齢者の安定居住を確保する事業を展開している．

　高齢者の生活の場としての施設には，福祉施設と医療施設がある．福祉施設には，① 特別養護老人ホーム（介護保険では介護老人福祉施設），② 養護老人ホーム，③ 軽費老人ホームA型B型，④ ケアハウス，⑤ グループホーム（痴呆対応型共同生活介護），⑥ 有料老人ホーム，が位置づけられる．また医療施設では，① 老人保健施設（介護保険では介護老人保健施設），② 介護療養型医療施設，③（医療保険適用の）療養型病床群，がある．なお，介護保険においてサービスの対象とされている施設は，特別養護老人ホーム，老人保健施設，および介護療養型医療施設である．こうした施設はこれまで，居住の場として環境を整える視点が欠けていたが，近年では入所者の生活の質を確保する考えから，住宅らしさをそなえた生活の場としての整備が進んでいる．表6.9は，それぞれの施設の居室面積水準と入所者の心身状況を示したものである．常時介護が必要で在宅生活が困難な要介護者を対象とした施設は特別養護老人ホームであり，また病状安定期でリハビリテーションが必要な者や長期療養中の者は医療系の施設に入所することになる．これらの施設の中で，居室面積の水準が最も高いのはケアハウスである．ケアハウスでは，個室（単身者用21.6 m²，専用便所，洗面，収納付き）を原則とした居住環境のもとで，個人の生活の自立が尊重されると同時に，身体機能に応じた選択的な在宅サービスが用意され，虚弱期から要援護期までの高齢

者に対応できる環境が整えられている．また，ここではグループホームを施設として位置づけたが，その居住様態は住宅と福祉施設が重なり合ったものであり，介護保険においても在宅サービスに含まれている．すなわち，正確には住宅と施設の中間に位置づけられる．グループホームは，特に痴呆性高齢者の生活の場として注目されており，国は2004年度までに3200カ所の整備を目標としている．

以上のように，高齢期にはさまざまな住まいの選択肢が存在しているが，現時点では過渡期にあり，今後その量・質ともに整備が進んでいくものと考えられる．

2) 高齢対応の住環境整備

身体機能が低下した高齢者や障害者は，住まいの物的環境の不備により，自立生活が続けられなくなることが多い．一方，これからの高齢社会では，すべての住宅は，高齢者がその場で生活する可能性をもつことになる．すなわち，これからの住宅計画では，身体機能の低下した高齢者であっても，家族による介護や在宅サービスを利用しながら自立生活が続けていけるような配慮が必要となってくるのである．

高齢対応の住環境整備を進めるときには2つの方向がある．第1には住環境における高齢者配慮の一般化の方向，第2には個々のニーズに対応した環境整備の方向である．

第1の方向では，高齢者の平均的な心身機能低下の状況を把握した上で住宅計画を行うことになるが，国は，1995年に長寿社会対応住宅設計指針として高齢対応の住宅設計マニュアルを発表した．なお，その概要を表6.10に示すが，指針のポイントは以下のようにまとめられる．

・高齢者の寝室の配置への配慮：高齢者と家族との交流がなるべく活発となるよう，高齢者の部屋と家族の公的空間を近接させる必要がある．また，高齢になると深夜の排泄回数が増えるため，便所との近接も重要である．

・下肢の移動能力の低下への配慮：高齢になると歩行能力が落ちてくるため，住戸内の段差の除去，手すりの設置，階段の勾配などに配慮する必要がある．また，高齢者が車いすや歩行器を使用するようになる場合も想定して，廊下や出入口の幅員や，便所・浴室の面積は広めに設定するのが望ましい．

・上肢の巧緻能力の低下への配慮：高齢になると，手先の巧緻能力が低下したり，力がはいらなくなる．したがって，水栓やドアノブはレバー式で操作に力を要しないものが望ましい．

表6.10 長寿社会対応住宅設計指針の概要

1. 通則

(1) 部屋の配置	・玄関，便所，洗面所，浴室，脱衣室，居間・食事室および高齢者の寝室は，できる限り同一階に配置する。 ・高齢者の寝室と便所，洗面所，居間・食事室は，できる限り近接配置とする。
(2) 段差	・住戸内の床は，原則として段差のない構造のものとする。ただし，玄関の出入口および上がりかまち，浴室出入口，バルコニーなどへの出入口にあっては，この限りではない。
(3) 手すり	・階段，浴室には手すりを設ける。 ・玄関，便所，洗面所，脱衣室，居間・食事室，高齢者の寝室および廊下には，手すりを設けるか設置できるようにする。 ・手すりは，使用しやすい形状，材質とし，適切に設置する。
(4) 通路・出入口の幅員	・住戸内の廊下などの通路および出入口は，できる限り歩行補助具および介助用車いすの使用に配慮した幅員を確保する。
(5) 床・壁の仕上げ	・住戸内の床・壁の仕上げは，滑り，転倒などに対する安全性に配慮したものとする。
(6) 建具	・建具は，開閉がしやすく，安全性に配慮したものとする。また，建具にとって，引き手および錠は使いやすい形状のものとし，適切な位置に取りつける。
(7) 設備	・住戸内の給水給湯設備，電気設備，ガス設備は，安全性に配慮するとともに，操作が容易なものとする。 ・住戸内の照明設備は，安全上必要な箇所に設置するとともに，十分な照度を確保する。 ・火災その他のための通報装置および警報装置などを設けるか，設置できるようにする。
(8) 温熱環境	・各居室などの温度差をできる限りなくすよう断熱および換気に配慮するとともに，年間を通じて適切な温度が維持できるように暖冷房設備などを用いることができる構造とする。
(9) 収納スペース	・日常使用する収納スペースは，適切な量を確保するとともに，無理のない姿勢で出し入れできる位置に設ける。

2. 住戸内各部

(1) 玄関	・玄関の出入口に生じる段差は，安全性に配慮したものとする。 ・玄関は，できる限りベンチなどが設置できる空間を確保する。 ・上がりかまちの段差は，安全上支障のない高さとし，必要に応じて式台を設置する。
(2) 階段	・階段の勾配，形状などは，昇降の安全上支障のないものとする。
(3) 便所	・便所は，できる限り介助可能な広さを確保する。 ・便所の出入口は，緊急時の救助に支障のない構造のものとする。 ・便器は，腰掛け式とする。
(4) 洗面所・脱衣所	・洗面所は，手洗いなどの利便性に配慮したものとする。 ・脱衣所は，衣服の着脱などの利便性に配慮したものとする。
(5) 浴室	・浴室は，できる限り介助可能な広さを確保する。 ・浴室の出入口に段差が生じる場合は，安全上支障のない構造のものとする。 ・浴室の出入口建具は，安全性に配慮するとともに，緊急時の救助に支障のない構造のものとする。 ・浴槽は安全性に配慮した形状，寸法とする。
(6) 高齢者などの寝室	・高齢者などの寝室は，できる限り介助に必要な広さを確保するとともに，遮音性能や避難のしやすさに配慮する。
(7) バルコニーなど	・バルコニーなどについては，出入口に生じる段差を安全性に配慮した形状とするなどの配慮を行う。

(資料)建設省住宅局監修：「長寿社会対応住宅設計マニュアル，戸建住宅編」，(財)高齢者住宅財団，1995.

表6.11 住宅性能表示制度における長寿社会対応性能

ランク	基準・指針等	概 要
5	長寿社会対応住宅設計指針・推奨レベル	車いす使用者が基本的な生活を営めるよう，円滑に移動し生活できること．
4	長寿社会対応住宅設計指針・基本レベル	車いす使用者が基本的な生活を営めるよう，支障なく移動し生活できること．
3	住宅金融公庫・基準金利適用住宅レベル	車いす使用者が介助者を前提として，住戸に到達でき，最低限の範囲で車いすによる生活ができること．
2	住宅金融公庫・基準金利適用住宅レベル（車いす対応部分は除く）	介助者用車いすを必要としない程度の歩行困難者の転倒・転落防止等の日常安全性を確保できること．
1	建築基準法遵守レベル	ランク2レベル未満

（資料）楢崎雄之：「高齢者・障害者を考えた建築設計」，井上書院，2000．

・安全性への配慮：正確な統計をとるのは困難であるが，高齢者の家庭における死亡事故はかなりの数にのぼるものと想定される．1999年の国民生活センターの報告によると，家庭内事故の多い場所は階段，浴室であり，転落や溺死が死亡原因である．また，死亡に至らないまでも，台所や浴室でのやけどや床・畳・敷居や玄関での転倒も多く発生している．こうした事故の発生しやすい場所では，高齢者を配慮した住宅計画を行うと同時に，緊急通報装置や警報装置などを設ける必要がある．

・介護空間の確保：高齢者が要介護状態になった場合，便所や浴室，高齢者の寝室などにおいて介護者の動作寸法も想定した広さが必要となる．

そして，国は長寿社会対応住宅のさらなる普及を図るため，2000年6月施行の住宅品質確保促進法において，長寿社会対応性能の表示を制度化した．この制度では，住戸内の高齢者などの利用想定範囲，住戸内全体，共用部分が，表6.11に示したような5つのランクで表示されることになっている．ランクづけにあたっては，前述した長寿社会対応住宅設計指針や住宅金融公庫の基準金利適用住宅レベルなどの基準が使用されている．

次に，第2の方向では，住宅改造や福祉機器の利用が有効な解決策となる．高齢者の心身機能低下の度合には個人差があり，住環境を整備する際には，そこに暮らす人間の身体状況やライフスタイルを正確に把握し，それに適した環境をつ

くり上げていく必要がある．また，身体状態は時間の経過とともに変化していく場合もある．こうした状況への対応としては，住宅の改造や階段昇降機や入浴介助の天井走行リフトなど，福祉機器の利用が効果的である．

以上のように，高齢対応の住環境整備は，「高齢者配慮の一般化」の方向と「個々のニーズへの対応」の方向とが，うまく補完しあうことによって実現するものである．

c. これからの高齢者居住の姿
1) これからの高齢者の住まい

高齢社会に対応した住環境の整備は，現在進行中であり，その流れの中から，今後，さまざまな形態の居住の場が登場するものと思われる．

前項では，高齢者の居住の場を，住宅と施設の両面からとらえたが，急速に進展する高齢者施策の中で，両者のあり方にも変化が生じている．住宅では長寿対

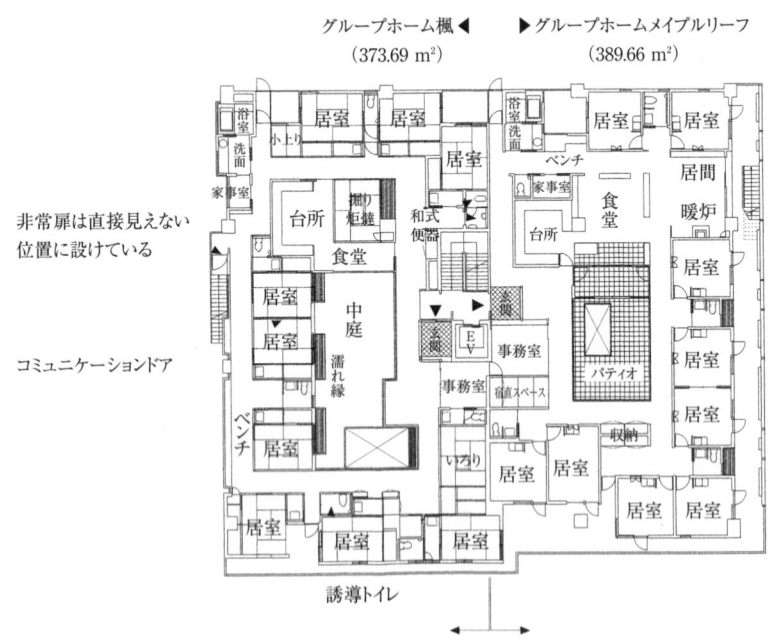

図6.6 グループホーム楓&メイプルリーフ平面図（設計管理：永野建築設計事務所）
（外山　義編著「グループホーム読本」，ミネルヴァ書房，2000）

応設計や在宅サービスの普及により，要介護者でも在宅生活の継続が可能となってきている．すなわち，住宅は介護の場としての機能もそなえてきているわけであり，事前にそうした機能をそなえたサービス付きの住宅も多く登場している．一方，施設では，居室面積の拡充や私的空間の確立が図られ，生活の場としての視点も取り込まれるようになってきている．2002年には，高齢者への「個別ケア」に重点をおいた「小規模生活単位型特養」が制度化された．この制度は施設の居室をいくつかのグループに分け，それぞれを1つの生活単位として小人数の家庭的な雰囲気の中でケアを展開する「ユニットケア」を導入したものであり，高齢者の居室も原則個室で計画されている．

また，高齢期にどこに住むかという問題は，家族との関係にも大きく影響される．特に，高齢者と子世帯との別居が増加し，単身で暮らす高齢者が増えている中，高齢者同士で集まって住む試みも始められており，グループホームや高齢者対応のコレクティブハウジング，グループリビングといった住まい方が例としてあげられる．

グループホームとは，地域の中で，家庭的な雰囲気の生活環境のもと，できる限り自立生活を保ちながら5〜9人程度の少人数で共同生活を送る住まい方である．そして，そのような住環境は痴呆性高齢者に治療的効果をもたらすことから，介護保険制度では在宅サービスの一形態として取り入れている．図6.6では，2ユニットのグループホームが併設された例を示す．2つのユニットは，一方が和式で他方が洋式というようにそれぞれの生活様式が統一されており，各ユニットは，入所者の居室が9室，共用の台所・食堂，いろりや暖炉まわりなど入居者が集まれるスペース，職員室で構成されている．

そして，現在供給されている高齢者対応のコレクティブハウジングは，個人の住宅部分とは別に，ダイニングキッチンやリビングなど居住者同士が交流し，支え合える空間をそなえたシルバーハウジングである．またグループリビングは，高齢者が身体機能の低下を補うため，お互いの生活を共同化・合理化して共同で住まう居住形態をさす．

このように，高齢者の居住の場である住宅・施設ともに，さまざまな居住形態が登場している．今後はよりいっそうの整備を進めることにより，高齢者が自分の健康状態や家庭の状況などに合わせて，居住の場を選択できるようになることが望まれる．

6.3　福祉とまちづくり

a.　バリアフリーデザインとユニバーサルデザイン
1)　障害，障壁（バリア），バリアフリーデザインとは何か

近年「バリアフリーデザイン」という言葉は広く知られるようになった．「バリアフリー」とは，高齢者や障害のある人が社会参加しようとしたときにそれを妨げてしまうものをバリア（障壁）ととらえ，それをなくしていこうという考え方である．それをさらに突き詰めて考えていくと「障害」とは何か，「バリア」とは何かを考えることが必要になる．

「障害」とは，1980年にWHOによって提案された障害分類（International Classification of Impairment, Disability and Handicapped：以下 ICIDH-1）によると，機能障害，能力制約，社会的不利の3種類に分類されている．機能障害（impairment）とは身体の器官，組織に障害があることで，たとえば脊椎損傷による下半身麻痺，脳血管障害による半身麻痺などがこれにあたる．能力制約（disability）とは機能障害にともなって生ずる動作・行為上の制約で，麻痺がある結果として歩くことができないことなどが例としてあげられる．社会的不利（handicap）とは，能力制約と環境の相互関係によって受ける制約と定義される．すなわち，歩けない人でも車いすを利用して移動できるようになるが，建物の入口に段差があればその建物に入れない，建物を使えない，建物内で提供されているサービスを利用できないといった状況のことを「ハンディキャップがある」という．時として，障害をもつ人を称してハンディキャップ者ということがあるが，ICIDH-1の分類定義からいって「ハンディキャップ」とは人の身体機能と環境とのミスマッチによって生まれるもの，言い換えれば環境が生み出すものであり，「ハンディキャップ」という言葉で人を形容することは間違いである．

ICIDH-1によって，環境が社会的不利を生み出し，結果として障害者をつくっているという概念が明確になったが，新たに策定された「国際生活機能分類」（International Classification of Functioning, Disabilities and Health：以下 ICF））では，環境因子の介在をより明確に位置づけている（図6.7）．ICIDH-1では障害を「機能障害」，「能力制約」，「社会的不利」で分類していたが，ICFではそれらを「心身機能・身体構造（body functions and structures）」，「活動（activity）」，

```
           健康状態（不調/疾病）
           health condition(disorder/disease)
                      ↕
  心身機能・身体構造    活動状態       社会参加
  body functions  ←→ activity ←→ participation
  and structures
         ↕          ↕          ↕
     環境 (environment) 因子    個人 (personal) 因子
```

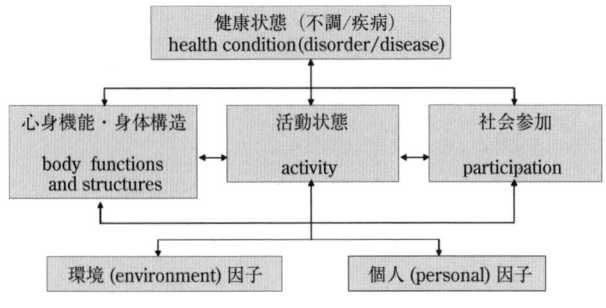

図 6.7 WHO による国際生活機能分類）

「社会参加（participation）」と分類し直し，それらの間には単にその人固有の問題（個人因子）だけではなく，物理的・社会的・制度的な多くの「環境因子」が介在するとしている．すなわち，活動や社会参加は機能障害そのものではなく，環境によって制約を受けるものであり，ものづくりに携わるデザイナーがその責任を担っているといえる．

「障壁（バリア）」として対象とすべきものは，① 段差，広さ，幅などの「物的なバリア」，② 必要な情報が適切に入手できない「情報のバリア」，③ 人の心にある感情や不確かな情報からくる誤解，偏見，あきらめなどの「心のバリア」，④ 障害者欠格条項（目が見えない，耳が聞こえないなどの障害を理由に資格などを与えないとする法律の規定）などの「社会・制度的バリア」など，主に4種のバリアが存在する．「バリアフリーデザイン」は主として物的なバリア，情報のバリアの除去を目的としたデザイン手法であり，その代表的なものに，建物出入口に取りつけられたスロープ（傾斜路），手すりなどが取りつけられた車いす専用トイレ，障害者のための点字ブロックなどがある．

1970年代，障害者の生活圏拡大運動に端を発したわが国における「バリアフリー」は，欧米でよく使われる「アクセシブル（accessible：接近できる）」と「ユーザブル（usable：使える）」を包含した概念であり，1990年代にはいり，高齢社会の到来を背景に広く認識されるようになった．

2) ユニバーサルデザインの概念

しかし，今，このようなバリアフリーの考え方が正しかったのかどうかの疑問，たとえば「バリアがあることが前提であるバリアフリーデザインでは問題の根本であるバリアをなくすことができないばかりでなく，高齢者のため，障害者のた

表6.12 ユニバーサルデザインの7原則
（ノースカロライナ州立大学・ユニバーサルデザインセンターホームページより）

No.	原則内容
1	Equitable Use：さまざまな能力の人に利用できるようにつくられており，かつ市場性があり，容易に入手できること．
2	Flexibility in Use：使う人の幅広い好みや能力に合うようにつくられていること．
3	Simple and Intuitive Use：使用者の経験や知識，言語能力，集中力に関係なく，使い方が理解しやすくつくられていること．
4	Perceptible Information：使用状況や，使用者の視覚，聴覚などの感覚能力に関係なく，必要な情報が効果的に伝わるようにつくられていること．
5	Tolerance for Error：うっかりしたミスや意図しない行動が，危険や思わぬ結果につながらないようにつくられていること．
6	Low Physical Effort：効率よく，快適に，疲れないで使えるようにすること．
7	Size and Space for Approach and Use：さまざまな体格や，姿勢，移動能力の人にも，アクセスしやすく，操作がしやすい空間や大きさにすること．

めを強調し特別扱いすることになりかねない．そのようなバリアフリーが世の中に普及し常識化することによってバリアを再生産してしまうのではないか」（川内，2001）といった疑問が投げかけられている．現に車いす対応のエスカレータや障害者専用となってしまっているトイレなど，高齢者や障害者を特別視したバリアフリーデザインを街の中に数多くみることができる．ではどうすればよいか，その解決策のヒントを与えてくれるのが「ユニバーサルデザイン」という考え方である．

　ユニバーサルデザインとは「できる限りすべての人が年齢や能力の違いにかかわらず利用できるように製品や建物，環境をデザインすること」と説明されている．一般的に認識されているバリアフリーデザインが障害者や高齢者などの特定のユーザーを想定していたのに対し，ユニバーサルデザインは特定のユーザーを特定しないことに特徴がある．また，バリアフリーデザインの出発点が段差などのバリアがあることを前提にしているのに対し，ユニバーサルデザインは最初からそれらのバリアをつくらないことが出発点となっている．具体的なデザイン目標として，アメリカのノースカロライナ州立大学・ユニバーサルデザインセンターでは表6.12に示す7原則を提案している．

図中: 能力 ↑　これまでのものづくりの目標　0　20　40　60　80　年齢 →

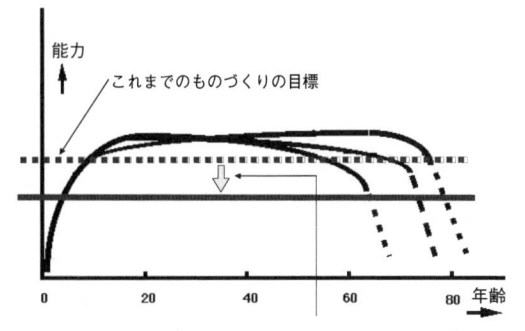

この目標値を引き下げることによって対象となるユーザーが拡大する．この努力を継続することがユニバーサルデザインの本質といえる

図 6.8 エイジレスカーブとユニバーサルデザイン
（古瀬，2001 を筆者が一部加筆）

　この7原則は，環境やものをデザインする際の要求条件ではあるが，すべてを満足すれば事足りるわけではなく（デザインの過程において，経済性，技術的条件，文化，男女差や環境への影響などの諸条件を考慮に入れなければならないことはいうまでもない），またすべての条件を満足しなければいけないわけでもない．適用すべき原則，言い換えれば「もの」づくりの目標をユーザーとの対話によって明らかにしていくこと，そして，これまでの「もの」づくりが想定していたユーザーの能力に対する目標設定を引き下げる努力を継続していくことが，ユニバーサルデザインの本質であると考えられる（図 6.8）．

3）ユニバーサルデザインの実践方法

　ユニバーサルデザインの理念は比較的理解しやすいと思われるが，ユニバーサル（普遍的）という言葉の響きから，「本当にすべての人が使いやすいものがあるのか」という疑問が生じることも確かであろう．ユニバーサルデザインはすべての人の使いやすさを目指していることは間違いではないが，すべての「もの」や「環境」のユーザーがすべての人であるということではない．たとえば，洋服などは体型，体格によってサイズが異なっているのは当然であり，1つの洋服が万人に適合するようにデザインされる必要はない．しかし一方では，極力広範なユーザーを対象としてデザインすべきもの（たとえば不特定多数の人が利用する公共施設など）が存在するのも事実である．言い換えれば，「もの」や「環境」の特性によってユニバーサルデザインの実践方法が異なっているということであ

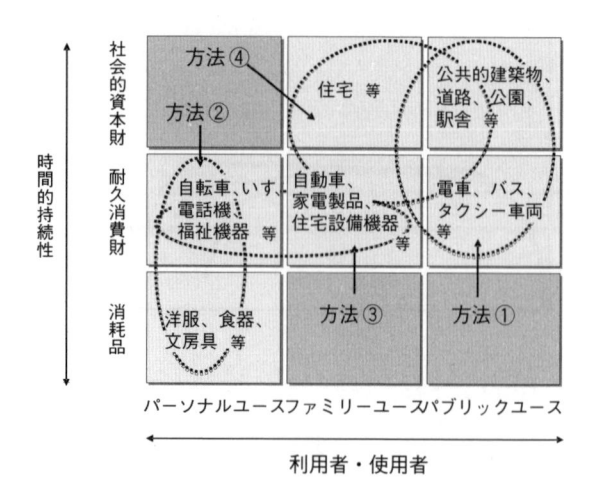

図 6.9 ユニバーサルデザインの対象と達成方法の関係
（園田，1998 を筆者が一部加筆）

ろう．実践方法としては，① さまざまな人・ニーズを包含する汎用性の高いデザインを提供する，② さまざまな人・ニーズに対応して多くの選択肢を提供する（選択肢群全体としてユニバーサルデザインを実現する），③ 単一のデザインであるが，利用者ニーズに応じて変化することによりユニバーサルデザインを実現する（可変性やカスタマイズ性により個別ニーズに対応させる），④ さまざまな人・ニーズに共通するベースを用意し，個別の要求にはオプションで対応する（①②の複合型）などの方法があり，それぞれの方法は「ものが存在する時間的持続性（ものの寿命）」と「誰が使うか（個人，家族，不特定多数）」により適用が異なると分析されている（図 6.9）．この分析はユニバーサルデザインを実践する上での方向性として非常に明解であるが，具体的な「もの」をデザインする際にどのような方法を適用するかは，ユーザーとの綿密な対話により検討を進めることが必要である．

b. 福祉のまちづくりの面的な展開
1） わが国における福祉のまちづくりの歩み

わが国における「福祉のまちづくり」は 1969 年に仙台市で起こった障害者の生活圏拡張（拡大）運動が始まりといわれている．当時の障害者福祉は郊外に収

```
<使用の条件>
建築物へのアプローチに支障がないこと．入口が利用できること．
施設が利用できること．
<具体的仕様>
玄関：地面と同じ高さにするほか，階段のかわりに，または階段のほかにスロープ（傾
斜路）を設置する．
出入口：80 cm 以上の幅とする．回転ドアの場合は，別の入口を併設する．
スロープ：傾斜は 1/12 以下とする．室内外を問わず，階段のかわりにまたは階段の他
にスロープを設置する．
通路・廊下：130 cm 以上の幅とする．
トイレ：利用しやすい場所にあり，外開きドアで，仕切り内部が広く，手すりがつい
たものとする．
エレベータ：入口幅は 80 cm 以上とする．
```

図 6.10 国際シンボルマークとその使用条件

容施設をつくることが主流であったため，この運動は反政策的な活動ととらえられたが，この運動は時を同じくして国際リハビリテーション協会によって制定された国際シンボルマーク（図 6.10）の普及を目的として結成された「仙台市福祉のまちづくり市民の会（1971）」に受け継がれ，全国へと広がっていった．

このような動きを背景として，1970 年に制定された「心身障害者対策基本法」の第 22 条 2 項において，交通機関や公共施設の改善がはじめて言及され，同年の身障者福祉審議会では生活環境の改善について「単に身障者の利便だけにとどまるものではなく，老人，子供，妊婦などの利便につながるものであるので長期的視野に立って必要な施策を講じること」と答申されている．その後，国レベルでは 1970 年代前半に建設省が官公庁施設整備ガイドラインや歩道の縁石切り下げ基準を策定し，自治体レベルでは 1974 年に町田市が福祉環境整備要綱を策定している（要綱とは法的な強制力はもっていないが，少なくとも確認申請の前段階で協議することなど，行政がバリアフリー化推進に介入する糸口をつくったことに大きな意味をもっていた）．この町田市の取り組みがきっかけとなり，その後全国のさまざまな都市で要綱，指針の制定が行われることとなる．この 1970 年代の動きは，身障者福祉審議会の答申でも明らかなように障害者のみを対象としたものではなく，今でいうユニバーサルデザインの理念が根づいていたといえる．しかし，当時は福祉のまちづくりは福祉部局の案件であり，結果的として「福祉の街づくり＝障害者のため＝障害者福祉」として処理され，「バリアフリーデザインは障害者のため」という認識を強調することとなってしまった．

その転機は少子高齢社会の到来が広く認識されるようになった1990年代に訪れる．1990年には神奈川県が建築基準法40条を根拠とした建築条例の改定を行い，わが国ではじめて法的根拠をもったバリアフリー条例が施行された（建築基準法40条とは地域の気候・風土，特殊建築物の用途，規模により建物の安全，防火，衛生上必要な制限を地方公共団体において付加できるとしたもので，神奈川県は「安全上，衛生上」を拡大解釈し条例化を行った）．その後1992年に横浜市，大阪市，1993年には東京都が建築条例を制定した．しかし，建築条例は建築基準法でいう特定建築物のみが対象であり，生活環境を面的な広がりをもって包含するには限界があった．そのため1992年に大阪府，兵庫県が，建築条例の網からもれた生活関連施設をカバーするため福祉のまちづくり条例を制定する．福祉のまちづくり条例は，公共建築のみならず，民間建築物，道路，公園，鉄道駅舎なども対象とし，用途，規模によって届け出を義務づけている（条例に適合しているかどうかを事業者がチェックし届け出る）．福祉のまちづくり条例制定の動きはその後全国に展開した．

以上のように，わが国における福祉のまちづくりは先進的自治体主導で進んできたわけであるが，建設省が1994年に「生活福祉空間づくり大綱」および「高齢者・身体障害者等が円滑に利用できる特定建築物の建築の促進に関する法律（通称：ハートビル法）」を制定したことにより，国レベルにおけるバリアフリー環境整備の流れが生まれる．ハートビル法は，不特定多数が利用する特定建築物（病院，劇場，展示場，デパートなど）の利用を不可能にしているバリアの除去を目的とした「基礎的基準」と，特段の不自由なく特定建築物を利用できることを目的とした「誘導的基準」を定めている．1994年版のハートビル法は建築基準法のように強制力はもっておらず，建築主に対して努力義務を課し，都道府県知事が指導・助言できるとするにとどまっていたが，2002年には基礎的基準について新築の特定建築物に義務づけを行うように改訂が行われた．

それに影響を与えたのが，2000年に運輸省，建設省，警察庁，自治省の連携によって制定された「高齢者・身体障害者等の公共交通機関を利用した移動の円滑化の促進に関する法律（通称：交通バリアフリー法）」である．交通バリアフリー法は，これまでの「点」としてのバリアフリー整備に「面」としての広がりをもたせるために，移動のネットワーク化を目的とした法律であり，新しく建てられる駅舎，交通ターミナルや新しく導入される鉄道やバス車両のバリアフリー

化を義務づけたことが画期的であった．

2) 福祉のまちづくりの面的な展開

今後の超高齢社会においては，高齢者や障害のある人々を含んだすべての人にとって生活しやすい，すなわちユニバーサルデザインの理念に則ったまちづくりを推進していくことが不可欠となる．特に日常の生活環境においては，「安全で安心な日常生活」「健康の維持」「働く・学ぶなどの生きがい」「福祉サービスの充実」，そしてそれらを結ぶ「歩行環境や交通ネットワーク」などにより，面的な広がりをもった「まち」をつくっていくことが主要テーマと考えられる．

面的な広がりをもった「まち」を実現するためには，バリアフリー/ユニバーサル化によって空間的な広がりをもたせるとともに，時間的広がり，すなわち安心して住み慣れた地域に住み続けられることが求められる．具体的には，① 移動手段と移動空間の安全性・快適性の確保，② 誘導・案内を含めた適切な情報伝達，③ 上述の「安全で安心な日常生活」「健康の維持」「働く・学ぶなどの生きがい」「福祉サービスの充実」といった機能を包含した地域計画と空間設計，の連携によって実現すると考えられる．表6.13にそれぞれの領域における主な課題をまとめる．

3) 福祉のまちづくりのこれからの課題

わが国において福祉のまちづくり運動が始まって30年以上が経過し，さまざまな取り組みが行われるようになった．しかし，それぞれが狭い領域で議論されていることも否めない．今後は都市マスタープラン，住宅マスタープラン，障害者プラン，ゴールドプランなどとの整合性をいかに確保していくかなど，他施策・他分野との連携，統合が必要不可欠であろう．

最終的には，福祉のまちづくりは教育の問題に帰着する．義務教育，高等教育，職能教育において「超高齢社会における生活環境づくりで何が重要か」に視点を当てた教育を展開する必要がある．人がつくるもので，ある特性をもった人を排除するようなことがあってはならない．

表6.13　福祉のまちづくりの面的な展開のための主な課題

(1) 移動手段の確保と移動空間の安全性・快適性の確保

歩行空間の安全性，快適性の確保
- 障害の種別などにかかわらず利用できる主要経路を確保する（災害時や工事などに対応できるようバックアップルートも考慮）．
- 交差点部の縁石切り下げ，車いすなどの歩行補助具の利用を可能とする幅員や平坦性などを考慮し，歩行空間の連続性を確保する．
- 交通事故の防止に代表される安全性を確保する（歩車道分離がむずかしい生活道路などでは自動車の走行速度を減少させるため，車道の非直線化，舗装面の変化，車道上のこぶ（ハンプ）など心理的・物理的に歩行者優先であることを訴えかける）．
- 夜間移動の安全性確保のための道路照明を配慮する．
- 公開空地など道路単体ではなく周辺建物と合わせて計画し，歩道空間の拡大や快適性向上を図る．
- 移動経路上の要所（ポケットパーク，歩道上，バス停等）にベンチなどの休憩設備を設置する．
- 街路樹による木陰効果，車騒音の低減効果などを活用する．
- 歩行空間の要所にトイレを設置する（地域内の道路，公共施設，民間施設の一部を利用して公衆トイレを整備．公園には歩道から使いやすい位置に公衆トイレを設置）．

誰もが円滑に利用できる公共交通機関の整備
- 交通バリアフリー法に従い，公共交通車両の改善を積極的に進める（リフトバス，ノンステップバスの導入）．
- 住宅団地など，より狭いエリアを路線とするコミュニティバスを導入する（例：武蔵野市：ムーバス，金沢市：ふらっとバス等）．
- バス停の整備（屋根やベンチの設置，リフトバス・ノンステップバスに対応した歩道縁石のデザイン等）．
- 駅舎の整備（エレベータ等による橋上駅・地下駅への移動経路の確保，コンコースからホーム，ホームから車両等結節点の段差や隙間の解消等）

(2) 誘導・案内を含めた適切な情報伝達

- 見知らぬ土地での行動，災害の発生など突発的な状況の変化に対応できるように誰もがわかりやすい誘導案内を整備する．
- 誘導案内として，文字，絵文字，音声等多様な手段で同時に提供できるように考える．
- 場所や地域が異なっていても統一した表現を用いる（例：点字ブロックの形状・敷き方，エレベータのボタン配置等）．
- 視覚に障害をもつ人（弱視者）に対して，より強調した視覚情報や視覚にかわる伝達手段を提供する．

(3) 地域計画と空間設計

- アクセス経路は高齢者や障害者のための特別な経路としてはいけない．災害時の避難という視点からも主たる経路をアクセシブルにする．
- 公園や緑地は生活に潤いを与える施設として，災害時の避難場所として誰もが利用できるように考えておくことが必要．
- 地域の安心拠点の整備：住居の近くや駅周辺などに容易にアクセスできるところに「保健」「医療」「福祉」のサービスを総合的に利用できる拠点を整備する．

参 考 図 書

■ 第1章

内田青蔵：日本の近代住宅，鹿島出版会，1992.
太田博太郎：図説日本住宅史，彰国社，1948.
川上　貢：日本中世住宅の研究，墨水書房，1967.
後藤　久：都市型住宅の文化史，日本放送出版協会，NHKブックス497，1986.
マーク・ジルアード（森静子ヒューズ訳）：英国のカントリー・ハウス（上・下），住まいの図書館出版局，1989.
西山卯三：日本のすまい（Ⅰ～Ⅲ），勁草書房，1976.
平井　聖：日本住宅の歴史，日本放送出版協会，1974.
平井　聖：日本の近世住宅，鹿島出版会，1968.
ベネーヴォロ（佐野敬彦他訳）：図説・都市の世界史（1～4），相模書房，1983.
ルイス・マンフォード：歴史の都市・明日の都市，新潮社，1969.
エドワード・S・モース（上田　篤他訳）：日本のすまい・内と外，鹿島出版会，1981.
渡辺保忠：住居史，日本女子大学通信教育部，1969.
H. Büttner & G. Meiβner ： Bürgerhäuser in Europa, Kohlhammer, 1981.
M. Gilliatt ： English Country Style, Orbis, 1986.
N. Nicolson ： Great House of Britain, The National Trust Book, 1978.

■ 第2章

§ 2.1
青井和夫・小倉　学・宮坂忠史：コミュニティ・アプローチの理論と技法，p.47，績文堂，1963.
石毛直道：住居空間の人類学，鹿島出版会，1971.
小川信子：住まいとしての社会施設（日本生活学会編「住まいの100年」，ドメス出版，2003.
小川信子・真島俊一：生活空間論，光生館，1999.
沖田富美子：住生活論，光生館，2000.
J.A.クローセン：ライフコースの社会学，早稲田大学出版部，2000.
志賀　英他：住居学，朝倉書店，1989.
住環境の計画編集委員会編：住環境の計画2．住宅を計画する，彰国社，1995.
中鉢正美：家庭生活の構造―生活構造論序説，1953.
中鉢正美：生活構造論，好学社，1956.
渡邊益男：生活の構造的把握の理論，川島書店，1996.

§ 2.2
入江建久他：間違いだらけの住宅造り，川辺書林，1999.
NHK放送文化研究所編：日本人の生活時間 2000 ― NHK国民生活時間調査，日本放送出版協会，2001.

梶浦恒男他：分譲マンションの管理，彰国社，1997.
志賀　英他：住居学，朝倉書店．1988.
日本家政学会編：住まいのデザインと管理，朝倉書店，1989.
　§2.3
岡本浩一：リスク心理学入門，サイエンス社，1992.
全国住宅火災防止協会 URL ： http://www.iris.dti.ne.jp/~ subaru/fire/contents.html
直井英雄・関沢　愛・加藤　勝・若井正一：住まいと暮らしの安全，理工図書，1996.
日本建築センター編：建築物の構造規定—建築基準法施行令第3章の解説と運用（1997年版），
　　日本建築センター，1998.
日本リスク研究学会編：リスク学事典，TBSブリタニカ，2000.

■第3章
　§3.1
池辺　陽：すまい，岩波書店，1955.
岡田光正・藤本尚久・曽根陽子：住宅の計画学，鹿島出版会，1996.
E.グランジャン（洪　悦郎訳）：住居と人間，人間と技術社，1978.
建築計画教科書研究会編：建築計画教科書，彰国社，1996.
志賀　英他：住居学，朝倉書店，1989.
図解住居学編集委員会編：図解住居学1．住まいと生活，彰国社，1999.
R.ソマー（穐山貞登訳）：人間の空間，鹿島出版会，1972.
日本建築学会編：建築設計資料集成「居住」，丸善，2001.
日本建築学会編：建築設計資料集成「総合編」，丸善，2001.
E.ホール（日高敏隆他訳）：かくれた次元，みすず書房，1970.
F.ボルノウ（大塚恵一他訳）：人間の空間，せりか書房，1978.
前田尚美他：建築計画，朝倉書店，1980.
　§3.3
阿部公正監修：西洋デザイン史，美術出版社，1995.
太田博太郎：日本建築史序説（増補第二版），彰国社，1989.
R.スクルートン（阿部公正訳）：建築美学，丸善，1985.
鈴木博之：建築の世紀末，晶文社，1977.
中川　武：建築様式の歴史と表現，彰国社，1987.
西川好夫：新・色彩の心理，法政大学出版局，1972.
日本建築学会編：近代建築史図集（新訂版），彰国社，1976.
日本建築学会編：西洋建築史図集（再訂版），彰国社，1973.
日本建築学会編：日本建築史図集（新訂版），彰国社，1980.
ニコラス・ペヴスナー（白石博三訳）：モダン・デザインの展開，みすず書房，1957.
P.A.ミヒェリス（吉田鋼市訳）：建築美学，南洋堂，1982.
森田慶一：建築論，東海大学出版会，1978.

■第4章
建築設備システムデザイン編集委員会編：建築設備システムデザイン，理工図書，1997.
後藤　久監修：住居，実教出版，1999.

参　考　図　書

志賀　英他：住居学，朝倉書店，1989.
「住まいと電化」編集委員会：電化住宅のための計画・設計マニュアル 2002，p.22，日本工業出版，2002.
山田由紀子：建築環境工学，培風館，1989.

■第5章
国土交通省住宅局住宅生産課：住宅性能表示制度（資料）．
日本建築学会編：建築設計資料集成「総合編」，丸善，2001.
日本建築学会編：構造用教材　改訂第2版，丸善，2001.
久木章江・石川孝重：住宅の構造安全に居住者が求める性能およびその水準に関する研究，日本建築学会構造系論文集，第 513 号，pp.51-58，1998.
久木章江・石川孝重：住まい手の安全意識の現状と住宅に対する要求水準に関する研究，日本家政学会誌，**50**(1)，pp.51-61，1999.

■第6章
§6.1
経済企画庁編：国民生活白書　平成10年度版，大蔵省印刷局，1998.
建設省住宅局住宅政策課監修：図説　日本の住宅事情，ぎょうせい，1996.
建設大臣官房福祉環境推進室監修　建設省福祉政策研究会編：生活福祉空間づくり，ぎょうせい，1995.
住宅金融公庫編集：ポケット住宅データ 2000，（財）住宅金融普及協会，2000.
新建築学体系 14．ハウジング，pp.9-19，彰国社，1992.
住田昌二：現代住居論，厚生館，1986.
§6.2
厚生省監修：平成12年度版厚生白書，p.6，pp.20-24，pp.110-112，ぎょうせい，2000.
国民生活センターホームページ：特別調査家庭内事故に関する調査報告書，家庭内事故—その実態を探る，1999年6月4日公表
　国民生活センター URL：http://www.kokusen.go.jp/pdf/n-19990604_3.pdf
（財）厚生統計協会：国民の福祉の動向，p.27，2000.
外山　義編著：グループホーム読本，p.85，ミネルヴァ書房，2000.
楢崎雄之：高齢者・障害者を考えた建築設計，pp.156-158，井上書院，2000.
日経アーキテクチュア，特集：グループホームの家らしさとは，pp.34-61，2000年5月29日号．
日本建築学会編：高齢者のための建築環境，pp.111-113，彰国社，1994.
§6.3
川内美彦：ユニバーサル・デザイン—バリアフリーへの問いかけ，学芸出版社，2001.
高橋儀平：福祉のまちづくり—発祥・展開・技術的課題，建築雑誌，**114**(1446)，pp.60-63，1999.
ノースカロライナ州立大学・ユニバーサルデザインセンター URL：
　　http://www.design.ncsu.edu/cud/univ_design/principles/udprinciples.htm
兵庫県立福祉のまちづくり工学研究所：福祉のまちづくりの面的な展開の基本的方向と整備事例集，1996.
古瀬　敏：建築とユニバーサルデザイン，オーム社，2001.
古瀬　敏・園田眞理子他：ユニバーサルデザインとは何か，都市文化社，1998.

索　引

ア行

赤い家　8
アクセシブル　177
アクセス方式　81
アースカラー　108
アーツ・アンド・クラフト運動　95
アトリウム　4
アール・デコ　98
アール・ヌーボー　96
安全　54

維持管理　52,151
意匠　92
意匠設計　90
泉殿　14
一般型,都市型誘導居住水準　77
居間中心式住宅　19
色
　——の3属性　102
　——の性質　105
　——の対比　104
色温度　108,121
インスラ　4
インターナショナル・スタイル　98

ウィリアム・モリス　95
ウェーバー–フェヒナーの法則　122
運営管理　52

エコ給湯　128
エコー現象　123
エスプリ・ヌーボー　96
演色性　109
縁辺効果　105

カ行

オットー・ワグナー　9,96
温熱感　114

外構設計　91
介護保険制度　168
ガウディ　96
化学的物質汚染　48
確認申請　146
家計支出　34
火災　57
瑕疵　44
可視域　112
可視光　101
荷重　133
家事労働　46
風荷重　134
家族外生活者　26
家族周期　24
桂離宮　16
カーテンウォール　99
壁式構造　139
過密居住　152,155
間接供給　156
間接グレア　121
カント　94

機械換気　125
機械美　95
幾何学的形態　93
気候図　112
基礎　135
輝度　120
機能主義　98
キープ　5
規模計画　77
基本設計図　88
狭小過密　155
共同住宅　161
共同生活マナー　52

居住
　——の質　153,164
　——の密度　153
居住水準　158
近居　167
均時差　113
近代美　95
近隣住区　31

区分所有法　51
クラック　143
クリモグラフ　112
グループハウス　33
グループホーム　170
グループリビング　175
グレア　121
グレースケール　103

ケアハウス　170
形式美　94
欠陥住宅　146
結露　119
現象的空間　92
建築基準法　85
建築主　86
顕熱　116
現場監理　88

公営住宅　156
後期高齢者　166
公共住宅　156
公共的介入　154
鋼材　143
公衆衛生　152
構成主義　96
剛性率　132
構造安全　130
構造安全レベル　150
構造計画　133
構造計算書　146

索　引

構造種別　144, 150
構造力学　133
後退色　106
高張力鋼　143
交通バリアフリー法　182
高齢化率　166
高齢社会　166
国際シンボルマーク　181
コ・ジェネレーションシステム　129
湖村　2
固定荷重　133
固定資産税　38
古典主義　95
コーポラティブハウジング　82, 84
ごみ問題　49
コミュニティ　30
コモンスペース　81
コレクティブハウジング　82, 175
コレクティブハウス　33
コンクリート　142

サ　行

災害　54
災害弱者　60
最低居住水準　158
彩度　103
サイフォン作用　127
在来軸組構法　137
ザシキ　13
座敷飾り　15
サロン　7
残響時間　123

紫外線　112
色相　102
資金調達能力　36
自己責任　151
地震　55, 131
地震荷重　134
自然換気　125
自然条件　84
シックハウス　68, 108, 124
シックハウス・シンドローム（症候群）　48
実効温度差　115

実支出　34
実施設計図　88
シニア住宅　169
地盤　134
事物的空間　92
湿り空気線図　119
遮音等級　124
住意識　21
住居　63
住居観　21
住居関連費　34
住居計画　64
住居型式　67
住居法　152
住空間　27
住生活　21
　——の能率化　47
　——の要求条件　65
住宅　63
住宅改造　66
住宅機能　74
住宅基本計画　158
住宅金融公庫　156
住宅建設計画法　158
住宅困窮　162
住宅困窮者　156
住宅政策　154
住宅性能　144, 149
住宅性能保証制度　45
住宅設計　64
住宅内事故　48
住宅難　153
住宅難世帯　154, 155
住宅品質確保促進法　44, 131, 145, 173
住宅マスタープラン　158
住宅問題　152
住宅ローン　36
住要求　21, 25
主殿造　15
シュプレマティズム　96
準同居　167
書院造　15
照度　120
消費支出　34
ジョージアンタウンハウス　8
所得税　38

シルバーハウジング　169
シルバーピア　169
進出色　106
新造形主義　96
真太陽時　113
寝殿造　13
新有効温度　114
心理的空間　70

数奇　100
数奇屋風書院　16
透渡廊　14
スケルトン・インフィル　151
スペーススタディ　73
住まいの汚染物　45

生活　22
生活学　22
生活圏　30
生活行為　27
生活構造　23
生活時間　22, 28
生活保障　42
制振構造　141
清掃　45
性能表示　145
性能表示制度　68
性能レベル　144
整理・整頓　47
生理的空間　70
赤外線　112
積載荷重　133
ゼツェッション　9, 96
設計条件　64
絶対湿度　118
全天空照度　121
潜熱　116
全熱交換式の換気扇　125
千利休　101

草庵風茶室　100
層間変形角　132
造形要素　93
相対湿度　118
贈与税　38
ゾーニング　28
ソーラー　5

索引

ゾーンプランニング 77

タ 行

待庵 17
第1種換気方式 125
大気汚染 49
第3種換気方式 125
耐震要素 132
ダイス 5
第2種換気方式 125
ダイニングキッチン 19
対屋 14
大名屋敷 15
耐用命数 43
タウンハウス 80
タスクライティング 121
竪穴住居 12
ダニ 46
断熱性 115
暖房設備 117
暖房負荷 116
断面計画 77, 85

地域施設 30
地域施設計画 33
地域社会 30
地域生活 30
茶室 100
昼光率 121
中世主義 95
超越的空間 92
長寿社会対応住宅設計指針 171
直接供給 156
直接グレア 121
直結給水方式 127

付書院 15
ツーバイフォー工法 137
釣殿 14

定期借地権制度 40
ティピー 1
ディルタイ 95
デザイン 92
デ・スティル 96
鉄筋 138
鉄筋コンクリート造 150

鉄骨構造 140
鉄骨造 150
デッソウ 95
テラスハウス 8, 80
電磁調理器 129
電磁波 101

同居 167
洞窟 1
動作寸法 69
同潤会 80
動線 76
動線計画 76
特定家庭用機器再商品化法 49
特別養護老人ホーム 170
都市計画税 38
都市計画法 152
土地神話 157
ドムス 4
トラップ 127
トラブル 52
ドルノ線 112

ナ 行

中廊下式住宅 18
ナノメータ 112
軟弱地盤 134

日常災害 54
日照時間 113
日本住宅公団 80, 156

熱貫流抵抗 115
熱貫流率 115
熱損失係数 116
熱伝達 114
熱容量 115
練土 2

ハ 行

廃棄物 49
バウハウス 9, 97
バウムガルテン 94
パーソナルスペース 70
パッシブソーラー・デザイン 68
ハッスーナ遺跡 2

ハートビル法 182
バナキュラー 87
パーラー 7
パラッツォ 7
バリアフリー 66
バリアフリー条例 182
バリアフリーデザイン 176
犯罪 61
阪神・淡路大震災 130
ハンディキャップ 176

被害 130
非消費支出 34
ピッキング 61
ヒートポンプ 117, 118
避難 60
氷河期 1
表現主義 96
標準新有効温度 114
ビルディング・エンジニア 95

風流 100
フォルマリズム 96
負荷 116
不快指数 114
福祉環境整備要綱 181
福祉機器 174
福祉のまちづくり 180
福祉のまちづくり条例 182
ブースターポンプ方式 127
物理的空間 92
不動産取得税 38
不同沈下 135
負の残像 105
フラッシュオーバー 58
フラッシュバルブ 127
フランク・ロイド・ライト 98
プルキンエ現象 120
プロダクト・デザイン 99
分譲集合住宅の管理 51
分離派 96

平安京 14
平均居住水準 158

索　引

平地住居　12
平面計画　77, 85
ヘーゲル　94
別居　167
ペット　52
偏心率　132

補色残像　105
ポスト・モダン　100
ホルムアルデヒド　124
ポンプ直送式　127

マ 行

間　100
マナハウス　5
マンセル　102

ミース・ファン・デル・ローエ　98
未来派　96
民家　101

無彩色　102

明度　103
メガロン　3
メソポタミア地方　2
免震構造　140
メンテナンス　43, 151

木材　142
木質系プレハブ工法　138
木質構造　136
木造　150
モダニズム・デザイン　97
モデュラーコーディネーション　71

モデュール　71
モデュロール　73
モルタル　142

ヤ 行

有機的形態　93
有彩色　102
有軸空間　5
誘導居住水準　158
優良賃貸住宅制度　169
雪荷重　134
ユーゲント・シュティル　96
ユーザブル　177
ユニバーサルデザイン　177
　――の7原則　178

与条件　64
四間取り型　12
4種のバリア　177

ラ 行

ライフコース　25, 67
ライフサイクル　24
ライフスタイル　67
ラーメン構造　139
乱開発　157

リスク　54
リバース・モーゲージ　42

ルクス　120
ル・コルビジェ　11, 98
ルネッサンス　94
冷凍サイクル　117

冷房設備　117
冷房負荷　116
歴史的保存地区　85
レベル　122

老朽現象　43
老人保健施設　170
ローハウス　8
ロマン主義　95

ワ 行

侘び　101
和風　100
和洋二館様式　18

欧 文

A特性　122
BLマーク　68
CFT構造　140
CIAM　98
CO_2　124
D等級　124
ET　114
FF式　117
IH　129
L等級　124
PCCS　104
PMV　114
PPD　114
RC造　138
SET　114
SI　151
SI住宅　82
SRC造　140
VOC　124

編著者略歴

後藤　久（ごとう　ひさし）
1970年　早稲田大学大学院博士課程修了
現　在　日本女子大学家政学部教授
　　　　早稲田大学大学院客員教授
　　　　工学博士

沖田富美子（おきた　ふみこ）
1979年　大阪市立大学大学院博士課程修了
現　在　日本女子大学家政学部教授
　　　　学術博士

シリーズ〈生活科学〉

住　居　学

定価はカバーに表示

2003年 6月 1日　初版第 1 刷
2022年 8月 5日　　　 第16刷

編著者　後　藤　　　久
　　　　沖　田　富美子
発行者　朝　倉　誠　造
発行所　株式会社 朝　倉　書　店
　　　　東京都新宿区新小川町 6-29
　　　　郵便番号 162-8707
　　　　電話 03(3260)0141
　　　　FAX 03(3260)0180
　　　　http://www.asakura.co.jp

〈検印省略〉

2003〈無断複写・転載を禁ず〉

ISBN 978-4-254-60606-5　C3377

Printed in Korea

|JCOPY|〈出版者著作権管理機構 委託出版物〉

本書の無断複写は著作権法上での例外を除き禁じられています。複写される場合は、そのつど事前に、出版者著作権管理機構（電話 03-5244-5088, FAX 03-5244-5089, e-mail: info@jcopy.or.jp）の許諾を得てください。